狩猟に生きる男たち女たち

狩る、食う、そして自然と結ばれる

高桑信一

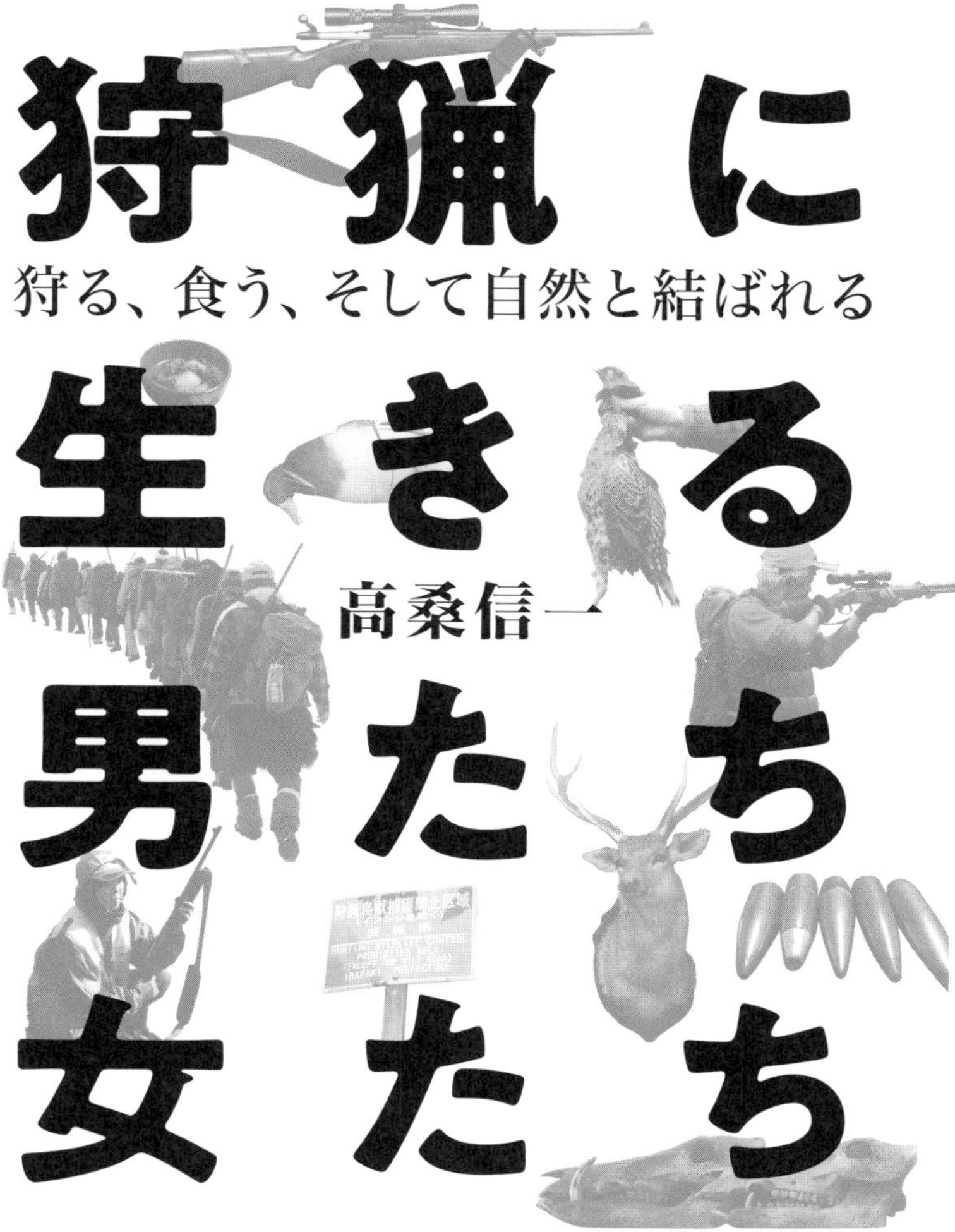

つり人社

目次

装丁　神谷利男デザイン株式会社

まえがき

狩猟は、先史時代から連綿とつづく営為である。人々は肉を食べるために動物を獲り、ドングリや栗などの堅果類《けんかるい》を採った。これを狩猟採集生活と呼ぶ。その後、時代が下がるにつれて、中世の西欧諸国では、狩猟は貴族や富裕層の特権として定着するが、日本では逆に人々のまなざしを逃れてひっそりと孤立する。その背景には肉食を忌避する仏教の戒律がある。天武天皇をはじめ仏教を重んじた歴代天皇が、たび重なる「殺生禁止令」を公布したために、広く肉を食べない思潮が定着したのだ。その理由として、死肉を食べることへの不浄の思いがあり、さらには農耕に用いる牛馬を食べるべきではないという考えがある。しかし時代にもよるが、猟師の獲る鹿や猪などは例外的に許された。薬として食べたのだ。兎をいまでも一羽二羽と数えるのは、民衆の知恵として、獣ではなく鳥を食べていると言い訳するためだという説がある。

さて、狩猟が孤立しながらも停滞しなかったのは、獣害が絶えなかったからだ。一方で殺生を禁じておきながら、農民の生業を妨げる獣害の駆除まで禁止することはできなかった。建前と本音は、常に矛盾を孕《はら》んで両立する。

それでは近世以降、狩猟と獣害駆除に用いられた鉄砲は、どのていど存在していたのだろう。

私たちが学んだ歴史では、秀吉の刀狩りによって、農民の武器の所持が禁じられたと教わったが、それは間違いだったとする研究が近年明らかにされた（藤本久志『刀狩り』岩波新書、二〇〇五年、本書211P)。それによれば、秀吉の刀狩りは武器の所持ではなく使用を禁じたのであって、明治の廃刀令とともに徹底した民衆の武装解除がなされたとする通念は誤りだったというのだ。百姓一揆を怖れる為政者《いせいしゃ》の建前と本音である。鉄砲改めが頻繁に行なわれた徳川時代にも、農民は豊富な鉄砲を所持して獣害を駆除したことになる。

この国の民衆の武装を実質的に解除したのは、第二次世界大戦後の占領軍による没収令だが、このときの武器の没収状況を見れば、秀吉の刀狩りと明治の廃刀令が、いかに張り子の虎だったかがわかるだろう。軍用と許可を得た猟銃を除けば、日本刀八十九万七七八六本。猟銃三十八万四二一二挺である。秀吉によって武装解除されたはずのこの国に、これほどの武器があったのは、信じがたいほどの驚きである。

しかし、それが後世の人々の事実誤認であったとしても、いまさら私たちの銃への思いは変わらない。秀吉以降の刀狩りで教えこまれた民衆の非武装の通念があるからだ。欧米で武器の所持が権利として確立しているのは、武器で自由を獲得してきた歴史による。その歴史を持たない日本は、いまでは世界でも例を見ないほど銃の規制が厳しい。もしかしたら戦後の為政者たちは、民衆の非武装という社会通念を巧妙に利用して、銃の規制をことさら厳しいものにしたのではないかと疑いたくなるほどだ。そうとでも思わなければ当初、刀剣の没収は日本文化の流出だと頑強に抵抗していた日本政府が、その後推進に転じた理由が説明できない。

銃規制の厳しさの一例に、所持許可の最終段階で、近隣の民家への数次にわたる警察の聞きこみがある。そこでもし家庭不和などの情報が得られれば、たとえ試験に通過していても、所持許可が認められることは、まずあり得ない。だが副産物がある。徹底したプライベート調査の結果得られた銃の所持許可証は、これ以上ないほどの身分証明として機能する。

　以上が、近世から現代に至る、日本の狩猟に寄り添ってきた知られざる側面である。


　本書の連載を開始する時点で与えられたタイトルは『現代マタギ考』であった。そのタイトルに触発されて私は執筆を引き受けた。そこには私の狩猟の取材経験が前提にあったのかもしれない。しかし私の取材は、生きざまに焦点を当てた人物が狩猟をしていたに過ぎず、狩猟そのものではなかった。ましてマタギは東北地方の集団猟のことをいい、狩猟者全体を示す言葉ではない。だから私は勝手に、このタイトルを「現代の狩猟者群像」と読み替えたのだ。すなわち現在のこの国の狩猟文化の詳察である。

　各地の狩猟現場を訪ね歩く旅の途上で、私もまた狩猟に手を染めることになる。したがって本書は、私の猟師への道の物語でもある。

序　現代マタギ考――その系譜と精神

昨年の夏（二〇一二年）、猛暑の都会を逃れて飯豊《いいで》連峰の門内《もんない》小屋で一ヵ月を過ごした。避難小屋の管理人である。たまたま縁に恵まれ、こちらも自由の身なので気軽に請け負った。探せば仕事は山のようにあるのだが、探さなければ単なる暇を持て余した番人で、いわば牢名主《ろうなぬし》のように、偉そうに小屋に居座って不労所得を手にしていたのである。

飯豊連峰は五穀豊穣の神を祀る山だ。飯豊本山《いいでほんざん》がその核心で、古くから会津《あいづ》を中心に幾筋かの登拝路が拓かれてにぎわってきたのだが、御西《おにし》岳から北の山波は信仰から取り残され、未開のままだった。

梅花皮《かいらぎ》沢から門内岳や北股岳周辺の道なき山々を跋渉《ばっしょう》したのは、小国町《おぐにまち》を中心とする地元の熊撃ちたちである。山稜を越えると、そこにあるのは険谷として知られる胎内《たいない》川の領域だ。迂闊に踏みこんだら、いかに山慣れた熊撃ちといえども五体満足で還れる保証はない。古い地元の熊撃ちが、飯豊の山稜の小さな突起にすぎないピークを門内岳と名付けたのは、そこを行動範囲の結界として、門外に踏みこんではならないとする戒めからである。

十一月の末、新潟の新発田《しばた》市郊外の温泉宿で宴会があった。「飯豊・胎内の会」の総会兼慰労会である。飯豊連峰には、稜線上だけで八つの避難小屋がある。稜線には新潟、福島、山形の県境が走っているが、それが微妙に山稜を縫っているために避難小屋の管轄も三県にまたがる。

そのうちの頼母木《たもぎ》小屋と門内小屋が新潟県胎内市の管理下にある。近年の諸事情では行政が直接小屋の管理をするのは難しく、必然的に地元の山岳団体に委託することになる。避難小屋の管理を請け負うために設けられた横断的な組織が「飯豊・胎内の会」であり、地元でもない私がこの会に加わっていられるのも、そのような事情による。

抑えたつもりが、それでもかなり呑み、散会した翌朝、このまま帰るのも芸がないと、近くにある知り合いの熊撃ちの山小屋に立ち寄った。関川《せきかわ》村に住む、加藤清さんの小屋である。梨ノ木山荘と名付けられた小屋の前からは、雪をまとった秀麗な杁差《えぶりさし》岳が見えた。

小屋の前では加藤さんに猟のあれこれを教わっている皆川実くんがいて、さきほど獲ったばかりの鴨を捌《さば》いていた。皆川くんは兄の修さんとともに活動する地元の岳人で、皆川兄弟と呼ばれ、山野を跋渉する力量において一目置かれる逸材である。その彼が先日、加藤さんとともに冬眠前の熊を獲ったという。八〇キロ近い大物である。iＰａｄに収められた写真を誇らしげに見せられて、うーんと唸る。よく撮れていたが、それよりもiＰａｄに驚いたのだ。考えてみれば不思議はないが、そんな時代になっているのである。

やがて加藤さんがやってきて、話に加わる。皆川くんが熊を仕留めたとき、加藤さんは離れた場所にいたらしい。皆川くんにとっては初の獲物である。笹藪の向こうに熊が見えたが、笹が邪魔して撃つことができない。そのうちに熊がこちらに気づいて突進してきた。一発放つが止まらない。そのとき彼は、とっさに加藤さんの教えを思い出す。熊が向かってきたら細くてもいいから木の陰に隠れろ、という教えである。

「な、熊が嫌がって逃げるろ」

俺の教えを守っていれば間違いはないのだと云わんばかりの加藤さんの物言いである。

どの程度の太さの木だったかは聞き漏らしたが、その話は初耳だった。事実、熊は皆川くんの盾にした木を嫌がって、方向を逸らして彼の横をすり抜けたのだという。初弾は当たっていたらしく、沢に落ちた熊を追ってとどめを刺した。

初の獲物と師匠のいない場で出会い、一対一の戦いでこれを仕留めた彼の興奮と昂揚は想像に難くないが、しかし木に隠れるという方法があるとは知らなかった。それを知ってさえいれば、以前熊に追われ、悪運強く逃げ延びたことのある身としては、もっと楽に逃げられたのにと、つくづく思うのである。

加藤さんによれば、熊の嫌がる習性を利用した木を盾にする方法には一石二鳥の効用があるという。盾にした木を銃の支えにすればいいというのだ。ものによっては四キロ近くにもなる重さの猟銃は、扱いが難しい。ただでさえ重い猟銃を、突進してくる獲物に向けて構え、正確に撃ちこんでこれを斃《たお》すのは、慣れた猟師といえども至難に違いあるまい。まして皆川くんは、熊と対峙した経験がない。頭が真っ白になるはずである。足場の悪さと風の向き、風の強さ、地形や見通しなどの周囲の状況を、瞬時に読んで冷静に対応できようとはとても思えない。

だからこそ、木を利用しろと加藤さんは云うのである。木が細ければ木と銃を左手で握ればいいし、太ければ、木を抱くようにした腕で銃を構えればいい。それだけで、銃は抜群に安定する。左右への対応は難しいにしても、上下への備えは支点を中心に動かせばいい。

初冬を迎えた梨ノ木山荘

皆川実くんが仕留めた冬眠前の熊。80キロ近い大ものである（写真２点提供：皆川実）

「それはもう経験しかないんだがの」

と加藤さんは言葉を結ぶ。

山形の小国や新潟の山北《さんぽく》のマタギが好んで行なう巻狩りを加藤さんはやらない。私もいちど同行させてもらったが、もっぱら穴に籠って冬眠している熊を狙う猟なのである。至近距離で多くの熊と対峙してきた加藤さんならではの教えなのだ。

話のおもしろさに引きこまれて、その身の処し方は加藤さんのアイデアなのかと、これまた聞き漏らしたのだが、本業だった原発建屋の設計施工において数々の特許をもっていて、いまだに引く手あまただったにもかかわらず（福島の原発事故以前の話だが）、そんなに儲けても仕方がないと引退している彼だから、技の工夫において、ありうることなのかとも思う。

しかし、木を用いる方法と聞いて思い当たることがある。巻狩りの話だ。勢子《せこ》に追い上げられた熊を山稜に陣取った撃ち手が待つのだが、このとき二つに分かれた木の枝を雪に差し、そこに銃を載せて安定させる撃ち方である。時代がいかに変わろうとも、一芸を追い求めるものたちの工夫に限界はないということなのだろう。

狩猟の実態に興味があり、さまざまな猟に同行させてもらう私だが、意気地がないからか、いまだに銃を手にしようとは思わない。けれど憧れだけはある。その憧れは、自分の食い扶持《ぶち》は自分で調達しなければならなかった、はるか遠い時代への郷愁である。それが弓であれ銃であれ、自らの手で獲物を獲らないかぎり一族郎党が飢えてしまうという、正当で真っ当な覚悟と必死さが狩猟の本分である。石器が弓になり、それが時代を追って銃に変わったとしても、獲物とじかに向き合って、わが身と引き換えにしてもいいという覚悟のもとにこれを斃すのが猟というものだ。すなわち、生きるために殺すのである。べつに自分たちが食べるのではなく、獲物を物や金に換えたとしても、生きるために殺すという行為において大差はない。

しかし現代においていうならば、すでに生業としての狩猟は滅んでしまった。かろうじて狩りの形態を留めているのは、もはや海の漁だけだといってもいい。

肉はスーパーの食肉コーナーで選ぶのであり、屠殺《とさつ》の現場を目にすることなどありえない。その対象であるべき豚や牛は養殖によって育てられている。それがいいかどうかを論じているのではない。すでに時代はそのようになっていることへの認識である。

山野を駆けめぐって熊や狐や兎を獲ったとしても、以前のように毛皮が高値で取引されることもないのであれば、職業としての狩猟は滅びざるを得ないのである。

それでもハンターたちは猟に出る。現代の狩猟はスポーツハンティングという領域に属している。狩猟はスポーツでありゲームと解されているからだ。その根底にあるのは狩猟本能である。日本にかぎっていえば、すでに銃は生活の道具ではない。アメリカで銃規制が行なわれないのは、フロンティア・スピリットという過去の栄光に訣別できないからではないか、と私は考えている。

だからといって現代の狩猟を否定するつもりは毛頭ない。害獣駆除という側面の有益がありながら、誤解を怖れずにいってしまえば、男が男であるために大型獣と対峙してみたいという思いが解らないではない。

しかしながら、それでもやはり、と思うのは、決してスポーツなどという冠をつけなかった古き良き時代のマタギたちとの明確な差異を知っていてほしいと願うからだ。

広辞苑によれば――マタギは東北地方の山間に居住する、古い伝統を持った狩人の群――とある。マタギの語源には諸説があり、私は科《しな》ノ木の地方名であるマダ（東北弁で発音するとマンダ）の皮を剥《は》いで水に晒《さら》し、繊維を採ったという、マダ剥ぎの転訛《てんか》説を採用するものだが、ほかにもさまざまな説がある。マダ剥ぎが語源になるのは、マタギが冬の狩猟だけに従事してきたのではなく、季節を通して山菜や茸《きのこ》や川漁などの山の幸を得てきた人々であったからにほかならない。

狩猟を生業とするマタギは、近代的な装備の狩猟者とは異なるが、ここで首を傾げてしまうのは、古《いにしえ》のマタギが滅んでしまった現代においてもマタギの末裔《まつえい》を自任する人たちがいるからで、たとえばそれが巻狩りであるかぎり、彼らは近代装備の塊といってもいい。

銃の進化は目覚ましく、いまやライフルの有効射程距離は三百メートルを超える。そしてトランシーバーの存在がある。これに双眼鏡を加えた三種の装備を携えて出猟すれば、熊はひとたまりもないであろう。

　昨年夏の飯豊の小屋入りの直前、私は岩手県遠野《とおの》市で行なわれた第二十三回マタギサミットなる会議に出席した。ある山岳雑誌の取材である。テーマは、なぜ熊は山里に出没するか、であった。けれど、各地から参集した熊猟の大御所たちの誰ひとりとして、説得力のある説を述べたものはいなかった。そのなかで、春熊猟である巻狩りは本来、熊への人間の怖さを知らしめる効果があったが、近年ライフル銃を使うものが増えたことによって、熊の学習能力が損なわれている、という発言があった。

　もちろんそれは、熊が里に出てくることへの回答ではなく側面にすぎない。けれど大きな問題を提起しているのだとは思う。熊はすでに圧倒的な火器によって、遠く離れて斃《たお》す獲物になってしまっているのである。つまりそこには、斃すか斃されるかという、狩猟本来の恐怖が介在しない。だからこそスポーツハンティングなのだというのなら、それはすでに詭弁である。

　仕留めそこなえば、こちらがやられる。仕留めそこなってこちらの身が危うくなるのは、日本においては猪と熊だけである。逃げ惑う鹿を斃して溜飲《りゅういん》を下げているハンターを、それが生きるための猟でないなら私は信じない。繰り返すが、それを悪だとはいわない。狩猟の本質とかけ離れているのではないか、といいたいだけである。

　自分たちの楽しみで猟をしても、それはいい。鹿を斃してこれを捌き、解体して肉を得る。その経験をするだけでも、スーパーの店頭で、家畜の生きていた日の姿を想像することもなく、笑顔で肉を選んでいる女性たちより、はるかに上質というべきである。いや、それはそれで晴朗な女性たちの罪なき上質というべきか。

マタギの時代にライフルがあったなら、彼らはそれを用いたであろうか。揺るぎない知恵を持つ彼らなら、もしかしたらライフルなど用いなかったかもしれない。そこには平安の昔から連綿とつづいたマタギの系譜がある。

里と隔絶した山中で、彼らは独自の山言葉を使って猟をした。シカリという頭領を中心にして、統制のとれた行動をした。彼らの規範を支えたのは、日光の磐司万三郎《ばんじばんさぶろう》というマタギの始祖が与えたという、「山立根本之巻《やまだちこんぽんのまき》」（流派によって各種がある）という巻物である。この巻物を携えているかぎり、本拠地を離れ、旅に出て猟をしたとしても、誰からも咎《とが》められなかった。

これは山に入って木を切り倒し、轆轤《ろくろ》を用いて椀や盆を作った木地師《きじし》と通底する。平安時代前期の皇族である惟喬《これたか》親王（八四四〜八九七年）のお墨付きを持参してさえいれば、全国どこの山で仕事をしてもお咎めなしという伝承のことである。

そのいずれにおいても、にわかには信じられない。山深い里に多いのが平家の落人伝説で、各種の文献や由緒ありそうな事物の数々が伝えられているが、それらの多くは紛《まが》い物である。貴種流離譚《きしゅりゅうりたん》というものがある。尊い貴族が、なにがしかの事情で遍歴を余儀なくされ、この地にやってきて住み着いたという伝説のことだ。そのために、まことしやかな文物の多くが作られた。すべてはその地の権威づけにほかならない。

マタギや木地師の巻物にしても、私は平家の落人伝説と地平を同じくするものだと思っている。そのなかでマタギが秀逸なのは、獲物の数を統制するという、明確な意図を感じるからである。それは山菜や茸などの山の幸を未来永劫にわたって享受するために、すべてを採らず、半分を残すという思想の結実である。その自制の精神に意味をもたらしたのが、マタギの行動様式であった。

そうであってみれば、マタギにライフルが与えられたとして、彼らはまったく異なるかたちの、熊を神の生まれ変わりとして真っ当に扱うライフルの使用法を編み出したのではないか、という仮説もまた成り立つのである。

現代のマタギは巻物を持たない。それでもマタギサミットは活況を呈している。すでに二十三回を数える会合に、外野を含めて二百名近くの参加者を数えているのは驚くべきことである。それはおそらく、彼ら現代のマタギが、ひとつのあるべき精神を求めているからだ。遠く離れた地点から、やみくもに熊を狙い撃つハンターから超越した、現代のマタギのあるべき姿を模索しているのだと信じたい。

べつに巻物などなくてもいいのである。巻物がすべてなのではない。マタギの系譜と本質を理解し、その末裔を自認するなら、あるいはまた、マタギたちが抱いていた精神と山の獣たちへの哀惜を背負おうとするのなら、誰もがマタギの末裔を名乗っていいのだと私は思う。

西上州の猟師に二《に》階《かい》堂《どう》九《く》蔵《ぞう》がいた。九十二歳で亡くなるまで、生涯現役を貫いた猟師である。

主に鹿と猪猟に携わったが、その彼が晩年、ただの遊びとして仲間たちと猟を行ない、現役たちに先駆けて山野を跋渉し、いくたびか私も行動をともにした。その恐懼《きょうく》すべき行動力の背景には、たった一丁の猟銃で五人の子どもを育ててきた厳然とした事実がある。その事実があるかぎり、私は彼のライフルによるハンティングに異議を挟もうとは思わない。

あるとき、二階堂九蔵は私にこう云った。「講釈だけのマタギならいっぱいいるだが、巻物がなくていいんならどうだい。おらのほうがよっぽどマタギさ」

そうなのだ。つまりは自ら斃した獣たちに寄せる思いが狩猟という行為を形成し、免罪符を与えられるのである。

彼が馴染んだのは村田銃であった。長く使った村田銃からライフルに移行するにはかなりの苦労を要したという。それも七十歳を超えてのことである。二階堂九蔵はそれでいい。七十歳を超えてなお獲物と向き合おうとするのなら、せめてライフル銃という利器を用いても許されよう。けれど、それがまだ若い猟師なら、狩猟免許を得て十年が経ち、ライフルを持つ権利を手に入れたとしてもなお、あえてライフル銃に背を向けて散弾銃を選び取る気概をみせてほしいのだ。自ら進んで危険な領域に踏みこみ、少なくとも危険を感じるだけの距離まで近づいて、熊と一対一で対峙するのが戦いの基本ではないのか。べつにナガサ（古いマタギが用いた槍）で戦えとまではいわない。もしかしたらこちらがやられるかもしれないという恐怖があって初めて、狩猟は獣と人間との対等の戦いになる。

そうあってほしいと願うのは、私が門外漢のゆえだろうか。その答えを求めるためにも迷惑を承知の上で、またぞろ私は狩猟の現場に足を向けることになるはずである。

さて、ヒグマは知らず、ニホンツキノワグマ（以降ツキノワグマ）はほんとうに増えているのだろうか。マタギたちは口をそろえて増えているという。山里の目撃談は引きも切らず、現に人身被害も絶えない。しかし、ほんとうにそうか。

マタギサミットでは、一点の曇りもなく熊の増加で意見の一致を見た。行政の調査においてもそうである。なんでも東北のそれぞれの県境付近に千頭近くが生息しているらしい。しかし、それが発信機能のあるタグを全頭に印した調査でないかぎり、国境のない彼らの行動を把握するのは不可能ではあるまいか、と私は思う。

夏の渓にはいるとき、熊に気をつけなさいと心配してくれるひとがいる。そんなとき、私は次のように答える。

「熊はいま、里に出張しているから山にはいないと思いますけどね」

里山を放置しているとはいえ、奥山まで林道を拓き、ダムを築き、伐採をして熊たちの生息を脅かしているかにみえる山のなかで、ほんとうに熊が数を増やせるのか。

私はことさら動物愛護の精神に満ちてはいない。ただ、このままでは危ういと思うばかりである。熊をいたずらに怖れてはならないし、やみくもに撃っていいというものでもない。犬たちの放し飼いを禁じた法律が、熊を里に呼び寄せているという説もある。鎖をされなかった時代の犬たちは、群れを作って集落を熊から守ってきたからだ。

しかし、次のようなことが考えられないだろうか。それは、飛蝗《ひこう》（バッタのこと）の大群が里を荒らした末に自滅するように、あるいはまた、鼠《ねずみ》の群れが村々を襲って海に向かい、集団自殺を遂げるように、種が滅ぶ前の華やぎにも似た繁殖と熊の増加が無縁だという保証は果たしてあるのだろうか。

熊の増加が学術的に認められるのなら問題はない。しかし、熊の増加と山里への出没が、なんの因果関係の説明もなくニュースの種になっているのだとすれば、この国の動物学の実態と将来はお寒いかぎりだと言わざるをえないだろう。

ある年、急に熊の目撃情報が減り、熊の減少に気づいて、それから絶滅の危機だと叫んでも、すでに遅いのである。マタギサミットは地方の活性化を担って生まれ、成果を上げてきた。現代のマタギの意義が真に問われるのはこれからである。熊を撃つだけでなく、守るために動くのもマタギたちの仕事であるはずだ。銃を置けとはいわない。けれど彼らしかなしえない、深い山中からの証言によって、熊たちの生態と実像を明らかにすることで、熊と人間がともに生きる豊かな山里が生まれうると信じたい。

マタギの里から1

奥会津／間方の猟師の暮らし

奥会津《あいづ》の三島《みしま》町にある間方《まがた》の集落を知ったのは、雑誌『渓流』（2013年春号）に掲載した『希望の里暮らし』の取材が縁である。

主人公は間方に住む菅家藤一《かんけとういち》さんで、ぶどう蔓《つる》で籠《かご》を編む彼の半生の物語を書いた。彼は毎日欠かさず三リットルのビールを呑む。休肝日はない。したがって、年間に呑むビールの量は千リットルを超える。それを私はわかりやすいように、ドラム缶五本と書いた。

菅家さんは猟師でもある。獲物はなんでもいいが、猟期が三ヵ月と短いのでは、なんでもかでも撃つわけにはいかない。

昨年（二〇一二年）の猟の解禁に同行したときは、ヤマドリが数羽獲れた。雨に祟られた午前中は鴨を求めて周辺の沼を見て歩いたのだが、影も形もなかった。しかし、鴨を見つけたとしても、それが沼の真ん中にいたのでは手が出せない。当たったとしても引き寄せる手段がないのだ。あらかじめ船を用意しておけばいいのだろうが、鴨撃ち専門でもないかぎり、そんな悠長なことはしていられない。

しかし、鴨は間違いなくいるのである。いても猟期になれば姿を消す。ハンターの存在を察知して、安全な場所に移動するのかもしれない。カレンダーを持ってもいないのに解禁になるやいなや、ぷっつりと姿を消す。

鴨はまだいい。行動パターンが読めるからだ。だが鹿は可愛げがない。猟場でも平然としていて、ハンターの気配を察するや、まるであざ笑うかのように、道一本隔てた禁猟区に跳《と》んでいく。鹿に禁猟区の看板の字が読めるはずもないのに、である。そして禁猟になったとたん、何事もなかったかのように猟場のなかを歩いている。

それがなぜかはいまだに謎で、おそらく鹿は頭がいいのだろうとしか思いようがない。銃への警戒心はただ事ではないとしても、ただ銃を怖れるのではなく、禁猟区の意味まで知っている。安全地帯への認識である。禁猟区は猟ができない。もちろん猟区の外側から禁猟区にいる獲物を撃つこともできない。そのことも鹿は知っている。だから、仮に禁猟区の外側から構えた銃の射程距離に鹿がいたとしても、自分が安全地帯にいることを知っているのだから逃げようともしないのだ。

鹿も命がけだし対抗の手段がないから、全知全能を傾けて銃から逃れようとするのだろうが、それでも遊ばれているようで、こちらとしてはおもしろくないのである。

だが、猟としては健全なのかもしれない。鹿と人間の知恵比べのようなものだからだ。

西上州《にしじょうしゅう》の猟師たちの獲物は猪と鹿だが、その行動予測がすべてを決める。だから早朝の林道で獣道《けものみち》を見つけ、見切りと呼ぶ足跡の解析にたっぷりと時間をかける。それが鹿なのか、猪なのか、いつ通ったウツ（足跡）なのか。

彼らの猟の範囲は沢に囲まれた斜面で、獲物が逃げていく先にタツ（射手のこと）を配置して勢子が追い上げていくのだから、たとえ獣道を見つけたとしても抜けられてしまっていれば意味がない。したがって、土に残る微細な足跡が、いつ刻まれたものかの判定が重要になってくる。向かう斜面に足跡がつづいていたとしても、すでに通り過ぎていれば彼らの一日が無駄になる。

しかし、雪が降れば話はべつで、見切りは格段に楽になる。きのうまでなかった足跡があれば、それはもちろん昨夜から今朝のものに決まっているのだから。

雪は山歩きを重労働に変えるが、その苦難を対価として得られるものがあるということだ。西上州の猟の見切りは、私が勝手に考えた、すべてのものはプラスマイナス＝ゼロの原則から逃れられない、というひとつの事例だが、必要に迫られて編み出した各地の猟の実態もまた、風土という決定的な制約から逃れることはできない。

奥会津の間方の山もそうで、菅家さんは降雪前の見切りにはさほどこだわらない。雪が降るまではヤマドリ猟が主で、雪になれば足跡を瞭然と教えてくれる兎を追い、年が明けたら熊撃ちに照準を変えていく。

鹿撃ちと猪猟の経験はあるが、ヤマドリ猟は初めてだった。ヤマドリには鴨と違って池という安全圏がない。だから猟師の接近を事前に知って飛び立つほかはない。猟師は、その飛び立つ瞬間を狙い撃つのである。

なんの動物にせよ、その生態を知ることが猟の成果に結びつく。銃の腕前も大事だが、獲物を見つけられないのでは話にならない。長年の経験のあるハンターが、いまだ一頭の獲物も斃したことのない事例など、そこいらへんにいくらでも転がっている。つまり狩猟歴は長くても、

ヤマドリ猟にはよく仕込まれた犬が欠かせない

実績がなければ素人と同じである。だから誤射という悲劇が生まれる。撃ちたいと逸《はや》る気持ちが、獲物の確認を怠ったまま引き金を落とすのだ。

多くのハンターが猟場を持つ地方の猟師に頼んで仲間に入れてもらうのは、その地の獲物の生態を知り尽くしている猟師に学べるからで、結果として獲物を斃す機会に恵まれる。さらに全国どこでもそうなのかは知らないが、獲物は均等に分け与えられる。いわゆるマタギ勘定というやつで、写真を撮って彼らの足を引っ張っているだけの私でさえそうなのだ。

東京の森田幸一《こういち》さんもまた、菅家さんと出会って熊撃ちをはじめたひとりである。もう何年にもなる付き合いだから、菅家さんとともに熊を仕留めた経験もある。最初は兎やヤマドリがいいと云っていたらしいが、菅家さんと山を歩いているうちに感化されたのだ。昨年の解禁日のヤマドリ猟も、森田さんが一緒であった。

ヤマドリは雑食性で、冬は渓流の周辺に棲む。いくら生態に詳しい彼らでも、足で探すのは至難である。だから犬を使う。よく仕込んであるから、獲物を見つけても襲いかからない。殺気を放ってヤマドリの動きを止めるのだ。殺気を浴びたヤマドリは、その瞬間に固まってしまう。犬は殺気を放ったままだ。その緊張に耐えきれずに飛び上がった獲物を狙い撃つのである。

たいしたものだと思う。犬たちが撃ち落とされた獲物を咥《くわ》えてもどり、尻尾を振って褒美を待つ。なにより先に、獲ったヤマドリの尻から木の枝を刺し、内臓を抜き取るのが大事で、これをしないとヤマドリの肉が臭みを帯びてしまい、食えたものではない。その内臓が犬たちの褒美になる。内臓の美味しさに味を占めた犬は、ふたたび競うようにしてヤマドリを追う。

犬が苦手な私だが、あれは犬というより道具だよ、と森田さんに云われて納得する。

雨が上がった初日の午後は、二羽のヤマドリを獲った。午前中が不猟だったのは、雨で匂いが消えて犬が気配を嗅げなかったらしい。

いればまず外さないな、と森田さんが云う。それは腕に覚えのひと言で、だからといって飛び立ったヤマドリすべてを撃ち落とすわけではない。冬のヤマドリは群れをつくっていて、そのすべてを逃さないというよりも、姿を見ていながら獲らない日はない、というほどの意味である。

実際のところ、ヤマドリ猟は予想を超えたおもしろさであった。狩りという行為の神髄を味

犬がヤマドリを見つけて殺気を放つ。その気配を察知して銃を構え、飛び立つ瞬間をねらう

ヤマドリ蕎麦を賞味しようと集まった地元の面々。このひとときが、なによりの楽しみなのだ

わった思いである。犬の殺気に怯えて飛び立ったヤマドリの飛翔は「ヤマドリの沢下り」といい、キコキコという独特の羽音とともに、渓谷の狭間を切り裂いて必死に逃れようとするヤマドリに照準を合わせて引き金を引く刹那の充足は、猟をする者にとって震えるほどの手ごたえというべきものだろう。

この日獲ったヤマドリは、待ち構えていた間方の女衆によってヤマドリ蕎麦《そば》にされ、深い雪に閉ざされる季節の到来を受け入れるための、心の準備と覚悟をするのである。

菅家藤一の猟を書きながら、しかし間方が、かつてマタギが活躍した集落だというのではない。マタギの集落として知られているのは、秋田の阿仁《あに》を筆頭として、山形の鶴岡や小国、新潟の西北部にある山北や秋山郷《あきやまごう》などの雪深い地方だが、マタギの里を観光の目玉にしているのは阿仁くらいで、それでさえマタギの存在は揺らいでいる。

昨年の年末を阿仁に近い森吉《もりよし》山の杣《そま》温泉で過ごしたが、地元の客に云わせると、マタギの里といっても熊牧場とマタギ資料館があるだけで、いつまでもマタギで観光客を引っ張れはしないだろうと悲観的なのだ。

そうした意味で眺めてみれば、べつにマタギの里と謳《うた》わなくても、時代の変遷に合わせて猟を継続している地方のほうが、よほどマタギの里にふさわしい。

べつにその地にマタギの系譜がなくともいい。その地の猟師が、獲物を与えてくれる山への

自家製の蕎麦（手打ちで最後に機械を使う）でヤマドリ蕎麦をこしらえる。深い雪に閉ざされる季節を受け入れるための儀式としての食事だ。手前は集落の釣り好きが持ってきた岩魚。間方の集落には自然とともに生きる暮らしがまだ息づいている

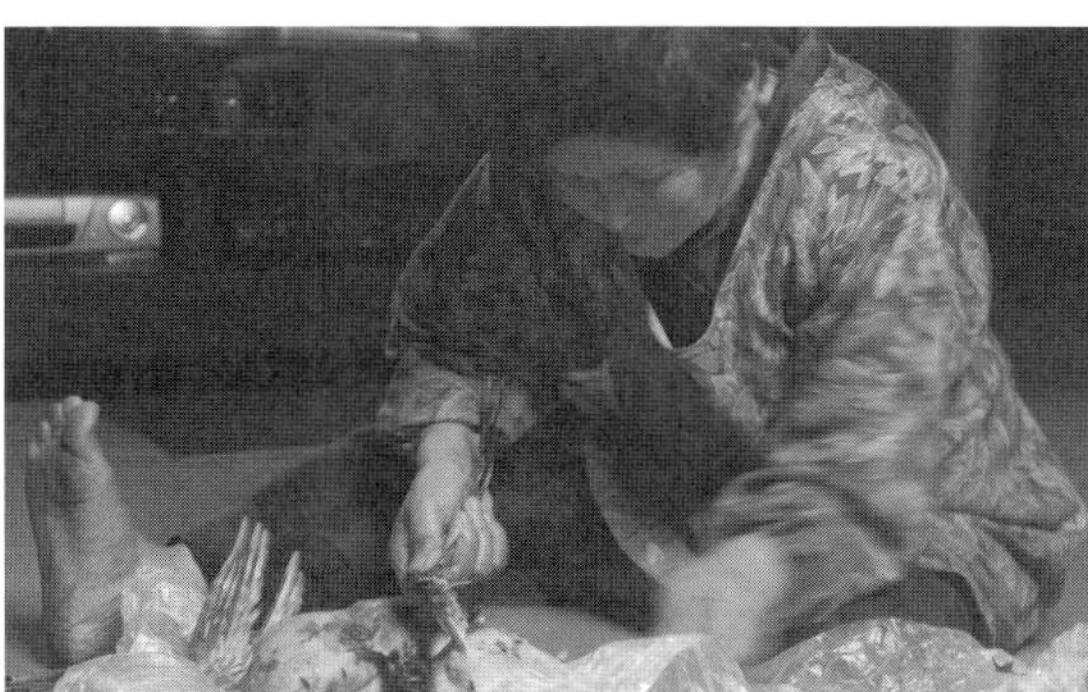

ヤマドリの羽根を丹念にむしる菅家アイ子さん。藤一さんのお母さんで、籠づくりの名人である

畏敬と感謝を失わなければ、それがマタギの系譜なのである。

菅家さんはみずからをマタギと呼んで憚《はばか》らないが、それは彼が間方の里に伝えられてきた狩猟を継承している自負があるからにほかならない。

二十歳で狩猟免許をとったころは集落こぞって猟をしたが、いまでは間方の猟師は彼ひとりになっている。彼が熊穴猟を専門にしたのは、巻狩りに嫌気が差したからだ。晴れているならまだいいが、底冷えのする山のてっぺんで銃を抱え、いつやってくるともわからない獲物を待つくらいなら、いっそ自分独りで獲物を追うほうが性に合っていると考えたのだ。結果として、やがて激減していく猟師を思えば、菅家さんの決断は先見の明であった。

彼が思いついたのは、冬眠している熊を探して撃つ穴猟である。しかし、間方に熊穴の存在と猟法が伝えられていたわけではない。すべては手探りだった。たった独りで間方の山を歩き、ひとつずつ見つけた熊穴が、いつしか百二十を超えた。

最初のうちは、彼の行動に懐疑的だった村びとも、確実に獲物を引きずりおろしてくる菅家さんに驚嘆のまなざしを向けるようになる。

その地道な猟の成果が、いまでは二十頭になった。

百二十の穴を持っているといっても、すべての穴に熊が入っているわけではない。冬眠した形跡のあるものや、これから入る可能性のある穴である。しかし、どこかの穴に入っているのは間違いない。その穴を、ひと冬に数個見て歩く。どの穴にするかは勘と経験による。

もちろん、秋のうちに下見はする。だが、よほど慎重にやらないと形跡を悟られて、熊がその穴に入ることはない。

冬眠といっても熊は眠ってはいない。半覚醒である。だから熊が穴に入っているからといって、迂闊には近づけない。反撃に遭うからだ。こちらとしても命がけである。

菅家さんがこれまでに獲った最大の熊は百三十キロあった。この熊には逸話がある。年長の村びとが、ゼンマイを採りに行って熊穴を通りかかり、怒って飛び出した熊に襲われて、一二〇針も縫う大けがを負わされたのである。

見舞いに訪れた菅家さんに、その村びとは、「藤一、仇《かたき》を討ってけろ」と涙ながらに語ったのだという。

その大熊を討ち取ったのがいつかは聞き漏らしたが、写真は見せてもらった。その写真を眺めているうちに、不意にあることに気づいて顔を上げた私に、菅家さんは深く頷いて「皆黒《みなぐろ》だ」と云った。

皆黒は、ツキノワグマ独特の白い月の輪がない熊で、全身真っ黒なのである。皆黒を獲るのはマタギにとって禁忌である。山の神の祟りを受けるとされ、皆黒を獲った猟師は銃を置くのが定めであると、矢口高雄《やぐちたかお》（註1）のマタギの漫画にも描かれているほどだ。

しかし菅家さんは泰然として動じなかった。熊撃ちをつづけたのだ。

すでに祟りを怖れる時代でなかったことはわかる。それでも気持ちのいいものではないだろう。村びとに瀕死の重傷を負わせた熊が皆黒だというのは、彼の証言によって知っていたはずだ。つまりは確信犯なのである。

祟りがどうのこうのという前に、まず村びとの仇を討つ。それが菅家藤一の美学だ。向こう見ずといおうか、無鉄砲といおうか、まことに判断に窮するが、彼が親分肌であることは間違いない。

菅家さんの祖父は、「間方の天皇」といわれた二瓶義平《にへいぎへい》だ。まだ村に電気が通っていなかったころ、自分の持ち山の木を伐って電信柱にし、自費を投じて間方まで電気を引いたのである。まさに天皇と呼ばれるにふさわしい業績だが、その二瓶義平のスケールの大きい親分肌の血を、菅家さんは間違いなく引いているように見える。彼の家から客足が途絶えないのも頷けるというものだ。

菅家さんと知り合った私は、折を見て間方に通うようになるのだが、来るもの拒まずなのか、それとも私を気に入ってくれているのか、いつも快く迎えてくれる。その背景には、奥さんの欣子《きんこ》さんの存在が欠かせない。

菅家さんのぶどう蔓籠を求めてくるものや見学客を含めれば、千客万来の様相をこの家は見せるのだが、そのすべての客をもてなしはしても、だれかれ構わず欣子さんが心を開くわけではない。いわばダンナの菅家藤一のメガネに叶った人間だけを懐に受け入れる。それでいいのだと思うのは、私もまた菅家さんのメガネにどうやら叶ったのだろうと、勝手に解釈しているからである。

いつものように酒を呑み、いつものように熊の話になる。

最後の熊を獲ったのは、今年（二〇一二年）の二月の禁猟の前日だったという。森田さんとふたりで出かけた成果だが、まさか最終日で獲れるとは思わなかったらしい。

まったく獲れないのは寂しいが、といって何頭も欲しいわけではない。授かり物だから、二年か三年に一頭獲れればいい。猟は熊との勝負で、勝ったか負けたかということだ。だから有害駆除は、俺は嫌だ、と菅家さんは顔を曇らせる。あれは勝負ではなく、一方的な檻《おり》による騙し討ちだというのだ。

地区の猟友会に入っているから、有害駆除も関係のうちで、熊が檻にかかれば彼のもとにも連絡がくる。仕方がないから出かけはするが、見るに堪えない光景が待っている。檻から逃げ出そうともがき、爪も牙もボロボロになり、血だらけになった熊がそこにいる。

といって逃がすわけにはいかないから射殺するのだが、菅家さんは銃を手にしようとはしない。

檻に捕らえられた熊は不運だが、その不運を嘆いても、助けられはしない。せめて山で会って勝負したかったというのが菅家さんの情で、そこに彼のマタギとしての誇りがある。

いちど熊撃ちに連れて行け、というと、「おおいいね、行くか」となった。ただし五、六日は

一晩で相当な新雪が
降り積もる雪山の歩
行はカンジキを履い
ても難渋するが、自
作のカンジキを足に、
菅家さんはものともせ
ずに分け入っていく

この冬（2012～2013年）、間方は豪雪となった

尾根の上から双眼鏡で斜面を見下ろし、兎の足跡を捜す

集落を外れて森に向かう。さて、兎は獲れるのか。右上は志津倉山の前山である

見ておかないと結果は出ないかもしれないという。私の言い分は、速くはないがついてはいける、というもので、もう若くはないが冬山経験も相応にはあるのだから、まあなんとかなると思ってはいる。

菅家さんの熊撃ちが年明けになるのは、雪の多いほうが獲物を引っ張ってくるのに有利だということらしいが、ともかく猟は菅家さんと森田さんのふたりに任せ、私は少し離れてカメラを構え、彼らの邪魔をしない作戦に徹しようと決めていた。

しかし、その日を事前に決めたわけでない。すべてはふたりの日程調整に従うほかはないのである。だから私はじりじりとしながら二月を待った。猟はいつも日帰りで、もしかしたら私の行く前に熊が獲れてしまうかもしれない。授かり物だから、それはそれでかまわない。しかし、獲れるのなら私の目の前であってほしい。それが私の勝手な願いであった。

予想を覆して、この冬は豪雪になった。それでも各地の降り方にばらつきがあるのが近年の雪の特徴で、地球温暖化の傾向であるらしい。だが奥会津の雪は凄まじく、野山を覆い尽くしてなお降りやまなかった。

山仲間の退職を祝う会が岩手で開かれ、そこから福島に向かった私は、闇の下りた間方の集落で雪に嵌《は》まった。

どの家も雪に覆われて判別がつかず、菅家宅を通り過ぎたと思い、Uターンをしたとたん、車がスタックして道路を斜めに塞いだのである。

パートタイムでもフルタイムでもなく、路面の状況によって車が勝手に切り替えを判断する「なんちゃって四駆」の私の車は、アクセルをいくら踏んでも空転するばかりだった。最奥に近い集落のこととて通る車もなく、降り募る雪に閉ざされた道路の向こうには人影さえない。

車から降りて押しても埒《らち》があかず、開き直ってアクセルを踏みつづけ、どうにか脱出すると、菅家さんの家まで百メートルもない場所だった。私の到着を菅家さんは酒も呑まず、籠を編みながら待っていてくれた。

聞けば、森田さんの仕事の都合がつかず、どうしても来られないため、まだいちども出かけられなかったらしい。ましてこのところ降りっぱなしで雪が締まらず、とても熊穴までたどり着けないだろうという。

だから雪が締まるまでは兎を追って暇を潰そうではないか、というのである。

相棒の不参加とこの大雪で、菅家さんのテンションが下がっているのは伝わってきた。といって足手まといの私ではなんの役にも立たない。この雪ではたしかに熊穴にたどり着く前に日が暮れそうだった。しかし私にしても、なにがなんでも獲物が欲しいとは思っていない。山の神のご機嫌による授かり物があればいいし、なければなくともかまわないのである。

この日は二月の十一日で、禁猟までは明日から数えて四日あった。まだ四日もあんだから、近場の山を歩けば、なんか獲れるだろう。空振りってことはまずねえよ。そんな話を交わしながら菅家さんと前祝いをはじめる。

山の兎を食べたことはあるが、獲ったことはない。私のイメージでは、兎獲りはもっとも楽に獲物が獲れる猟だし、もしも堅雪《かたゆき》の日に恵まれれば熊穴に行けるかもしれない。最悪でも兎汁は間違いなかろうと、軽く考えていた。

だが、その翌日から四日間、山の神から見放されたかのように不猟に終わったのである。菅家さんの以前の職場の部下の三沢くんが勢子に加わってくれたが、撃ち手が菅家さんだけではいかんともし難かった。手が足りないのだ。

初日はカメラを担いで菅家さんと歩いたが、二日目は私も勢子に加わった。ホウホウと声を上げ、大汗を掻きながら雪の斜面を登り、たったいま歩いたばかりの足跡も捉えた。しかし、これしかないと打った手をことごとくかいくぐり、兎は待ち構えている菅家さんの銃を察知しているかのように、無人の雪原に跳んでいくのである。

百戦錬磨の菅家さんに獲れないのだから、これはもう運がないとしか思いようがない。運がないということは、すなわちツキがないのである。

悄然と肩を落として帰る日がつづくと、欣子さんのまなざしが気になってくる。ツキがないのは誰かに原因があるのではないか、という目だ。それが山なら雨男だが、私は晴れ男だ。

「俺じゃないよ。だってヤマドリのときは、俺がいた日に二羽も獲れたでしょ」

私が慌てて弁解を口走るのは、来年以降も猟に参加させて欲しいからだ。ツキのなさが私の

間方の里に雪が降る。菅家さんの工房の２階に下げられたマタタビの籠が、人の温もりを伝えていた

菅家さんはぶどう蔓籠の編み組み細工を仕事にしている。長く使うほど艶が出て愛着の増す逸品だ

せいだとなったら、二度と誘ってもらえなくなる。それが怖い。

前章で私は、職業猟師が絶えたことによって本来のマタギも姿を消したと書いた。しかし釈然としない思いが残っている。狩猟の歴史に精通していないから検証の必要があるが、職業猟師が消えたのは、職業猟師の存在意義が失われた末に猟期の短縮がなされた結果と見るべきだろう。背景にはカモシカの禁猟や毛皮の価格の暴落があるかもしれず、職業猟師の存亡とマタギの消失を短絡的に結びつけたのは早計だったかもしれない。

マタギはなにも猟だけで生きたのではない。春から秋は米をつくり、山菜や茸や岩魚《いわな》などの山の恵みを得て生計を立てたのだ。その一年の暮らしのすべてがマタギであったとすると、猟師を職業としなくてもマタギは成立することになる。

そうであってみれば、冬の狩猟を背景に、間方の山に精通し、ぶどう蔓によって籠を編み、舞茸や松茸を採り、岩魚を釣る菅家さんは、間違いなく現代のマタギ列伝に数えていいひとりである。

来年の猟がどうなるかは誰にもわからない。けれど、どうにか一頭獲るまで菅家さんに密着させてもらって欣子さんの疑惑を晴らさねばならない。誰がなんといおうが私は晴れ男なのだ。

註1・秋田県出身の漫画家(一九五九―二〇二〇)。『釣りキチ三平』や、マタギに関する著作を多数発表する。

マタギの里から2

奥会津／続・間方の猟師の暮らし

二〇一三年十一月十五日。奥会津の山々は秋色につつまれていた。山の端《は》から昇った弱い陽が谷沿いの集落に注ぐと、家々の背後に連なる間方の山肌を浮かび上がらせるようにして、光を浴びた紅葉が輝きはじめる。まさにいまを盛りの錦秋の風情なのだが、いつもの年なら、すでに初冬に入っていなければならない季節である。

背後に背負った志津倉《しづくら》山に二度雪が降り、三度目に間方の里に雪が降る。そんな奥会津の歳時記を裏付けるようにして、日陰には数日前に降った初雪の、名残りの淡雪がほの見えている。猛暑だった夏の高温が秋を通り越してつづき、いきなり冬の装いを見せたこの年を、秋がなかったと人々は云う。紅葉が遅かったのもそのせいで、いきなり訪れた冬の寒さに季節がようやく追いついて、山だけが秋たけなわの風情になった。だから季節は初冬でも、山はまだ十月半ばでしかない。

山仕事をしていても、ヤマドリも兎もほとんど見ないと里の人たちは云う。それはそうだろうと思う。猟の解禁直前だからこそ、期待を籠めて獲物の情報を持ち帰ってくれようとするのだろうが、季節がひと月違えば見えるものも違ってくる。それは山の獣の都合である。

葉が落ち切るまでは、ヤマドリも兎も稜線近くか沢の上流に棲んでいる。餌も豊富で、なにより木の葉で視界が遮られ、鷲や鷹などの猛禽類から身を守ることができるからだ。まして今年は山の木の実の当たり年で、ブナも栗もドングリも山ぶどうも豊富に実をつけている。だから獲物が沢に下りてくるまでは猟にならない。

山の地形とありようを知悉している間方の猟師、菅家藤一さんも、当然そのへんの事情は心得ていて、

「なに、十二月になれば嫌でも獲れるわい」

と、泰然として動じない。それでも待ちに待った解禁だから猟には出る。ヤマドリ蕎麦を食べなければ、厳しい間方の冬を迎える覚悟が定まらないからだ。

いつもの年とは勝手の違う解禁当初の間方の渓を、麗らかな陽ざしを浴びながら歩いた。連れている犬は菅家さんの飼っているフランス原産のブリタニー・スパニエルの二頭で、雄のジョンと雌のケスニなのだが、ジョンが七歳でケスニが十四歳と聞かされてなるほどと思う。昨年は二頭とも元気に渓を駆けていたのに、今年はケスニの足取りが覚束《おぼつか》なかったからである。

犬の年齢は人間の五倍に相当する。つまりケスニは人間でいえば七十歳で、ジョンは三十五歳だ。まるで力尽きんとする婆アと精力みなぎる青年が一緒に山を走りまわるのだから、最初から勝負になどなりはしないのだ。

といって私もすでに爺イなのだから、ケスニを見ていると、なにやらよろばいながら山中をさまよい歩く自分の姿を見ているようで、うら寂しい思いになる。

銃のカバーを外して弾倉に弾を籠め、薬室に弾を送って、いつでも撃てるようにして渓に入る。獲物の匂いを求めて縦横無尽に走りまわる犬たちが空振りに終わるさまを遠目に見据え、薬室から弾を抜けばその沢は終わりで、次の沢をめざす。その繰り返しである。

持ち歩く散弾は、ヤマドリ用の五号か六号。鴨撃ちならば、これが粒の大きな三号か四号に替わる。さらに大型獣用の一発弾であるライフルスラッグ弾を懐に忍ばせているのは、熊撃ち猟師の本領というものだ。いつ何時《なんどき》、熊に出くわさないともかぎらない。

事実、沢の斜面の消え残った雪に刻まれた熊の足跡を、なんどか見た。冬眠前の食いだめには絶好の季節に違いない。そこで思わぬ遭遇でもすれば、労せずして熊が手に入ることになる。

山肌の木にはムキタケがびっしりと連なり、ブナの枯れた幹にもナメコが黄金色に群れているが、菅家さんたちがそれらの茸に手をだすことはめったにない。ナメコは、それぞれの家が独自でブナの倒木に菌を植えていて不自由はしないし、口が肥えているからムキタケなどの雑《ざっ》茸《きのこ》には見向きもしないのだ。

それでも、地元で雪降りシメジと呼ばれる大黒シメジ（本シメジ）の群落を見つけて採った。

「これは澄まし汁にすると抜群に美味い」

料理が得意な同行の森田さんが、そう云いながらビニールの袋に詰める。

獲物のない場合に備えての、せめてもの土産のつもりだが、目に入るすべての茸を採らないのは、山の暮らしの知恵である。

それでも、まったく成果がなかったわけではない。解禁初日の午前中、沢の斜面の足もとから二羽のヤマドリが出た。それがあまりに近かったから、さすがの菅家さんも撃つに撃てず、後ろを歩いていた森田さんがすかさず雄鳥を仕留めたのだが、このヤマドリは当年生まれの若

森田幸一さん、今季初の1羽。ゼロと1は大違いである。雄は目のまわりが赤い

猟の合間にもうひとつの山の恵み、大黒シメジの群落に出会う

鳥で、成鳥なら体表を分厚く覆っているはずの脂が微塵もなかった。脂がいのちのヤマドリ蕎麦にはとても使えない。

これでは家で待っている欣子さんや母親のアイ子さんは納得すまいが、手ぶらで帰るよりはましだった。

初日の午後は鴨撃ちに転じたが、これまたあざ笑うかのごとき貧果で一羽も獲れず、気を取り直して翌日もヤマドリを追うものの、影さえ見せなかった。

大谷川《おおたに》の左岸の支流をあらかた探り終え、三日目の午前は集落の上流の胡桃《くるみ》沢とセキの沢に入るも空振りで、これで気力の失せた菅家さんは、午後の猟をやめて作業場に籠《こも》ってぶどう籠づくりに精を出し、きょうで間方を去るつもりの森田さんと私はだめで元々と、もうひとまわりすることにした。

ジョンだけを連れて、隣村の昭和村につづく古の美女《びじょ》峠付近の間方が原をめぐり、最上流の春日窪《かすがくぼ》に分け入るも獲物の気配さえなく、昼食を終えてから、あと一本だけと、集落のすぐ下の小沢に入った。

沢に足を踏み入れるや、初めてジョンが高鼻をかかげ、沢奥に走りこんでいく。と見る間に、澄んだ青空を割るようにしてキコキコという羽音が聞こえ、黒い影が飛翔した。ヤマドリの沢下りである。

すかさず一発放つが、あまりの里の近さに怯えたか、あるいはこちらの気配を察したか、ヤマドリは急旋回して沢沿いの藪に姿を消した。

そのたった二回のヤマドリとの遭遇が、今年の猟はじめの結果であった。それでも姿を見ないよりはましだった。ゼロと一は、かぎりなく違う。

懐かしい羽音を聞き、沢を翔《かけ》る影を見ただけで良しとしたが、私の脳裏にあったのは、獲物を求めて沢を詰めあがって尾根に立ったとき、光を浴びて真っ赤に燃え上がった一本の楓《かえで》であった。その異様な秋の残影が、今年の山の獣の象徴のように思えたのである。


その半月後、飯豊・胎内の会の慰労会で顔を合わせた新潟の関川村の皆川兄弟によれば、鴨もヤマドリも例年に比べて異例の少なさだという。それでも五羽は獲ったというのだからうらやましい話だが、彼我の獲物の差はさておいても、やはり例年とは異なる山の姿に端を発するものだと思う。

熊の足跡を見つけて後を追ったが巻かれてしまったと云う。幸先よく熊を獲った昨年のようにはいかないということだ。

近年は鹿や猪が飯豊にも進出してきたらしい。それは会津でも同じで、雪の多かった昔は猪も鹿も姿を見なかった。それは腹を擦《こす》る雪が彼らの行動を妨げたからで、雪が少なくなれば山を越えて行動範囲を広げることになるのは自明であろう。

小雪《しょうせつ》の山々を越えて雪国に到達した後の鹿や猪の行動手段を地元の知人から聞かされた私は、

のけぞるほど驚いた。沢を移動しているというのだ。

なるほど、山麓の沢なら冬でも雪は積もらず、移動の手段としてはこれに勝るものはあるまい。いかに本能の赴くままとはいえ、動物たちの巧まざる機知に舌を巻く。

それはむろん温暖化の影響と思って間違いないだろうが、ともあれ雪国の狩猟の形態が、獲物に合わせて変化していくのは覚悟せねばなるまい。

現に皆川兄弟でさえ、これからは鹿や猪も撃ちたいと意欲を見せる。けれど、それまでいなかった動物の進出によって、その地方の狩猟文化が形を変えて風土に同化するまでには、途方もない歳月を必要とするに違いない。

私がこのところ入り浸っている奥会津の間方の里は、古くからのマタギの集落ではない。しかしマタギ集落は、間方のような風土であろうと思う確信はある。それは私が東北の秋田の産であり、マタギの里の阿仁や山形の小国や新潟の飯豊山麓を訪れて、それぞれの風土を見知っているからだ。

間方は文明の対極にある集落だ。文明がないということではもちろんない。テレビやインターネットという情報の共有や、電気やガスや水道などの生活の基盤は調《ととの》っているし、暮らしに不自由はない。六キロ離れた国道沿いの宮下まで下りれば必要なものは手に入るし、会津若松まで足を延ばせば得られないものはない。

文明の対極にあるという意味は、自給自足の比率が高いということである。贅沢さえしなければ、必要なものはすべて山から得られる。山が豊かなのだ。

田畑では作物が育ち、山からはゼンマイやワラビなどの山菜が豊富に採れる。それを加工して換金した時代がある。かつてゼンマイを乾《ほ》して出荷する風景は、山里の風物詩であった。

マタタビや山ぶどうの皮で山仕事などの生活の道具を編んだ名残りが、いまでは間方を擁する三島町名産の編み組細工として生きつづけている。

秋の山からは松茸や舞茸が採れる。間方には入札して山の権利を売る松茸山がある。その松茸山とはべつに、各自がそれぞれの縄張りを持ち、たとえば菅家さんの母親のアイ子さんなどは、八十歳を超えたいまでも裏山に出かけては、飄然と松茸を採ってくる。

渓流に群れている岩魚や山の獣は、動物性蛋白質として欠かせなかったし、熊や狸や狐やテンやムササビ撃ちは、職猟として成立していた。それぞれの皮や熊の胆《い》は高価で売れたし、自家用の薬としても用いられた。

すべてをお金で購《あがな》わなくても済む山里の暮らしがあった。生きていくために必要なものは山から手に入る。貨幣がすべての基準なのではなく、労働の対価がそのまま生活であるという矛盾のない生き方が成立していたのだ。

湯水のように金を使う贅沢はないし、使う場所もないのだが、自給自足の暮らしには不安がない。バブルの崩壊もリーマンショックも交通の途絶も、さほどの影響を与えはしない。他者に頼らない自己完結が可能だからだ。

「ここに住んでいれば山のものは美味しいし、少なくても飢えて死ぬことはないしね」という欣子さんの言葉は至言である。

いつだったか、新潟の秋山郷の交通が雪崩で遮断して集落が孤立したとき、困ったと云わせたい報道陣に村の古老が、

「なに、一ヵ月くらいなら、なにも買わなくてもやっていけるだ」

平然とそう云い放ったものだった。

自分たちの暮らしは山のもので補い、それでもさすがにお金は必要だからゼンマイを売り、あるいは獣を獲って毛皮や熊の胆を金に換えた。秋田の阿仁の熊撃ちは旅マタギと呼ばれたが、それは私たちが幼いころの、東北の寒村の出稼ぎ労働と重なるものだ。腕に覚えの、猟銃による出稼ぎである。

マタギの里に代表される山村の暮らしは、実は豊かであったと私は考えている。なにもないが、しかしそこにはすべてがある。

間方には、還暦を迎えてなお矍鑠《かくしゃく》として山に分け入る菅家藤一さんがいる。せっかく知り合ったのだから機会を逃さず、彼の背中をたどたどしく追いながら、間方の里から現代のマタギの生きざまを解析してみたいと思うのだ。

山栗の花が咲く季節に間方を訪れた。六月下旬のことである。

山ぶどうの皮で籠を編むのが、現在ただいまの菅家さんの仕事だが、しかしこの時期は仕事にならない。材料の、山ぶどうの皮の採取に専念しなくてはならないからだ。ぶどう籠の製作の取材はしたが、材料の収穫を知らないのでは画竜点睛《がりょうてんせい》を欠く。そんな思いから同行を頼んだら、それならついでに熊穴を案内しようか、と云ってくれた。

あの急峻な山肌をぶっちぎりで駆け登る菅家さんの後を、青息吐息で付いて行かねばならないのかと一瞬思うが、そんなことはおくびにも出さずに、素直にお願いする。

山ぶどうの皮がもっともいい状態で採れるのは、山栗の花が咲く六月下旬から七月の初めにかけてで、その前でも後でもダメだという。それが水の吸い上げなのか、気温の関係なのかは判らない。なんども季節を変えて山に入って初めて覚える手わざであろう。

志津倉山を中心にして方々を歩いた。当然のように道はない。山ぶどうの皮を求めるというよりも、熊穴を見るついでに山ぶどうの皮を採る日々だった。

長さ五メートルほどの特注の鎌で、木に沿って垂れ下がる蔓を効率よく伐り落とし、三等分に均一に皮を剥いて行く。ブナの森に腰を下ろして作業をするのだが、降り注ぐ春の陽ざしを新緑の梢が散らし、エゾハルゼミの鳴き声が谺《こだま》して季節の訪れを謳歌《おうか》している。

切ったばかりの蔓の切り口から流れる水を呑んでみると、ほんのりと甘い香りがした。カサカサの表皮からは考えられないほどの大量の水を含んでいることに驚かされる。

山ぶどうの皮の採取。菅家さんはときに猿のように自在に木に登り蔓を求める

山ぶどうの皮は三等分にしてまとめていく

なんどか場所を替えて皮を剝ぎ、ザックに一杯になると作業を終え、あとは空身で熊穴を見に行く毎日だった。

三日かけて二十ヵ所近い穴を案内してもらった。というよりも、実際に入らせてもらったのだ。菅家さんは百二十の熊穴を持つが、実際には木穴にも熊は入るから、その数はさらに増えるはずである。

志津倉山は岩山なので、岩穴が豊富なのは疑いがないが、よくもここまで形の違う穴があるものだと思わされる。菅家さんの肩に足をかけさせてもらって這い上がった穴や、ザイルを引いてたどりつく絶壁の穴の数々。

熊の天敵が人間でしかないことを思えば、冬眠のための穴の選定は、熊にとっては死活問題なのだから、厳しい条件の穴のほうが、彼らにとっては安心なのだ。

総じて入口は狭く、奥は深い。体の小さな私でなくては、とても入れなさそうな穴さえある。どの穴も、奥に半畳から一畳ほどの平坦な窪みがあり、新旧それぞれの枯葉が敷き詰められていた。その枯葉が冬眠した熊の寝床の痕跡であり、葉の新旧が、いつ熊が入っていたのかの判断材料になる。

この穴で熊たちは仔《こ》を産み育て、半年のあいだ、春を待ちつづける。深い雪に護られて過ごす岩穴は、熊にとってなによりくつろげる空間なのだというのがよく解る。だからこそ、なんども穴のまわりをめぐり、慎重に周囲を探り、直感にしたがって、その冬を過ごす穴を定める

熊穴をのぞく菅家さん。入口は狭いが、奥は広く深い。そして熊の寝床がある

熊の「あて」。古いものだが、必ずこれを残してから熊は穴に入るという

のであろう。

熊穴に近い木の根方《ねかた》に熊の齧《かじ》った跡があった。その跡を間方では「あて」と呼ぶ。「あて」は熊が入っている穴の近くに必ずあると菅家さんは云う。なぜ「あて」と呼ぶのかは知らない。古老から伝えられてきた言葉だからだ。

しかし「あて」は、どう考えてもあてにする、あるいはあてにならない、の「あて」だろう。会津の南郷《なんごう》では、これを「あてっぽ」とも呼ぶらしい。

古い「あて」を見て熊穴を目指しても、熊が入っていなければ、あてが外れるのであり、それが新しい「あて」なら、あてにしていいかもしれない。

猟師の存在を怖れて山中深くの岩穴に籠っても、頭を隠しても尻を隠さないことになる「あて」を、熊はなぜ残すのだろうか。

一説には、木のヤニを齧って尻に栓をするのだというが（註1）、それがもしかして、ほかの熊に自分がその穴に入ったことを知らせるための行為も含まれるのだとしたら、たとえそれが熊たちの共存の形だとしても、なんとも悲しい習性ではないかと思えてしまう。

熊の噛み跡の「あて」は、木の種類を選ばない。針葉樹でも広葉樹でもお構いなしだ。そういわれてみると不思議なことがある。

「ニホンツキノワグマ」は「カワハギ」の習性を持つ。カワハギは皮剥ぎであり、西日本では熊剥ぎと呼ばれるが、被害は西日本にかぎられ、なぜ東日本の熊がカワハギをしないのかは謎だという（註2）。

カワハギをするのは杉や檜《ひのき》や落葉松《からまつ》などの針葉樹だけである。カワハギをする理由も定かではない。被害が食糧の豊富な初夏から夏にかけてのことを思えば、食べるためでないのは明らかにされている。

広葉樹林帯に棲む熊が、みずからの環境の保全を図って針葉樹を駆逐しようとして行なっているのではないか、という説があるが、それはさすがに考えすぎではないか。

西日本におけるツキノワグマの害獣駆除の多くがカワハギの被害によるものであることを思えば、西日本の熊が激減した理由をそこに求めても異論はないだろう。

すでに日本の林業は壊滅の危機に瀕《ひん》しているが、それでも杉や檜やヒバなどを特産にしている地方では、熊は許し難い獣に違いあるまい。

しかし近年、東日本でも熊のカワハギの被害が発生し、拡大していると聞く。もしかしたら、それもまた、温暖化の影響なのかもしれない。

西日本の熊の被害の多くがカワハギだとしたら、東日本のそれは山里への出没であり、田畑の作物や養蜂の被害だろう。

熊や猪の棲む山里の作物は、山の獣と分け合ってもいいのではないか、というのは旅びとの私の感傷である。それでも、集落のまわりに檻を置き、無際限に熊を獲って処分してしまえばいいというものでもあるまい。

檻に捕らえられ、血だらけになってあがく熊たちを、あまりに酷《ひど》くて見ていられないと語る菅家さんの気持ちはよく解る。

山里の人々や猟師たちの、熊はたしかに増えているという言葉がたしかなら、害獣駆除もまたやむをえないかもしれない。

しかし、県境を持たない熊の正確な生息数が確認されていないのも事実である。それはすなわち、駆除すべき熊の数が適正に定められていないということだ。

知るかぎりにおいて雪国の山々で、熊のカワハギの被害は発生していないと思う。みずからを滅ぼしかねない熊の奇妙な行動が雪国まで及んでいないことを、素直によろこびたい。

山里で待ち構える檻には決して近づかず、二年に一頭獲れれば上出来だという菅家さんとの知恵比べに敗れた間方の奥山の熊たちは、むしろ幸福だったのではないか、とも思う。少なくとも人間と対等に戦う余地が、そこには残されているからである。


九月の末、間方から舞茸が採れたという連絡が入った。菅家さんが採ってきた二十キロの大株だという。

「高桑さんにも送ろうと思ったけど、取材で飛びまわっていて住所不定だろうから、どうしようかと思ってさ」

電話の向こうで欣子さんが笑う。

それなら、こちらから出向きますよ、と答えて電話を切った。

菅家さんは舞茸採りの名人でもあるが、それを商売にはしない。舞茸が採れたら親戚や知り合いにすべて送って、間方の山の幸を一緒によろこんでもらうのがうれしいのだ。

翌日の昼過ぎに間方に着き、菅家宅の居間に並べられた舞茸の大株の見事さに感嘆する。舞茸の出る木を七十本以上知っている菅家さんだから、いまさら驚くこともないのだが、まんざらでもなさそうだった。

そのなかで、とりわけ立派な株を示して、「これを持って帰ってもらうつもりだが、少しでも山に入って自分で見つけたほうがおもしろかんべ。ちょっくら行ってみっか」と私を誘った。

その舞茸は、驚いたことに車をとめた林道から、三十分も登っていないミズナラの木に出ていた。周囲のミズナラの木をまわって、合わせて八キロ近い舞茸を採ったのだから、これほど効率のいい舞茸採りはない。まる一日、足を棒にしてひと株も採れない舞茸採りに聞かせてやりたいくらいの快挙であった。

舞茸の出る周期は一定ではなく、しかも木によっても違う。毎年出る木もあれば数年にいちどという木もある。

舞茸はむかしから、百本のミズナラを見てまわって一本見つければ上出来という茸である。してみると菅家さんは、単純計算で七千本のミズナラを見てまわったことになる。

舞茸採りは、舞茸のシロを誰にも教えない。しかし、加齢が進んで舞茸採りも減る一方だ。

「あそこの木は、しばらく出ていなかったから、そろそろかなあと思って、高桑さん用にとっておいたんだ」とうれしいことを云う。

舞茸は、それこそ「あて」がなければ採れないのである。

菅家さんに採らせてもらった八キロの舞茸と、アイ子さんが裏山で採ってきた数本の松茸が私の土産になった。

翌日は山ぶどうの実を採るべく山に入った。まるで軽業師のように菅家さんが木に登って枝を引き寄せ、実を満載した籠を私が受け取って車に運ぶ。その籠を欣子さんたちが待ち構えていて、ひと粒ひと粒、手で実を摘むのである。

朝から昼過ぎまでの作業で、桶いっぱいの山ぶどうが採れた。山ぶどうの熟す時期と翌日からの悪天の予報を思えば、これ以上はない秋晴れの収穫であった。

不猟に終わった解禁の最終日。帰りしなに欣子さんが「これ、あのときの手間賃代わりね」といって一升瓶を手わたしてくれた。山ぶどう酒であった。

収穫から二ヵ月が経ち、山ぶどうは芳醇で濃厚な液体に変わっていた。その酒を夜ごとグラスで戴きながら、私はひたすら幸福だった。

なにも足さず、なにも引かない、間方の山のすべてを凝縮した野生の味がそこにあった。ボジョレーヌーボーなど蹴飛ばしてしまいたくなるほどの旨さであった。

収穫した山ぶどうの身を一粒ずつもいでいく菅家欣子さん。これが極上の山ぶどう酒になる

菅家さんに案内されて採った舞茸。いい株だ。採ったのは私だが、場所を知っている菅家さんあってのことだ

ほどよい酸味とおだやかな甘さと香りを漂わす山ぶどう酒を口に含むとき、私は指を真っ赤にして実を捥《も》いだ秋の日を思い起こし、すでに雪に覆われているはずの間方の山を思った。

山ぶどう酒まで筆を進めて原稿を締めくくった私に、欣子さんから熊が獲れたぞ、という電話が入った。年明け四日の夕方であった。

私は岩手県内を走っていた。帰省先の秋田からの帰路だった。

解体ははじまったのかと訊くと、

「もう白豚みてえになってんぞ」

皮を剥がされて、分厚い脂身が見えている状態のことらしい。

これから間方に向かっても深夜になる。解体は完璧に終わっているだろう。

森田さんが明日には帰る予定だと聞けば、解体を待ってくれとは言えなかった。

常に狩猟の現場に同行できない取材の難しさを痛感する。だが、それだからこそ、獲物は授かり物だという言葉を実感するのである。

註1・『関川郷の民俗』関川村教育委員会、ほか
註2・『動物大百科・食肉類』1986年、平凡社

マタギサミット

熊は授かり物だから、二年か三年に一頭獲れれば上出来だ、という菅家さんの言葉を裏付けるように、禁猟を目前にした最後の猟も、熊は獲れなかった。

それでも連日出猟したが、稜線間近に点在する熊穴にたどり着くには天候が安定しなければならない。風雪に明け暮れる日は、炬燵で酒を呑んで過ごすのが正しい猟師の在り方というものだ。そうして空を見て、山を見て、風を読む。

いくら血気《けっき》に逸《はや》っても、先も見えない風雪の日に山に入れば、あらゆる危険に身を晒すことになる。山に入らなければ見えないものがあるが、山に入らないからこそ見えるものもある。

山里で暮らしていれば、そこはもう山と同じだ。猟がしたいばかりに都会からやってきて、山の都合など微塵も考えずに山に入りたがる連中とは、そこが違う。

だから菅家さんは、都会からやってきた森田さんと年末年始をゆったりと過ごし、森田さんが帰るという前日の正月四日、猟日和になったのを幸い、せっかくだからちょっくら見てみんべえかと、かねてから気になっていた熊穴に出かけた。

熊穴は、大谷のスノーシェッドの手前から見上げる百メートル上方にあった。スノーシェッドは、間方に至る県道の橋のたもとに架かっているのだから、真下を行き交う車の喧噪を見下ろす位置にある。

気になっていたというのは、県道を通るたびに熊の気配を感じていたからだ。穴の存在は知っていた。

熊は冬になったからといって、すぐに穴に入るのではない。充分に餌を採って脂肪を蓄え、なおかつ穴の周囲を何日もかけて観察し、その上で穴に入るのだから、用意周到ともいえるが、そのぶん痕跡を残して猟師に悟られやすい。まして相手が菅家さんではなおさらだ。

まあ様子見だが、まず間違いなく熊は入ってるな、というのが菅家さんの見立てだった。

穴は並んで二つあった。その穴に、尾根からまわりこんで近づいた。いつでも撃てる体勢で森田さんが銃を構え、菅家さんがひとつの穴に首を突っこんだ。そのとき、もうひとつの穴から熊が顔をだし、すかさず森田さんが一発でこれを仕留めた。だからその瞬間を、菅家さんも見てはいない。

といって菅家さんに不満はない。もともと森田さんがいれば、彼に撃たせたいと思って連れ出しているのだから、彼が撃って熊が獲れるのはうれしいことなのだ。それに、なんといってもひとりよりは二人のほうが安全だし効率がいい。チームワークに不安さえなければ危険分散もできるし、獲れた熊を運びおろすのも楽だ。

だからといってメンバーが多ければいいというものでもない。単独ならではの熊撃ちの方法と楽しみ方と安全対策があるからだ。それを単独行と複数の登山の功罪にたとえていいかもしれない。

獲れた熊は百キロを超えたという。間方では、獲れた熊はすべて家まで持ち帰る習慣だから、まるで崖のような斜面を下方の県道まで下ろせば済む今回の猟ほど楽なものはない。

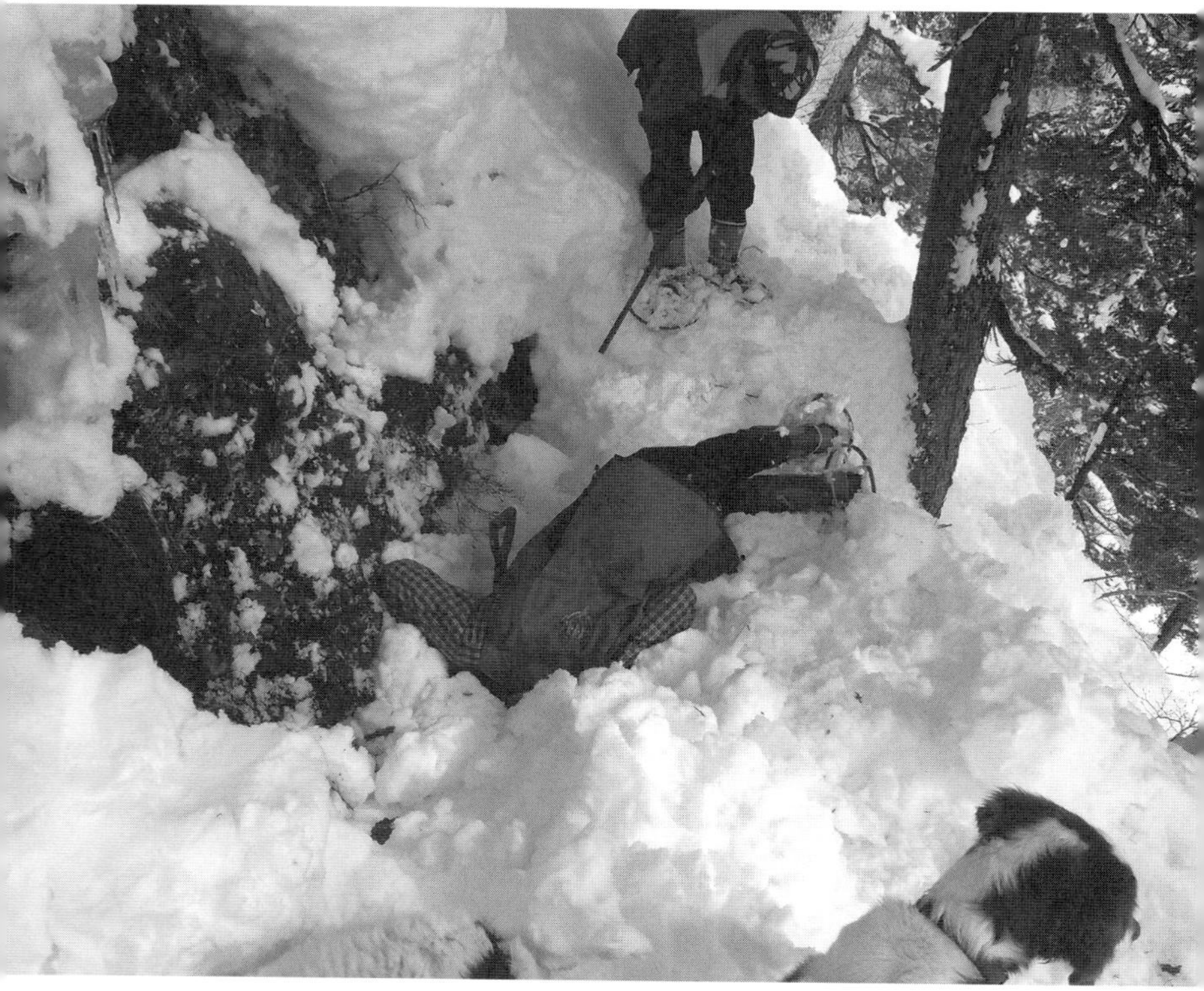

雪に埋もれた熊穴。奥に熊がいるのを確認しているが、
菅家さんは臆さずにのぞき込む（次頁写真共・三澤真也）

右写真は、出てきた熊に吠え立てる２頭の犬。このあと熊は、あえなく射殺された（上）

獲ったばかりの熊の胆。長い時間をかけて乾燥させることで、さまざまな病に効く薬になる

こんな里に近い、車を見下ろすような喧噪の斜面でも、熊が冬眠するのは驚きだ。

家で待ち構えていたのは菅家さんの母、アイ子さんの兄の二瓶《にへい》さんで、すでに八十半ばになっていて猟には出ないが、間方の山の生き字引だから、口も出すが手も早い。菅家さんが頼むや否や、すぐさま解体をはじめた。

私が秋田からの帰路、岩手県内で、熊が獲れたけど、もう白豚になってんぞ、という連絡をもらったのは、そんな頃合いだったのである。

したがって、禁猟間近の間方に赴いたときも、結果などではなく、楽しく猟に参加させてもらえばいいという心境になっていた。

一週間ほど間方にいたが、兎狩りが二日、空振りに終わった熊穴猟が一日。あとは風雪で、最後の何日かは、列島を襲った未曽有の寒波で身動きもならず、新幹線も高速道もすべて止まり、三島から通じる街道の峠も雪崩で埋まって、やっとの思いで脱出したのだった。

獲物は兎とヤマドリ。影も形も見なかった昨年と違い、今年はたくさんの兎を見た。おそらく場所なのだが、あれほど多くの兎を見たのは、登山で登った浅草岳の早坂《はやさか》尾根以来のことだ。降りしきる雪のなかで、日中にもかかわらず、黒い目しか見えない兎が何羽となく周囲を駆けまわっていたのは、雪が保護色になって大胆に活動したからだろう。

夜行性で、昼は寝ている兎が、私たち勢子に追い立てられて、まさしく脱兎《だっと》のように逃げまわるさまは、銃をもたない私にとっても楽しい眺めだった。

兎を追いまわした平の下には只見川が滔々と流れている

兎を求めて尾根を登る。目標があれば苦にならないが、やはり登りはつらい

獲ったばかりの兎。かわいそうだが、山里の暮らしには欠かせない、うれしい獲物だ

雪原に点々と続く兎の足跡。兎は夜行性の動物だ

兎汁をいただく。味付けは醤油と隠し味の味噌

兎のレバー焼きと背肉の刺身。臭みがなく、とても美味しい肉である

それほど数がいても、勢子が少なければ獲物も少ない。たった一羽の兎は、菅家さんの手によって解体された。その様子を見ていた欣子さんが、「皮が剥かれるまでは可哀そうだけど、剥かれてしまえば食べ物とおんなじだから、なんとも思わねえな」、というのは、猟師の妻ならではの言葉だろう。

菅家さんの手際の良さは惚れ惚れするもので、私が幼いころ、父が捌いていた家兎《いえうさぎ》の解体とは根本で違っていた。父は頭を吊るして腹を裂いたが、菅家さんは初めから足を吊るして皮を剥ぎ、そのまま毛を巻きこまないように剥いていく。これが山中なら頭を枝に挟んで、逆に頭から剥くのだという。

トンネル掘りの技術者だった父が、おそらく飯場の連中から仕入れて家で披露した技を、私は感嘆して眺めたのだが、あれはどうやら野兎の捌き方ではなかったのだと、ほろ苦い思いになった。

兎汁は美味かったが、感動したのは兎の背肉の刺身だった。弾が頭に当たったおかげで肉に血がまわらなかったからこそ食べられた珍味なのだという。

そしてレバーとマメ（内臓）の焼き物。その豊かな山の恵みを美味しく戴きながら、私は流通とは無縁の食の営みが、この山間の集落に息づいているのを、たしかに感じていた。

さて、マタギッサミットの概要はすでに述べた。映像カメラマンから民俗学者への転身という、異色の経歴を持つ田口洋美《たぐちひろみ》氏が発起人となってはじめた、地域を越えた現役マタギたちの交流の場である。

少し長いが、正確を期すために、『第24回　ブナ林と狩人の会：マタギサミットin猪苗代』の案内に記された「会の目的」の全文を引用する。


『ブナ林と狩人の会―マタギサミット―』は、平成2（1990）年3月に第一回の会が開かれて以来、毎年1回開催されている広域的山村交流会議です。

本会の発起は、中部東北地方の豪雪山岳地帯に点在する伝統的狩猟集落（マタギ集落）を中心に日本の狩猟文化を研究している田口洋美（主宰幹事：狩猟文化研究所代表。現：東北芸術工科大学教授）の呼びかけに応え、新潟県村上市松山三面（元、岩船郡朝日村三面）、秋田県北秋田市阿仁町、長野県下水内郡栄村秋山郷の猟友会員、青年会、婦人部などの有志が集まったことにはじまります。

本会の目的は、狩猟文化（マタギ文化）を基礎に、中山間地域の生活文化の継承と発展を目指し、それぞれの集落が21世紀をどのように生き抜いていくのか、生活者自らが問題解決に向けて模索していくための場となることです。現在、中山間地域は、自然環境（森林環境・野生動物の生息環境）の変質や生業を中心とした生活経済の変化、過疎化、そして離村や廃村といった集落の存続すら危ぶまれる変革の時代を迎えております。これら中山間地域が共有する諸問題に対して、互いが情報を交換し、親睦をはかりつつ、知恵を出し合い工夫をこらし、来たるべき未来を自らの手で開いていくことを目指しています。狩猟においては、21世紀型の自然と人間の関係の再構築、狩猟後継者の人材発掘と育成を目指します。

とくに本交流会議は、中山間地域住民が育んできた動植物資源に関する捕獲採取、加工利用等の技術知、狩猟、採集、漁撈活動などによって培われてきた地域の地理的、生態的な自然に対する知、さらに農林業といった生活基盤生業を通して生活全般に渡って培われてきた自然と村落社会に対する知、これらの知が三位一体となって醸成されてきた民俗知の上に成り立ってきた事実を後継者や内外の人々に正しく伝え、さらに育てていきたいと考えます。すなわち、中山間地域の日常生活の安定した持続性こそが地域生態系、自然環境の持続性を保証するという生活と環境の相補的関係に基づいた〝山と森に生かされる哲学〟を手がかりに、むら人（住民）自らが未来を発見していく、そしてその生き方や考え方を一般市民が理解可能なものへと言葉化していくことを目指します。

なお、本会の運営は、各参加集落の代表者会議によって決定され、幹事がこれを実際の会の内容に反映させるというかたちを取っています。

とあり、その後に、主宰幹事（発起人）の田口氏につづき、各地の錚々《そうそう》たるマタギたちが代表者として名前を連ねている。

北海道西興部村：大澤安廣
青森県西目屋村：工藤光治
秋田県北秋田市：松橋光雄
秋田県由利本庄市：松田美博
秋田県大仙市：戸堀操
岩手県盛岡市：小原正弘
山形県山形市：大村良男
山形県小国町：斉藤重美
山形県鶴岡市：工藤朝男
新潟県村上市：大滝国吉
新潟県村上市：小池広美
長野県栄村：福原洋一

いずれも、マタギの里として名を馳せた、由緒正しい経歴を持つ集落の代表者たちである。

次に、24回に及ぶ会の歩みを紹介する。こちらは開催日時と開催場所、主要テーマと参加者数に留める。

第1回　1990年3月17、18日：新潟県村上市松山字三面。
テーマ：クマ狩りに見られる地域性。関係者31名、その他5名、計36名。

第2回　1991年3月9、10日：秋田県北秋田郡阿仁町比立内。
テーマ：マタギ習俗の伝承とするふるさとづくりを考える。
特別講演『三つのむらをつなぐもの―マタギ道考―』
関係者70名、その他16名、計86名。

第3回　1992年3月14、15日：長野県下水内郡栄村秋山郷。
テーマ：森林資源とむらの将来Vol．1―今、野生動物たちに何が起きているのか？―
特別講演『ブナ林―その役割と生態―』。関係者82名、その他18名、計102名。

第4回　1993年3月20、21日：山形県東田川郡朝日村大鳥。
テーマ：森林資源とむらの将来Vol．2―マタギ文化継承の諸問題―
特別講演『地域環境と日本の自然』。関係者121名、その他23名、計144名。

第5回　1994年8月27、28日：新潟県岩船郡朝日村。
テーマ：森林資源とむらの将来Vol．3―害獣対策に関する諸問題―三面集落跡地現地説明会を交えて。
特別講演『罠猟と集落―防御のかたち―』。関係者73名、その他21名、計94名。

第6回　1995年7月8、9日：秋田県北秋田郡阿仁町。
テーマ：―野生動物の保護とマタギ文化の継承をめぐって―
特別講演『熊の捕獲と保護』『熊の妊娠過程について』
関係者174名、その他22名、計196名。

第7回　1996年6月21、22、23日：長野県下水内郡栄村秋山郷。
テーマ：第1回環日本海狩猟者会議―野生動物の保護と狩猟文化の継承をめぐって―
特別講演『マタギ文化と考古学』『北方ユーラシアと日本列島を結ぶもの』
関係者125名、その他28名、計153名。

第8回　1997年3月8、9日：山形県西置賜郡小国町小玉川長者原。
テーマ：21世紀のマタギ文化を考えるVol．1
特別講演『マタギの果たしてきた役割と将来』。パネルデスカッション―問われる山村の生き方―。関係者133名、その他25名、計158名。

第9回　1998年7月18、19日：新潟県岩船郡山北町山熊田。
テーマ：21世紀のマタギ文化を考えるVol．2
特別講演『海、山、川……ふるさと輝く町づくり』『マタギの新たな役割とその位置づけ』。パネルデスカッション―後継者の育成を考える―
関係者116名、その他20名、計136名。

第10回　1999年6月19、20日：山形県東田川郡朝日村。
テーマ：里山の小動物たちとマタギについて。
パネルデスカッション―月山宣言の確認と採択―
関係者105名、その他30名、計135名。

第11回　2000年7月1、2日：新潟県村上市瀬波温泉。
テーマ：狩猟法改正にともなう諸問題。
特別講演『ロシア地方における狩猟同行調査報告』『秋田マタギ小屋について』
（※著者註・和賀山塊、堀内沢の桂小屋）。関係者89名、その他32名、計119名。

第12回　2001年6月9、10日：秋田県北秋田郡阿仁町打当。
テーマ：特殊鳥獣保護管理計画制度に対する対応Vol．1
講演『クマ研究の近況』『白いツキノワグマについて』
関係者112名、その他32名、計137名。

第13回　2002年6月29、30日：長野県下水内郡栄村。
テーマ：特殊鳥獣保護管理計画制度に対する対応Vol．2
特別講演『秋山郷とマタギ文化』『奥地放獣の方法と仮題』
全体討論『熊・猿害対策を考える』。関係者96名、その他45名、計141名。

第14回　2003年6月28、29日：山形県西置賜郡小国町五味沢。

第15回　特別プログラム『東北マタギの伝統的資源利用に関する調査報告』
テーマ：特殊鳥獣保護管理計画制度に対する対応Ｖｏｌ．３
関係者96名、その他40名、計１３６名。
２００４年7月3、４日：新潟県岩船郡山北町勝木。
テーマ：猟友会の新たな展開。
『マタギと文学、その可能性』『大日本猟友会の現状と問題点』『マタギ特区構想について』『地域個体群保全管理狩猟の構築に向けて』
パネルデスカッション―月山宣言の確認と採択―猟友会の新たな展開―

第16回　関係者94名、その他40名、計１３４名。
２００５年6月25、26日：山形県東田川郡朝日村。
テーマ：狩猟の新しい流れ：若者の声を聞く『尾瀬での試み』『北海道西興部村の試み』
関係者92名、その他56名、計１４８名。

第17回　２００６年6月24、25、26日：山形県山形市　東北芸術工科大学。
テーマ：21世紀における持続的資源利用を目的とした狩猟システムの構築に向けて。
関係者90名、その他56名、計１４６名。

第18回　２００７年6月30日：東京大学農学部弥生講堂。
テーマ：今、マタギが語る―自然とともに歩むために―

第19回　関係者89名、その他231名、計320名。
2008年6月28、29日：長野県下水内郡栄村。
テーマ：伝統と現代―文化継承リスクを考える―
関係者101名、その他41名、計142名。

第20回　2009年6月27、28日：秋田県北秋田市阿仁。
テーマ：伝統と現代―文化継承リスクを考える―
関係者117名、その他41名、計158名。

第21回　2010年7月3、4日：山形県西置賜郡朝日町。
テーマ：何故、クマは里に下りるか。関係者87名、その他62名、計149名。

第22回　2011年7月3、4日：秋田県由利本荘市鳥海町。
テーマ：東日本大震災と長野県北部地震への対応。何故、クマは里に下りるかVol．2
関係者112名、その他3名、計115名。

第23回　2012年6月30日、7月1日：岩手県遠野市。
テーマ：今、東北の山々で何が起きているのか？
レポート『放射能汚染と東北の狩猟』
マタギパネルデスカッション『今年、クマの大量出没は起こるのか？』
関係者113名、その他47名、計160名。

第24回　2013年6月29、30日：福島県耶麻郡猪苗代町。
テーマ：今、東北の山々で何が起きているのか？
報告『野生鳥獣における放射能汚染の現状と対策』講演『福島の野性動物の放射能被爆状況および深刻化する猟師急減の影響』『狩人の役割と未来：震災後の東北における狩猟文化の行方』関係者、その他を含め、参加者計122名。

以上、長々と引用したが、四半世紀に近い歳月を、いちどの中断もなくつづけられたマタギサミットの方向性と歴史を読み解くためには、あながち無駄ではあるまい。

すべてのテーマが、会の目的と合致するように設定され、会場もマタギ集落と縁の深い市町村が選ばれている。会の歩みには記していないが、それぞれの会合には地域の市町村や関係諸団体の後援と協力があり、地域の活性に一役買っているのは間違いない。

参加者を、各地の猟友会に所属する関係者（いわゆるマタギ）とその他に分けたのは、私のような取材者とマタギに関心を持つ参加者がかなりの数に上っている事実に注目してほしいからだ。その顕著な例が、東京大学で行なわれた二〇〇七年の第十八回で、場所が東京というのも幸いしているが、その他の参加者が二三一名というのは、滅び行くマタギへの、あるいは狩猟というものへの市民の関心の高さを端的に物語っているといえよう。

それにしても、二十四年にわたって、会を追うごとに参加者を増やしているのは、主催者側にとっても意外な展開だったのではないか。そのなかで、各地のマタギたちが毎回百名前後も集まるのは、うれしい悲鳴だったに違いない。失礼を承知で言えば、こんなにもマタギが残っていたのかという新鮮な驚きがある。

秋田マタギを、各地のマタギ伝承の礎に据えたとすれば、旅マタギが出猟先で地元の猟師に技術を教え、あるいはその地に土着して技を伝えたとしても、長い歳月には、各地のマタギ文化は風土によって独自の発展を見せたはずである。それもさながら門外不出の秘伝のように、ひっそりと。

そんな縦社会の狩猟風土の閉鎖性に風穴《かざあな》を開けたのが、マタギサミットだった。各地のマタギたちに交流の場をもたらし、独自の技術を披歴《ひれき》して学び合う場が生まれた。そのことを、それでなくても後継者難にあえぐマタギたちが喜ばないはずがない。それがマタギサミットの活況の背景だろうと私は見ている。だとすれば、その功績は、ひとえにマタギサミットを提唱した田口洋美氏と、それを支持した代表者会議に帰していい。

二十四年のあいだには、オウム真理教の地下鉄サリン事件や神戸の震災、東日本大震災や熊による里への大量出没があった。

私は二十三回と二十四回の二回しか参加していない（その後に開催された二十六回には参加）。震災のあった二〇一一年のマタギサミットは、岩手の遠野市の予定だったが、急遽秋田の鳥海町に変更して開かれた。遠野に戻って開かれたのは翌年の二十三回である。

サミットの仕掛人であり、初回から会議をリードし続けている田口洋美氏。マタギサミットは、彼の存在抜きには語れない

遠野で行なわれたマタギサミットのようす。地元の芸能なども披露されて、地域おこしにも一役買っている

二十三回と二十四回は、ともに震災の地である岩手県遠野市と福島県猪苗代町での開催で、二日目は復興支援のための自由な現地の小旅行にして、地元に金を落とせ、ということになった。それまでのサミットの二日目は、テーマの細部におよんだ分科会や猟場の見学だったのだから、それはそれで異論はないし、被災地を応援しなければならない。しかし、過去のサミットのテーマの概要を知るにつけ、そのテーマを聞きそびれたことを私は悔やんでいる。だったら、もっと早くから参加すればよかったではないか、と云われそうだが、まったくそのとおりだ。

二十四年の歳月は、そのままマタギたちの老いを意味している。彼らも二十四歳老いたのだ。二十三回の懇親会の冒頭で、田口氏はマタギサミットを称して「のんべえサミット」だと述べた。毎回酒が何本も倒され、マタギたちの宴は夜を徹して果てしなくつづく。それでいいのである。その楽しみを待ちわびて、各地からマタギたちが集まってくる。会の両輪をつかさどるテーマと交流が、攻守ところを変えて宴会の比重が増したとしても、マタギサミットの存在は微塵も揺らぎはしない。

今年（二〇一四年）のマタギサミットは、宮城県の遠刈田温泉に決まった。テーマは「大型獣から地方都市を守るために」である。四半世紀に及ぶ歳月は、山里の暮らしも、マタギの狩猟の形態をも変えた。近年の山村や都市への大量出没によって、熊は悲しい形で、もっとも身近な獣になりつつある。

だからこそいま、マタギたちとマタギサミットの行方から目が離せない。

マタギの里から3

山形・小国／五味沢マタギの春熊猟

猟をするか否かにかかわらず、マタギの語源を正確に知っているものは皆無であろう。

ウィキペディアには、マタギとは、主に雪国の東北地方で行なわれる、伝統的な狩猟集団のことを指す、とある。

たしかにマタギという言葉には生活の匂いがする。それはそうだろうと思う。長く私は、その雪深さによって、東北には猪や日本鹿が棲息しないと思っていた。しかし、古い時代には青森や岩手にも猪や鹿やオオカミが生息していて、猪は疫病（註１）によって絶滅したという事実が文献に残っている。

だが、その後の雪国の豪雪が、マタギの登場する近世に至ってもなお、雪によって歩行を遮られる猪の復活を許していない（註２）。

なぜかは知らず、日本鹿は岩手県の沿岸部に追いやられてひっそりと暮らし、オオカミもまた人や馬を襲うという理由から、はるか昔に駆除されて、東北地方に残された大型獣といえばカモシカとツキノワグマしかいなかった。なかでも田畑を荒らし、ときに人をも襲う熊は、害獣の最たるものだった。熊の棲息する豊かな山は、山の恵みをもたらす存在でありながら、そこにあるのは人間と熊との闘争の歴史だったのである。

捕獲を禁じられたカモシカをさておけば、兎やムササビ（註３）などの小型獣や、山の生態系の頂点に君臨する熊を獲って暮らしの糧にしてきたのがマタギである。そこに生活の匂いがあったとして当然なのだ。

対して現代のハンターにはスポーツの印象が深い。すなわちゲームである。狩猟時の服装まで規定（註4）されているから、見たかぎりにおいて両者の違いはなにもない。あるのは父祖伝来の経験と、熊の生態を知悉《ちしつ》しているかどうかの差だけだといっていい。

だから都会のハンターが地元猟師の案内もなく雪国にやってきて熊を狙ったとしても、まず百パーセント近く獲れることはない。山を知らず、熊を知らずして、獲物が獲れると思うこと自体が間違いなのだ。

マタギの語源は諸説ある。私が支持するのはマダ剥《は》ぎ、つまりは科《しな》ノ木の地方名であるマダの皮を、布を織る材料として採取する人々を指す言葉が訛ってマタギになったという説だが、なるほど、それらしいと思っているだけで、特に根拠があるわけではない。ほかの誰かが、もっと説得力のある説を出せば、あっさり白旗を掲げるつもりはある。

マタギという言葉が広く使われだしたのは、おそらくそれほど古くはない。一般に敷衍《ふえん》したのは第二次大戦以後とも言われているが、当世になって誰かが、諸説紛々としたマタギの語用を思い立ち、それが圧倒的な情報の波に乗って伝播《でんぱ》した結果、定着したと考えるのが自然だろう。

つまりは本来のマタギたちの思惑をよそに、マタギという言葉そのものが勝手に一人歩きをはじめたのだ。

思うに、マタギはサンカとよく似ている。サンカは幻の山住民族だ。しかし戦後のしばらくまで、関東から西日本の各地にかけて実在していたことは間違いない。白洲正子《しらすまさこ》の随筆に、戦渦のさなか東京都下の鶴川に移住した生活を記した『鶴川日記』（註5）があるが、そのなかに戦後のしばらくまで、丹沢《たんざわ》の奥地に住むサンカが家を訪ねてきて、箕直《みなお》しなどの注文を取って行ったという記述がある。彼らを家に招き入れて茶を振舞おうとしても、土間にさえ足を踏み入れなかったという。

サンカには「うえつふみ」という、裏の天皇直伝の巻物があり（註6）、マタギにも、始祖といわれた磐司万三郎縁《ゆかり》の巻物がある。

山中に暮らすサンカは、箕を中心とした竹細工を作って山里に売り歩き、そのとき以外は一般人との接触はほとんどなく、マタギもまた一般人そのものでありながら、山中の人間離れした行動は、山里の人々の知るところではなかった。

ともに、サンカ言葉とマタギ言葉という意味不明な言語を有し、みずからの世界に逼塞《ひっそく》して頑《かたく》なに戒律を守ろうとした。

共通するのは、サンカとマタギという、出自のはっきりしない呼び名である。サンカは山窩と書き、マタギも又鬼などと書く。いずれも当て字であろうかと思うが、その意味するところを勝手に解釈すれば、サンカとマタギという得体の知れない幻の集団を、敬意と畏怖と憧れをこめて、隔絶した存在として認知しておきたいという、こころの表れなのではないか、というのが私の根拠のない推論である。私たちとは縁のない集団でありながら、夢多き対象として封じこめておきたいのである。

しかしここでサンカの考証に踏みこんでしまうのは、本書の趣旨に反するので控えておくが、幻といわれたサンカの正体は、民俗学者である沖浦和光《おきうらかずてる》の考察によって、ほぼ明らかにされている（註7）。

山住民族のサンカの発祥は、江戸時代中期の天明や天保の大飢饉で暮らせなくなった山里の民が、山の恵みを求めて山中に分け入って暮らしたのが起因だというのだ。

沖浦の説は、それまでの魑魅魍魎《ちみもうりょう》にも等しいさまざまなサンカの考証を蹴散らし、沈黙させてしまったが、その一方で、幻のサンカへの夢を、完膚《かんぷ》なきまでに打ち砕いたのであった。いわば功罪相半ばというところだろう。

私がサンカを語ってつい熱くなるのは、絶滅したといわれるニホンオオカミの生存を信じる人たちと、なんら変わるところはない。どこかで夢を失いたくないのである。

さて、それでは、マタギたちはマタギと呼ばれることをどう思っているのだろうか。

マタギと呼ばれる以前は、彼らは「鉄砲撃《ぶ》ち」とか「山立《だ》ち（あるいは山達）」と自称したらしいと、ある文献に記されている（註8）。山立ちは、マタギの始祖の磐司万三郎の巻物である『山立根本之巻』からきているのだが、決してマタギと呼ばれることを喜んでいるふうはない。それはマタギという言葉が、外部からの差別的な匂いを含んでいるように思えたからかもしれない。しかし、マタギがある種のステータスとなった感のある近年では、マタギと呼ばれるのを、まんざらではないと思っている人々もいる。

私がなんども取材した西上州の二階堂九蔵は、「巻物がなくていいなら、おらのほうがよっぽどマタギだい」といったのは、そんな心情の表出だろう。

このことは、それほど難しくはない。マタギと呼ぼうが呼ばれまいが、それはどうでもいいのだ。私たちは自分のことを日本人と呼ぶが、ジャパニーズとはいわない。それは外国からの日本人への呼称である。

だからいまさら、マタギは何者なのかと詮索する必然性はない。マタギとは本来、雪国の獣を獲って生業とする存在であった。だからどこまで追ったとしても、職業猟師はすでに存在していないのだから、マタギは幻でしかないのである。

それでも、自分は職業猟師だと主張する人はいる。猪や鹿や熊の肉を提供するジビエ料理の求めに応じて野生の獣を捕獲する人々や、最近では認定鳥獣捕獲事業に携わっている人々である。

しかし、職業猟師というのは、厳密にいえば狩猟だけで生計を営む者をいうのであって、副業的に獲物を獲る人たちとはいささか趣を異にする。

毛皮が価値を持った時代ならいざ知らず、毛皮も売れず、野性の獣を撃って暮らしていけるだけの収入を得るのは至難である。

職猟者として認定していいのは、鉄砲一丁で五人の子どもを育てたと豪語し、数年前に九十歳を超えて、現役猟師のまま没した西上州の猟師、二階堂九蔵しか、おそらくいないと思う。

彼こそが最後の職猟師であった。

したがって、『現代マタギ考』（連載時）をタイトルとしている本書は、現存するマタギの発掘に固執せず、伝統的な狩猟を継承するマタギの後継者たちを中心に据えながらも、罠猟を行なう猟師や、猪や鹿を追う猟師、さらには生息頭数調整を行なう行政の取り組みを交えつつ、現代の狩猟者の群像を追うかたちで進められていくはずである。


山形県西置賜《にしおきたま》郡小国町。はるか西方の日本海に注ぐ荒川の最源流の山里に、遅い春が訪れようとしていた。可憐な桜の花がちらほらと咲きはじめ、長い冬を耐え忍んだ小国の人々に華やぎをもたらそうとしていたが、取り巻く山々は分厚い残雪に覆われて、春を先駆けるブナの芽生えも、いましばらく先になりそうだった。

それでも毎年のこととはいえ、春を間近に控えた小国の里には、浮き立つような気配が感じられた。

同行したのは、茨城渓流会の竹濱《たけはま》武男さんと鈴木仁《じん》さんのお二人である。彼らには春熊猟に参加するつもりなどなく、私が猟の取材に出かけているあいだ、山麓の春を求めて数日を過ごすことができればいいのだとおっしゃる。

私が五味沢《ごみさわ》マタギの春熊猟に参加できたのは、五味沢に住む関英俊《せきひでとし》の存在がある。竹濱さんと鈴木さんは、彼の古い友人なのだ。

関さんは、茨城県生まれで、地元の高萩にある会社に勤めるかたわら、山仲間の鈴木さんとともに趣味の登山に明け暮れていたが、山里の暮らしを望み、小国町に移住してからすでに二十年を超えている。私と関さんとの縁は鈴木さんの紹介で、彼の田舎暮らしを取材させてもらって以来のことで、密度はさておき、付き合いの歳月は長い。

関さんの小国での生業は、春のゼンマイと秋の舞茸やヌケオチ（註9）採りで、加えて夏の飯豊連峰の、梅花皮避難小屋の管理である。

山好きの関さんは、移住してすぐ地元の小国山岳会に入り、小国猟友会に籍を置いた。

余談になるが、近年彼は遅い結婚をした。彼が管理する梅花皮避難小屋を訪れた若い女性が、彼を見初めたのである。

以来、彼女は間をおかず小屋に通い詰め、還暦近くまで独身を護ってきた関さんをその気にさせ、その犯罪とも思える歳の差を乗り越えて結婚。続けざまに、俊太郎と直次郎という二人の男児を得た。

まったく人生は下駄を履くまでわからない。生涯独身を貫くかに思えた関さんの遅い結婚を、周囲の山友だちや猟仲間は、やっかみながらも、まるでわがことのように喜んだ。

結婚は、小国の山里に根を下ろしたとはいえ、孤高のまま朽ち果てるはずの関さんの人生を覆したのだと思う。家庭を持ち、子を成すのは、根を下ろした樹木から枝葉を繁らせ、花を咲かせる行為にほかならない。妻や子とともに、はるかにつづくであろう小国の暮らしの礎を築

猟場に向かう休憩を惜しむかのように、
マタギたちは双眼鏡を手にして熊の姿を追い求める

五味沢マタギの集会所であるマタギ小屋には神棚が祀られ、
春熊猟の本拠地となっている

猟の日になると、早朝から仲間たちが続々とやってきて、
その日の猟の作戦会議がはじまる

道端の「山の神」石碑の前で車を降り、お神酒を捧げて猟の安全を祈願する

斜めに傾いだ危うい吊り橋を、長老たちは達者な足取りで渡る

いたことが、関さんを支え、ともに生きてきた仲間たちにとっての悦びであった。

そんな関さんとの付き合いの長さに甘えて、竹濱さんと鈴木さんを仲立ちにし、私はまんまと小国の春熊猟に参加することができたのである。


早朝のマタギ小屋に鉄砲撃ちたちが集まってきた。マタギ小屋は、五味沢マタギの集会所であり、獲物の解体をする作業場でもある。営林署の払い下げを受け、建てたばかりの彼らの本拠地で、小国町の石滝《いしだき》集落にある。

ストーブの焚《た》かれた畳の部屋には神棚が設《しつら》えられ、猟場の段取りを終えてから、柏手を打って猟の安全を祈願する。

この日のメンバーは十人ほどで、総じて年配者が多いのは、会社勤めの若い人間が休めない平日だからだ。それでも経験豊富な親方衆が中心で、めぐり来た春熊猟への逸る思いも昂《たか》ぶりも感じさせない立居振舞や眼光の鋭さには、さすがと思わせるものがあった。

猟場の決定は、その日のメンバー数や天候にもよるが、下見調査の結果も大きく反映される。残雪の多寡や前年の木の実の生《な》りによって、冬眠明けの時季と熊の動きの予測が変わってくるからだ。

その日の猟場が決まるまで、私は迂闊にも、彼らの傍らで茶を呑みながら、ただ黙って指示を待っていただけだった。五味沢マタギの春熊猟が、伝統の巻狩りの形態を採るものだと疑い

角楢小屋（背後の三角の建物）の前でひと休み。晴れた陽ざしが心地よい

もなく信じていたからで、勢子の組のどこかに入れてもらえば、足並みに差はあれ、どうにか遅れずについていき、写真が撮れれば御《おん》の字だと思っていた。うまく関さんと同じ組になれば、それに越したことはないという、甘い考えもあった。

しかし、それはまったく違ったのだ。

五味沢マタギの春熊猟は、すでに勢子を中心として熊を追う、巻狩りの形態を採っていなかったのである。

現代の狩猟が、射程三百メートルを超えるライフル銃を駆使して獲物を追う近代戦の様相を呈していることはすでに述べた。すなわち勢子に頼らずとも、みずからの技量のままにライフル銃を構え、獲物を斃す時代になっている。

むろん、ある年を境にして急激に猟の形態が変わったわけではあるまい。そこには勢子や撃ち手の減少と高齢化があり、高齢を補うようにして、銃歴十年を経て初めて所持が叶うライフル銃を持つものが増え、徐々に勢子に頼らずとも済むシステムへの移行が可能な背景があったのだと思う。事実、この日のメンバー全員がライフル銃であった。関さんもしかり、である。

しかし、それは五味沢の春熊猟の部分的な変化であって、決して彼らが集団としての猟を放棄したわけではない。もしかしたら、猟の状況によっては即座に巻狩りに変えることも可能だと思われるが、私が参加した数日においては、それはなかった。

彼らの使う言葉に「テッポウマエ」というのがある。おそらく「鉄砲前」と書くのだろうが、猟の最前線の現場を意味する言葉だ。これに対するのが「ムカダテ」で、向かいに立つという意味だと思われる。この屈強の若手で構成されるテッポウマエとムカダテが対になって猟を行なうのである。

熊が潜んでいると思われる最奥の猟場にテッポウマエを向かわせ、その猟場を見通せる対岸の尾根に位置するのが、猟全体の指揮を執るムカダテという配置になる。ムカダテを務めるのは経験豊富な長老たちで、つまりこれは、足の達者なテッポウマエと、豊かな経験を持つ長老たちの利点を最大に生かした、考え抜かれた集団猟のシステムというべきなのだ。

このシステムで必要不可欠なのは、双眼鏡とトランシーバーだ。ムカダテとテッポウマエの距離は一キロを優に超えているから、情報を共有する双眼鏡とトランシーバーがなければ、猟そのものが成立しない。

さらに必要なのは、ムカダテからもたらされる指示に従って、山中の雪の斜面を縦横に駆けめぐるテッポウマエの脚力と体力だ。銃を持たない私でさえわかるが、銃の腕前は、脚力と体力があって初めて発揮されるはずである。

その最前線のテッポウマエのなかに、なぜ還暦の関英俊がいるかといえば、組織全体の高齢化というやむなき背景があるにせよ、いまだ彼が、脚力と体力に秀でた、ばりばりの現役だからにほかならない。

そもそも屈強の狩猟集団ともいうべきテッポウマエに、私が加わろうとすること自体が無謀な考えだったのだ。

この日の猟は、大朝日岳に向かう角楢《かくなら》小屋上部の尾根と渓で行なわれることになった。数台の車に分乗して針生平《はんなりだいら》に向かう。途中で車を降り、全員で右手の山肌に手を合わせる。路肩の向こうには「山の神」の石碑があり、そこにお神酒《みき》を捧げて柏手を打ち、猟の安全を祈る。

それは長い時代の変遷を経て、さまざまな禁忌や山言葉が風化してなお、彼らマタギの末裔《まつえい》たちが守りつづけてきた、かけがえのないしきたりのひとつであり、祈りにほかならない。

私を伴ってくれたのは、斉藤重美《しげみ》さんと安部栄一さんである。重美さんの家には父祖伝来の巻物があるという。マタギの統領の家系なのだ。すなわち、若い時分から熊撃ちで鳴らした百戦錬磨の強者ということだ。

針生平に車を止めて歩き出すと、すぐに雪解け水を湛えた荒川に架かる吊り橋をわたる。両手でワイヤーを掴み、足もとに板を並べただけの粗末な橋で、その板もいくつかは欠落し、おまけに全体が傾《かし》いでいるから、危なっかしいことこのうえないのだが、彼らはその橋を、ことをもなげにわたる。

橋の前後は、いまだ厚い残雪に覆われて、芽吹き前のブナが沈黙を守ったまま青空に枝を広げて春を待っていた。

吊り橋は、さらに危うくなって二つつづき、そのあいだに橋のない支流の徒渉を余儀なくされる。角楢小屋までは大朝日岳に向かう登山道を歩くため、ところどころに標識があらわれて、夏の華やぎを思わせる。

最後の橋の手前で数人が本流に沿って上流に消え、橋を渉《わた》ってすぐに、さらに二人が右手の角楢沢に逸れていく。角楢小屋は目の前の高台にあって見えない。初めての猟とあって、メンバーの名前も顔も知らない私は、思わず先行の二人についていきそうになって、背後の重美さんに叱られる。カメラを首から提げただけの私は、なんの役にも立たない足手まといに違いなく、それでも連れてきた責任だけは生ずるであろうから、叱られるのは、むしろありがたいと思わねばならない。

おだやかな陽の降り注ぐ角楢小屋でしばし休む。渓流釣りの人たちの基地としても使われる小屋だが、私は初めてだった。いつかはこの小屋に泊まって周辺の渓を釣り歩き、一日を大朝日岳の往復に費やしてみたいと思わせる、気持ちのいい小屋である。

登山道は、ここから荒川に沿って分かれるが、重美さんと栄一さんの三人で、そのまま背後の道なき尾根をまっすぐに登る。途中で重美さんが、私のために杖を一本切り出してくれた。

尾根はそのまま、か細い踏み跡に導かれて高度をあげ、やがて左右に渓筋を見わたす景観を獲得していった。そして長老の二人は、ときおり立ち止まり、あるいは腰を下ろして双眼鏡に見入るようになる。

ちなみに私は、それまで一切を知らされていない。猟の仕方も、班分けも、猟場の説明も、である。だがそのことを不満に思ってはいなかった。むしろ、なんの予備知識も持たず、集団猟というものに接してみたかった。連れて行ってもらえるのだから、邪魔にならず、足手まといにならずにどうにかついていき、許される範囲で写真を撮り、質問は帰ってからすればいいと考えていた。まして秋田生まれの私でさえ難解な小国訛《なま》りで話される会話から、猟場の固有名詞を聴き取るのは至難だった。

周囲の展望とともに、ようやく猟の実態を悟る。角楢小屋の橋の手前で本流に沿って上流に向かったのは、おそらく熊との遭遇の可能性がもっとも強い主力のテッポウマエで、小屋の下から角楢沢に逸れていったのは、念のために角楢沢も抑えておこうとする一班で、その双方を見据えて的確に指示を出すのが重美さんの班なのであった。

だが不可解だったのは、ある瞬間から、長老二人が上下に離れたまま動かなくなったことだ。その理由を考えあぐねた私は不意に自分の失態に気付く。現代の猟に不可欠と言われる双眼鏡とトランシーバーを持たなかったことに。

耳と目を奪われたのも同然であった。一キロ以上離れたテッポウマエと、その周辺にいるはずの熊の姿を肉眼で視認できるはずもなく、トランシーバーがなければ、情報を共有し合っている集団の動きも読めない。西上州の猪猟のときでさえトランシーバーを持参したことを思えば、まことに迂闊だったといわねばなるまい。そのことに気づいた瞬間、私はおのれの立場を弁《わきま》えて、観客に徹するべきだったのだ。

双眼鏡でようすを探る安部栄一さん。ライフル銃の猟ではムカタテとテッポウマエの距離は1キロを優に超える。したがって双眼鏡とトランシーバーがなければ、猟そのものが成立しない

豊富な水を集める荒川もここまでくれば雪渓に覆われる。テッポウマエは、その雪渓のはるか奥で熊を追っている

しかしそのとき、長老二人の動きが慌ただしくなった。テッポウマエだけでなく、こちらの斜面にも熊がいるらしく、栄一さんが、すれ違いざまに「ここを動かないで！」と云った。

その意味を、たぶん私は正確に理解していなかったのだと思う。現在位置も正確に知らず、これからの行動も読めないまま、いつまでここで待機すればいいのだろうか。

その怖れもあってか、彼らの指示を無視して、つい私は動いてしまった。云われるとおりに、ここに座って待つためだけに猟に参加したのではない。せめて、決定的なチャンスの一枚なりとも押さえたいという、カメラマンの端くれの血が騒いだのだと言ってもいい。

こちらからテッポウマエが見えるということは、向こうからもこちらが見えるわけで、二人の長老のあいだをうろうろと歩いている私を「あれは誰だ！」「カメラマンか」「熊に気付かれるだろうが」などという会話が、トランシーバーで交わされたと後で聞かされて赤面した。そのためかあらずか、こちらの熊は難を逃れ、やがて静寂をとり戻した渓の向こうで轟音が響き、大熊が獲れたことを知る。

その日の猟場をなんと呼ぶのかを聞き漏らしたが、手許にある『山形おぐに渓流地図』によれば、私たちが登ったのは、角楢小屋の背後の尾根の、八九五メートル峰の直下で、この尾根は、そのまま登ると大玉山《おおたま》である。そこから対岸に見えるのがテッポウマエのいた沢だから、熊の獲れた現場は、新潟県境の桧岩屋山《ひのきいわや》に突き上げる「ヒノキイワヤ沢」と思われる。あるいは一本下流の「ソウタイ沢」だったかもしれない。

かなりの時間をおいて、重そうにザックを担いで渓を下るメンバーの姿が肉眼でも見えるようになる。百キロを超えたと聞いたから、重いのも当然だが、現場で測ったわけではない。いつからそうなったのかは知らないが、五味沢マタギは獲れた熊を現場で大雑把に解体して運び下ろす。おそらくそのほうが、格段に運びやすいからだろう。

この日、熊を仕留めたのは戸田弥市《とだやいち》さんだった。五味沢マタギでも、並ぶもの無き屈強の健脚を誇っていると聞いた。やがて陽が陰るころ、尾根を下り、橋をわたって重荷で難渋している彼らを迎えに行く。疲れた顔に浮かんでいるのは、むろん充足である。

弥市さんが誇らしげに、二発撃ったがどちらも当てた、と語った。獲物までは三五〇メートルあったとも云った。その距離には根拠があった。距離計を使ったのである。

距離計は、建築現場やゴルフなどでも使われるが、私は手に取ったこともないし見たこともない。しかし、理屈はわかる。ライフルのスコープは、とりあえず百メートルとか二百メートルとかの距離を設定しておくが、獲物がその設定から外れてしまえば、目測による瞬間の微調整に頼るほかはない。その点、獲物までの正確な距離を測れる距離計があれば、命中精度はさらに増すだろう。

時代はすでに、そこまできている。熊にとっては受難の時代かもしれない。

夕暮れの雪道を歩いていたら、関さんが困ったように、「動かねえで待ってろって云われたら、日が暮れようが、置いてかれようが、動いちゃなんねえんだ」と云った。その言葉を深く噛みしめ、納得する。

悲喜こもごもの初日であった。しかし、現代のマタギたちの猟に接した私は素直に驚き、楽しんでいた。山と人が生命の営みを通じて、かろうじて結ばれている現場に立ち会えた歓びである。

註1・豚コレラといわれている。
註2・近年は、日本海沿岸を中心に目撃例が寄せられるようになった。地球温暖化による、積雪減少の影響と言われる。
註3・現在は禁猟。
註4・明るいオレンジの帽子とベストで、強制ではないが猟友会が推奨している。狩猟者のほぼ全員が着用している。
註5・白州正子『鶴川日記』、PHP文芸文庫、2012年
註6・真偽は定かではない。
註7・沖浦和光『幻の漂泊民・サンカ』文藝春秋、2001年
註8・根深　誠『白神山地マタギ伝・鈴木忠勝の生涯』七つ森書館、2014年
註9・エゾハリタケのこと。小国地方では珍重される。

マタギの里から4

山形・小国／続・五味沢マタギの春熊猟

私たちが泊まったのは、五味沢の「民宿ふもと」である。ご主人の斉藤初男《はつお》さんは、斉藤重美さんと並び立つ五味沢マタギの親方のひとりであった。

宿に到着したのは夕方で、着く早々、集会所にくるように云われて出向くと、熊の解体が行なわれていた。その日は春熊猟の初日で、早くも一頭獲れたのである。

五味沢マタギは、獲れた熊を現場で解体するが、あくまでザックで背負い下ろすための手段に過ぎず、各部位の細かい解体は集会所で行なうことになる。

猟ができるのは日の出から日没までだが、朝九時前に集会所を出ても、現場に着くまでに三時間近くはかかる。したがって実際の猟は、昼前から日没までということだ。

猟を開始して早々に獲物が獲れればいいが、日没寸前に獲れることもあり、そんなときは現場で手早く解体したとしても、集会所にもどってくるのは夜遅くか、現場が遠ければ深夜になることもある。もちろん、どんなに遅くなっても解体はその日のうちに行なうのであって、反省会という名の呑み会も欠かさない。

私たちが着いたのは日が落ちた後だが、解体ははじまったばかりだった。

作業場は、集会所と屋根続きの土間で、鉄板で覆われた大きなテーブルの上に肉塊が置かれ、裸電球が灯る下で行なわれるその解体は、見慣れない者なら卒倒してしまいかねない光景であった。

頭や手足や胴体などの部位を細かく切り分け、さらにそれを猟の参加者に応じて分配する。

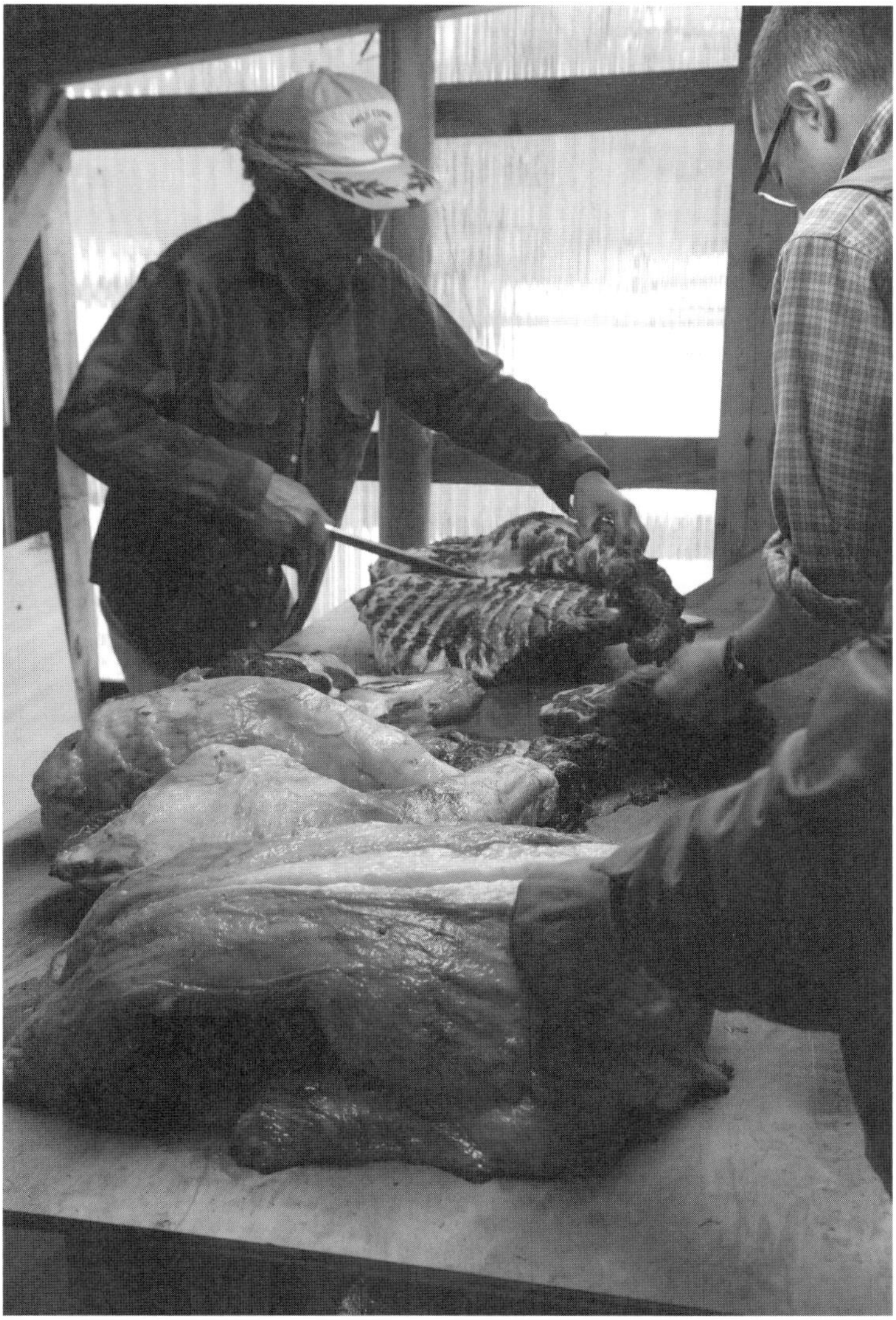

作業場で獲物の解体をする五味沢マタギ。宴会用と熊の胆を除いて、
その日の猟の参加者で均等に分けられる

本拠地の作業小屋に戻って獲物の解体を終えてから、反省会という名の宴会がはじまる

これが熊の脳味噌。狩猟の現場でなければ食べられない珍味である

五味沢マタギの熊鍋。骨付きの豪快な野生

生姜をふんだんに利かせたレバーの刺身を初めて食べたが、美味であった

熊の胆はすでに、現場で胆管を縛って傷つけないように持ち帰っている。

作業が終わると反省会がはじまる。まず神棚に手を合わせるのは、獲物を授けてくれた山の神への感謝の祈りだ。それからビールで乾杯するが、いきなり日本酒から入るものもいれば、車で帰るメンバーはコーラやジュースで我慢することになる。

各地の狩猟の取材をしてきたのだから、熊汁を食べたことがないとは言わない。しかし、その日獲れた新鮮な熊肉を食べたのは初めてだった。私の興味は、それぞれの地方での熊の調理法にあったが、小国の熊汁は圧力釜で煮込むのである。骨付きの肉に内臓を加え、味付けは味噌で、隠し味として醤油を少し入れ、そこに大根を加える。

骨付き肉の熊汁は美味いものだった。酒は使わないのかと聞くと、「そんな勿体ないことはできねえ」とおっしゃる。彼らは、地元の「羽前桜川《うぜんさくらがわ》」の本醸造、それも以前は二級酒といわれた安酒しか呑まないという、徹底したこだわりなのである。

生姜をふんだんに利かせたレバーの刺身を初めて食べたが、これも美味だった。しかし、なんと言っても衝撃だったのは、熊の脳味噌である。この一品こそが、熊撃ちに参加したものでなければ味わえない珍味であった。

小皿に盛られた、鱈《たら》の白子のようなそれを差し出されたとき、竹濱さんも鈴木仁さんも私も一瞬引いた。まさか熊の脳味噌が出てくるとは思わなかったからだ。その手のものを好んで食べる習慣を持たない私たちは、しかし重ねて勧められ、怖るおそる手を伸ばす。

食べ方は刺身と同じで、わさび醤油なのだが、いちばん小さそうな一片を箸でつまみ、舌に載せたその瞬間、予想外の上品な食感に、思わず三人で顔を見合わせたのであった。翌日も、その翌日も、その小皿がまわってくるたびに、少しずつ多く取り分けるようになったのだから、いかに私たちが熊の脳味噌を気に入ったかが解ってもらえよう。珍味であった。とろりと甘く滑らかな味は、鱈の白子の食感を上まわる。

その解体現場のすさまじさを含めていえば、熊の脳味噌は、珍味中の珍味であるがゆえに、一般の理解はなかなか得られまい。しかし、熊も牛も豚もひとつの命であることに変わりはない。食肉として流通し、ありとあらゆる部位を食べつくして平然としている家畜の牛や豚に較べ、野生獣というだけで、すぐに残酷だといって目を背《そむ》け、保護だと騒ぎ立てるのは、いささか理に合わないと思う。猪や鹿にかぎらず熊もまた、古くから日本の山村の食文化を担ってきたのである。

熊を含めた大型獣の猟期は、毎年十一月十五日から翌年二月十五日までのわずか三ヵ月間だ。昔はもっと長かったが、徐々に制限が加えられて現在に至っている。県によっては農作物への被害の多い、猪や鹿の猟期を伸ばしたり、罠猟への制限を緩めたりしているが、総じて冬場の三ヵ月というのは動かない。

したがって、猟期以外の熊の出没や被害に対しては、有害駆除で対応せざるを得なくなる。

有害駆除は、被害の発生に応じて行なう「対処駆除」と、あらかじめ害をもたらすであろう熊の頭数を予測して捕殺する「予察駆除」がある。

伝統の五味沢の春熊猟も、予察駆除と呼ばれる有害駆除の一環である。古くから伝わる狩猟文化が、有害駆除という名目でしか残されていないのは寂しいけれど、それは五味沢にかぎらない。各地の伝統猟を、あるべきかたちで残してほしいと願っているが、少子高齢化で、後継者もままならない現状では、猟の存続自体も危うくなっている。

加えて、野生動物を保護する観点から、春熊猟を禁止すべきという動きがある。この分野で先進的なのが北海道で、いずれ稿を改めて述べたいが、一九九〇年には春熊駆除の廃止を決めて現在に至っているし、二〇一三年の全国の春熊猟では、秋田県は、すでに以前から中止が継続されているが、生息数の変化によっては再開もあり得るという（註1）。各県では有害駆除の期間も名称も駆除の頭数もまちまちで、北海道では単に「春熊駆除」と呼ぶようで、山形と岩手と長野が「春期捕獲」、新潟が、その名のとおり「予察駆除」で、石川県にいたってはずばり「個体数調整」となっている。

しかし、どのように表現しようと、予察駆除であることは明らかで、現実に人間に害をおよぼした個体そのものを駆除するのではなく、山中でひっそりと暮らす、いわば無実の熊をも対象とする予察駆除に、保護団体の攻撃が集中しているのである。

その一方で、長野県のように、春熊猟を復活させた県もある。その状況を、狩猟者でも保護団体でもない、単なる山好きの取材者である私が語ってよければ、決して不毛とはいわないまでも、狩猟の現場を知らない行政と保護団体の論争であるように思う。つまり、狩猟者でさえ完全には掴みきれていない熊の生態と生息数をめぐって、駆除数の落としどころを探る争いである。

反目しあってはなるまい。狩猟者を含めた三者が知恵を出し合って、初めてツキノワグマの未来が見えてこようというものではないか。

山形県は全国に先駆けて、いまだ知られていないツキノワグマの生息数の調査を行なった県である。その個体数調査を、行政は専門集団である小国マタギに委託したのだ（註2）。

その判断はもちろん正しい。現場のことは現場に任せるのが最善である。そしておそらく、もっとも冷静に事態を見据えているのが、現場で銃を持つ狩猟者たちなのである。

春熊猟が今後どのような推移を見せようが、彼らは伝えられた狩猟の技を駆使して、小国の山々に棲む熊を追い求め、その資源を活用するために猟を行なうに違いない。

古来、新しい文化と思想が現われると、無条件にこれを取り入れ、古い不便なものは惜しげもなく捨て去るのが、この国の人々の特質であった。明治の西欧思想への傾倒がそうであり、服装や食習慣もそうである。

流通に乗せられた食肉で腹を満たし、遠い山中で行なわれる春熊猟を野蛮な殺戮《さつりく》だと糾弾する根拠もそこにあるが、それを簡単に認めるわけにはいかない。ことは人間と熊という単純な図式では語れないのだ。

熊を育てる山や森があり、人々の営みがそこに介在し、相乗し合って構築している山里の文化がある。

熊を獲るなという声は、山を知らず、山里の暮らしを知らず、熊の生態をも知らない野生動物保護論者の主張に過ぎまい。だからこそ研究者たちの間には、いっそ春熊猟に特化して、その期間を法律的な猟期にすべきではないかという声がある。

不首尾に終わってはいるが、秋田県の阿仁町（現・北秋田市）が提唱した「マタギ特区構想」などは、その現実的な提案といっていい。

昨年二〇一四(平成二十六)年の許可捕獲によって、全国で捕殺された熊の頭数が三四〇二(ヒグマの五五〇頭を除く）頭（註3）に対して、狩猟者の数は十八万人である。いまから四十年前の一九七五年には五十二万人もいた狩猟者が十八万人にまで減少している。その十八万人のなかの十一万人強が六十歳を超えている（註4）。

ここで紹介したのは、単なる数字の羅列にすぎないが、事態は明らかだ。六十歳超えの十一万人が銃を置かざるを得ない日は近く、残る全国の七万人のうち、雪国の伝統的なマタギ猟に加わっている人間の少なさは、推して知るべしだろう。

憂うべきは各家に銃があり、ひと昔前は百人を超えていた五味沢のマタギ集団が、いまでは三十人に満たない現実であろう。むろん、それは五味沢だけの問題ではない。

このままでは、熊よりも先にマタギたちが滅んでしまうかもしれない。それは熊の生態を知る集団の壊滅であり、むしろ保護されるよりも野放しにされてしまうことになる熊のほうが、よほど不幸なのではないか。

角楢の奥で大熊を獲った日の反省会で関さんが「明日はどうすんだい」と訊いてきた。もちろん休みはあるし、そのつもりだが、せめてトランシーバーだけでもあれば楽なんだが、というと、すぐに手配してくれた。

二日目の猟は、金目川《かなめ》の奥で行なわれることになった。ざっくり言えば祝瓶山《いわいがめやま》の南西斜面で、小国マタギの金目班との境にあたる猟場である。

この日は休日で参加者も多かった。金目川まではスーパー林道を歩くが、十六名という大所帯は、さすがに壮観である。

山の神に祈りを捧げるのは昨日と変わらず、こころなしかブナの新芽も膨らんで見える。小枕《こまくら》トンネルを過ぎて最初のカーブで休む。そこは、雪の林道が尾根を越えて屈曲する絶好の展望台で、腰を下ろすのももどかしく双眼鏡を取りだすのは、狩猟者の習性であろう。もしそこで、誰かがスコープで熊の姿を捉えでもしたら、たちどころに猟がはじまるほどの緊張感に満ちている。しかし何事もなく休憩を終えて、ふたたびスーパー林道を歩き出す。

スーパー林道は金目川に架かる橋で終わっていて、そこから猟場に取りつくべく、精鋭部隊は先を急ぐが、そのなかに永井忍《しのぶ》さんが加わっていた。御年八十歳の最長老で、昨日も角楢小屋まで先陣を切っていたが、彼の肩に銃はなかった。

なんでも針生平から角楢小屋まで五〇分を切れなくなったのを契機に、銃を置いたのだという。登山者のコースタイムで一時間は優にかかる道である。それでも、並みいる若手を相手に、遜色ない歩きを見せるのだから怖れ入る。

現役のときは、まだマタギの風習が残っていて、剥いだ皮を熊に被《かぶ》せ、七串《ななくし》焼きといって、心臓や肝などの七つの部位をクロモジや漆《うるし》の枝に差して焼き、山の神に捧げた記憶を、昨夜の反省会の席で教えてくれたのだ。

いまではもう見られない行事だが、五味沢の山を誰よりも知りつくし、古いしきたりを覚えている永井さんは、五味沢マタギにとって、大きな精神的支柱になっているように思えた。事実、きのうもきょうも、道なき山稜のそこかしこに、永井さんが刻んだ「忍」の鉈目が残されていたのである。

そしてもうひとり、井上邦彦さんがいる。夕べの解体現場で彼を見つけて驚いた。井上邦彦といえば、県内の山好きで知らぬものはいないほどの、飯豊・朝日連峰の精通者である。いつもは快活な井上さんが、寡黙に熊肉の処理をしている姿を見て思わず声をかけたら、自分は新人なんで、と云う。

いかに登山界で名を成そうと、狩猟をはじめて日の浅い彼は新人の扱いを免《まぬか》れない。狩猟は

春熊猟、2日目の朝。この日は参加者が多く16名の大所帯となった

休憩の合い間にも、彼らは双眼鏡で熊の姿を追い求める

決して登山ではない。同じ山中の行動でありながら、明らかに登山とは一線を画すものだ。熊という獲物に特化した技の集積だからである。

その年の残雪と前年の餌の多寡から導きだされた熊の生息状況と行動予測。熊をどう追いこみ、どう仕留めるかの対応の変化は、父祖伝来のものだ。

そのことを知っていて、井上さんは、あえて新人の道を選んだのであろう。いかに井上さんに山の知識があっても一切の妥協を許さず、有利な扱いをしない五味沢マタギも潔いが、並々ならぬ登山の自負をかなぐり捨ててまで、狩猟の道を究めんとする井上さんの姿勢に感嘆する。

そんな永井さんと井上さんを擁する五味沢マタギに、安全を最大限に担保しようする集団の懐の深さを見たように思うのだ。

新人と最長老を交えた若き精鋭たちを見送って、長老組は左の山肌から山稜をめざした。向かうのは「不動の見立《みたて》」である。

五人の長老は、やがて二手に分かれ、私は斉藤重美さんと斉藤初男さんという、これ以上はないであろうメンバーと歩かせてもらった。重美さんはきのうお世話になったが、初男さんは初めてだった。どこを歩こうが、すべては頭に入っているらしく、自在に高みをめざす。

たどり着いた「不動の見立」は、まさに猟場を指揮するムカダテのためにあるような展望の地であった。眼下の金目川の対岸には祝瓶山が端正な三角錐を落とし、やがて下流から精鋭部隊が山裾をからんで登ってくるのである。

対岸の尾根を走る熊に向けて、一斉射撃をする長老たち

その快晴無風の残雪の山上に、私たちは身じろぎもせず五時間は滞在した。至福の時間であった。双眼鏡はないから風景は動かないが、少なくとも無声ではなかった。テッポウマエの姿は見えなくとも、その動きは、貸してもらったトランシーバーによって手に取るように知ることができたからだ。

昼近くなって弁当を広げる二人を、私は離れたところから眺めていた。誰かに、五味沢マタギは弁当を半分しか食べないと教えられていたからだ。もちろん残して持ち帰るのではない。山中では半分だけ食べ、帰路の安全地帯で残る半分を食べるのである。それは会津のゼンマイ採りなどにも通じる危機管理の方法である。

その作法を、私はきのう、知ることができなかった。「民宿ふもと」の女将が用意してくれた弁当を、ものの見事に玄関に置き忘れたからである。しかし、それを長老に言えば迷惑をかける。私は必死で空腹をおさえ、尾根を動きまわっては顰蹙《ひんしゅく》を買ったのであった。

きょうは彼らに合わせて半分を食べた。もし彼らが、そのまま食べきるようなら、私も食べ終えるつもりであった。空腹だったのだ。

しかし、作法通り、彼らは半分食べて弁当に蓋をした。そんなところにもマタギの知恵が生きていると思うと、なにやらうれしくなった。

やがて対岸の斜面に銃声が数発轟《とどろ》く。目で確認できないのがどうにも歯がゆいが、やむを得なかった。なにせ、対岸まで一キロ以上はある。トランシーバーから熊が獲れたことを知る。

遠い現場で獲れた熊の解体が終わるまで、ゆっくりと山々を眺め上げ、日が傾く頃合いに腰を上げる。向こうは遠くて荷も重く、どのみちこちらが先行することになるだろう。

いつの間にか三人の長老が合流して山を下りる。きょうもまた、ムカダテの長老たちは一発も撃たなかったのだが、そんな無念さを微塵も感じさせなかった。歴戦を経てきた老兵の余裕とでもいうべき達観を思わせた。

林道に出ると、早くも下流に重そうな荷を背負った精鋭組の姿が見えた。

小枕トンネルの手前で残る弁当を食べ、ひと足先にトンネルを抜けた。すでに猟は終わりを告げたも同然であった。弾を抜いた銃はケースに仕舞われ、スコープも外されていた。しかし、事態はトンネルのその先で動いたのである。


トンネルの先には、集会所のある石滝の山里が遠く見えていた。そこで重美さんが、お約束のように対岸の斜面に双眼鏡を向けた。まあ、そこにいるはずもあるまいと、残る長老たちは重美さんをやり過ごして雪の林道を歩き出した。

そのとき、重美さんから百メートルも離れたであろう私たちのトランシーバーに突然、重美さんの「もどってこい！……」という囁《ささや》きが入った。

その瞬間、ムカダテを務めた長老たちは踵《きびす》を返して走り出し、雪の斜面に腰を下ろしたかと思う間もなく、やおら一五〇メートル離れた対岸の尾根を走る熊を目がけて一斉射撃を開始したのである。

いつケースを投げ捨て、いつ弾を込めたのかもわからない早業であった。

あとで聞いたところによれば、ライフル銃の装弾数は五発だが、すべて装弾していたのでは熊に逃げられてしまうため、おそらく各自が三発ずつ込めたはずだという。

その五人の長老の放つ、都合十五発の銃声が、ようやくブナの芽吹きはじめた夕暮れの朝日連峰の山々に響きわたった。

それはさながら、日ごろは子や孫に敬愛されているとしても、若いころのような出番に恵まれず、農作業や家の仕事に甘んじている老兵たちが、目前に現われた乾坤一擲《けんこんいってき》の機会を逃さず、渾身の一撃を注がんとする、壮烈な打ち上げ花火であった。

幸か不幸か、熊は追撃の手を逃れて山稜に消えたが、しかし長老たちの身体には生気がみなぎり、夕日を浴びた、輝くばかりの瞳がそこにあった。

註1・春熊猟の現状への質問に対して、秋田県生活環境部自然保護課からの回答。
註2・佐藤宏之編『小国マタギ　共生の民俗知』農文協
註3・環境省HP・H26年度におけるクマ類の捕獲数。
註4・環境省HP、年齢別狩猟免許所持者数から。

奥利根の熊撃ち

群馬のみなかみ町に住む高柳盛芳《たかやなぎもりよし》から電話があったのは、師走のよく晴れた日の午前だった。

そろそろ締め切り間近の原稿に手を付けないと尻に火が点くのを知りながら、どうしたものかと考えあぐねていた矢先であった。

「熊が獲れたぞ兄弟！　来るかい」

「そいつはすごいな。もう捌《さば》きはじめたのか？」

「いや、これからだが、兄弟がくるんなら待ってるよ」

「わかった。すぐ行く」

待ちに待った朗報であった。手つかずの原稿がちらりと頭を掠《かす》めたが、こういうときはなにも考えず、すべてうっちゃって、ともあれ出かけてみるのが最良の選択だということだけは知っている。私はカメラ機材を車に載せ、すぐさま高速に飛び乗った。

師走だというのに暖冬で、山里には一片の雪さえないが、水上《みなかみ》に近づくにつれ、白く輝く谷川岳《たにがわだけ》が見えた。懐かしい頂だが山肌は斑《まだら》で、どう見ても膝下くらいの積雪である。これでは鉄砲撃ちも気合いが入るまいと思う。ひと雪降って、獣たちの足跡が刻まれてからが、彼らの本領なのだ。

「奥利根マリンサービス」の作業場で、高柳が待っていた。足下には推定八〇キロの雌熊が転がっている。しかも月の輪のない「みなぐろ」だ。

高柳盛芳とは久々の再会だった。付き合いは長いが、たまに電話で近況を伝えあうだけで、互いを訪ねる機会がなかなか得られない。

「盛さん、どこで獲った？」

「藤原の青木沢さ。朝、暗いうちに家を出て、八時頃かな、三発撃った」

青木沢は、上州《じょうしゅう》武尊山《ほたかさん》から西麓に落ちる渓谷で、その途中の尾根筋で獲ったという。上州武尊山は、奥利根《おくとね》と呼ばれる山域の東端に位置する山だ。

熊を獲ったのは偶然ではない。獲物の痕跡を探し求める行為を見切りというが、解禁以来、彼は執拗に熊の痕跡を追い求め、ようやく青木沢の周辺で、冬眠間近の熊の足跡を捉えたのだ。満を持しての出猟だった。

たった一人の猟を「忍び猟」という。週末は、高柳を師と仰ぐ五人の弟子たちとともに熊を追うが、平日は自営業ならではの自由が利くため、必然的に彼ひとりの猟になる。

私は今年の猟に同行を申し出ていた。しかし解禁の十一月十五日は日曜日で、鉄砲撃ちには願ってもない条件だが、あいにく予定が入っていて参加できなかった。

高速道路のインターチェンジを降りたら、
うっすらと雪を被った谷川岳が見えた

解体の前に、塩と酒を振りかけて熊の霊を慰め、山の神に感謝する。それが高柳盛芳の、巧まざる祈りだ

電話で彼に解禁日の不参加を告げながら、その日はなにを狙うのだと訊いた。

「熊さ。獲れるまで徹底的に熊を追うんさ。猪や鹿の猟場は里に近いから、いつでも狙えるけど、熊だけは別モンだ」

他の地域の猟師の多くは、解禁日は鴨や兎やヤマドリを追うが、それは小手調べだからだ。雪が降るまでの短い季節をそうやってやり過ごし、足跡の残る雪を待って大型獣を追うのである。

高柳がつくった熊鍋。この旨さは、食べた者しかわからない

しかし、高柳は違った。群馬の北部を受け持つ利根・沼田猟友会には、マタギの系譜は伝えられていないという。それでもなお、彼らが執拗に熊を追うのは、純粋で血の気の多い県民気質というべきかもしれない。

解禁以降なかなか時間が取れない私は、じりじりとして日を過ごしたが、これはもう、待つしかないと悟る。仮に参加が適うとして、足を棒にして何日歩いても獲れないものは獲れず、獲れるときは天与のごとく獲物が手に入る。

それが証拠に、昨年（二〇一四年）の解禁日に、尻からナイフを入れ、四肢を剥いて、脂を採ってから腹を開く。その流れるような作業に見惚れる。解体には私が頂戴した山本諦治氏のナイフを使ってもらった。よく切れて、切れ味が持続する。それがナイフの真骨頂だ。左頁下＝熊の胆と呼ぶ胆嚢は、肝臓とつながっている

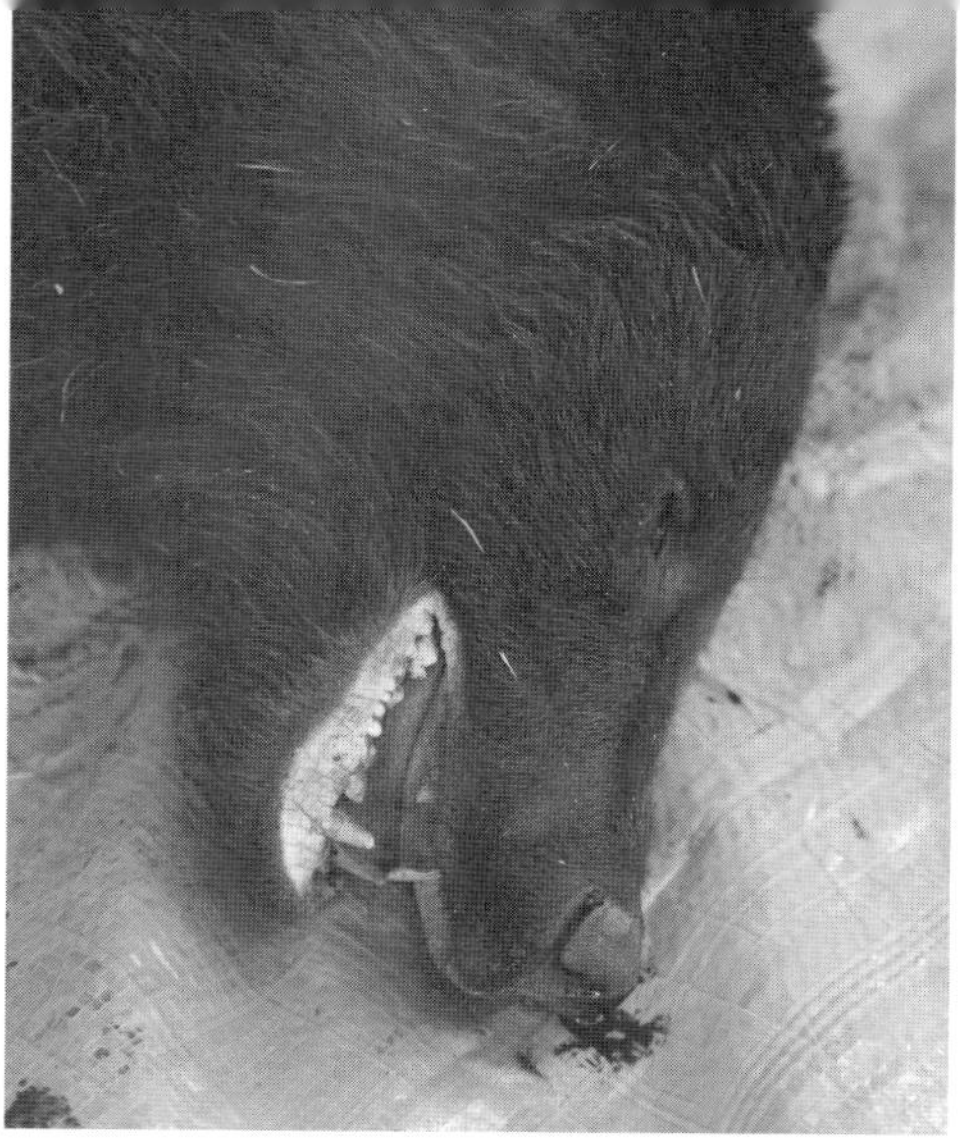

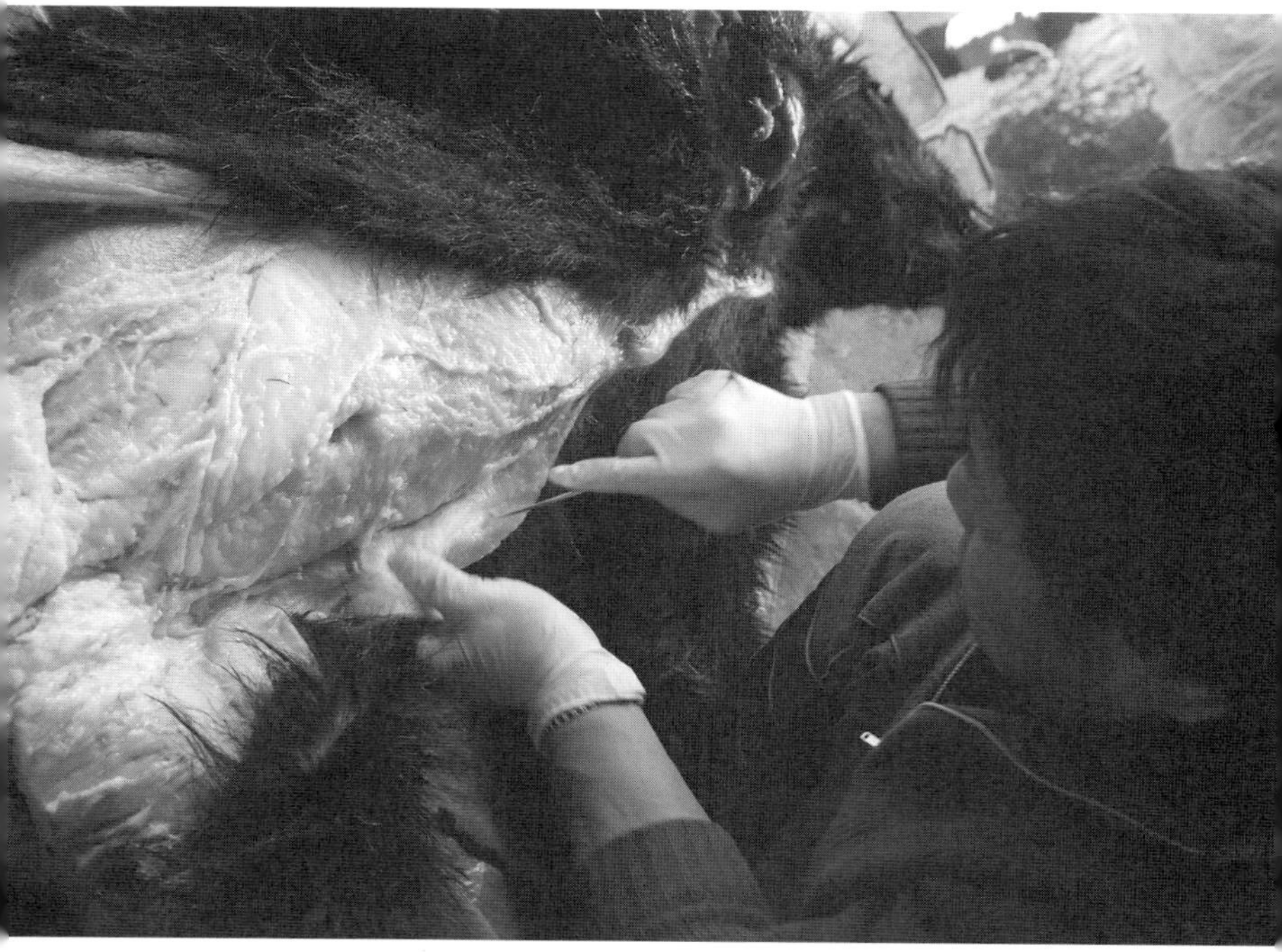

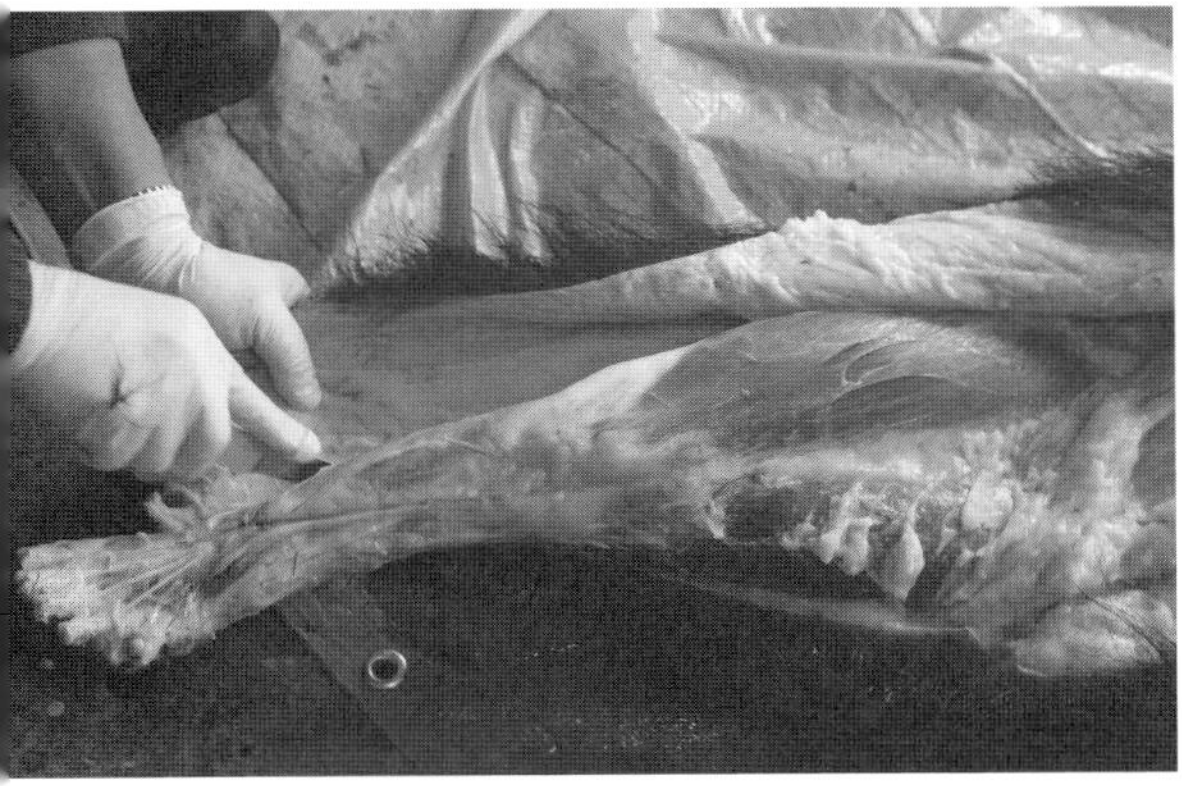

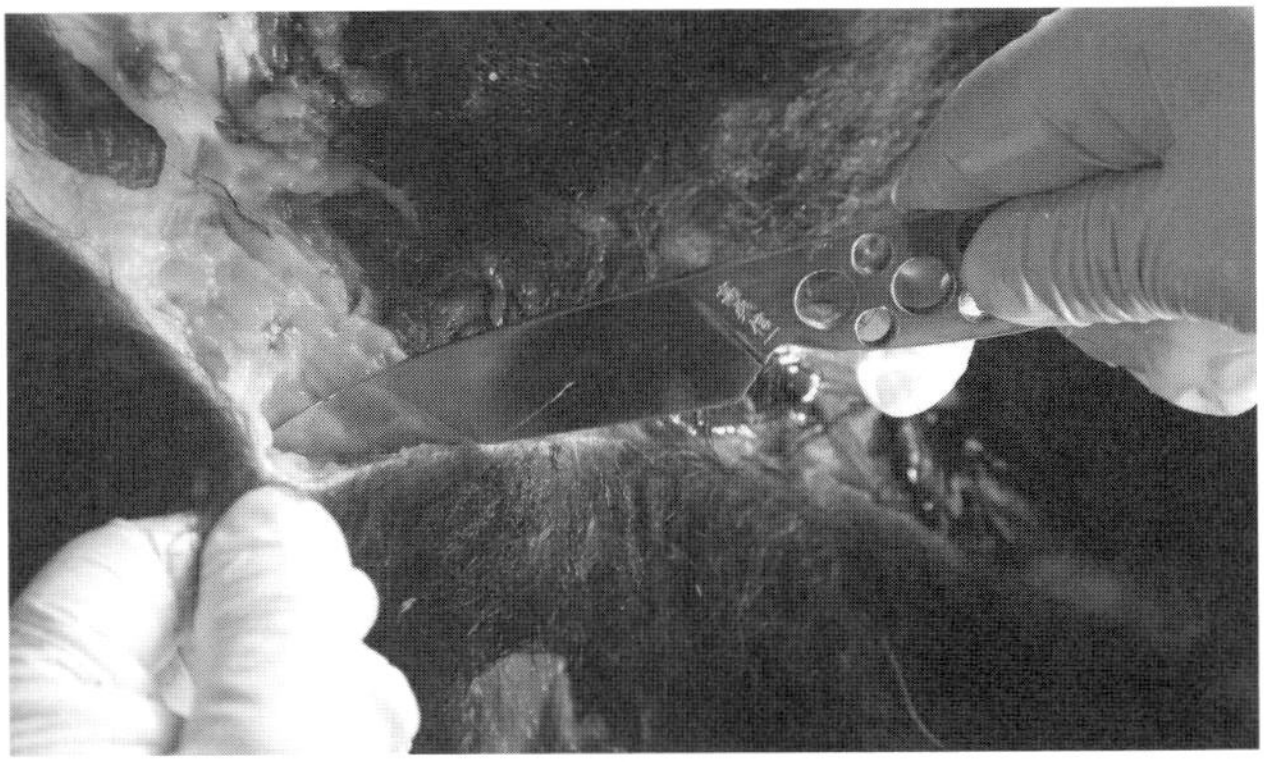

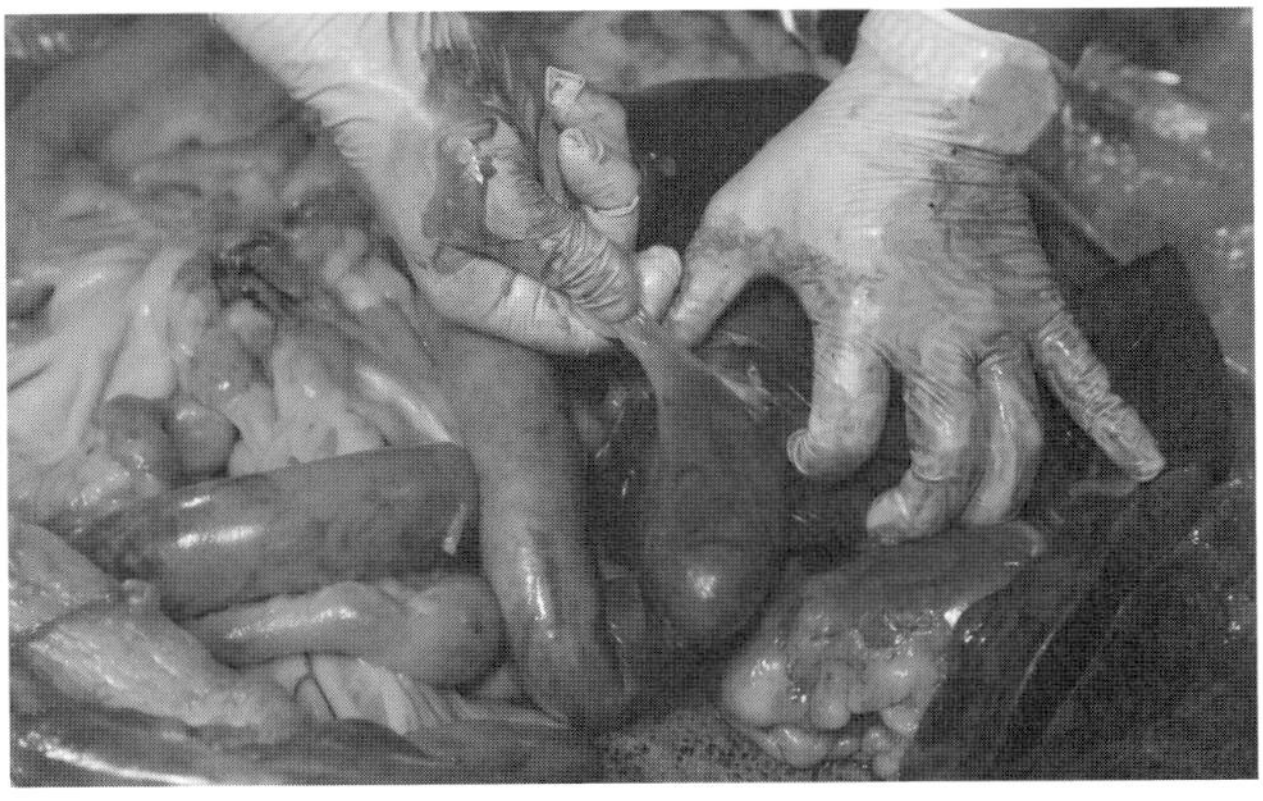

高柳たちは開始二時間で四頭の熊を仕留めている。

高柳から連絡が入ったのは師走の八日で、足元に横たわっている熊は解禁以降、二十四日目にして得た執念の結実だった。

作業場には、何人かの猟仲間が来ていた。初めに毛を洗い、ナイフを入れる直前になって、塩と酒を熊にふりかけ、手を合わせて獲物の霊を鎮め、神に感謝の祈りを捧げる。それがいつからの作法かは知らないが、自然発生的に生まれた敬虔《けいけん》な祈りというべきであろう。

高柳に猟への同行を求めたのは、彼らの狩猟の実際が知りたかったこともあるが、獲れた熊の解体のすべてが見たかったからだ。

会津の間方では仕留めた現場に立ち会えず、小国の春熊猟でも、大雑把に解体して運び下ろしてからの後処理は目にしていても、ナイフを入れる瞬間は見ていない。

解体は、すべて高柳の手によって行なわれた。手足にナイフを入れ、肛門から喉にかけて、縦に切り裂いて皮を剥ぐ。表皮を慎重に剥ぐのは、分厚く付いた脂を損なわないためだ。その蕩《とろ》けんばかりの脂身《あぶらみ》の美味さを知っているが、高柳が慎重に取り扱うのは、熊の脂を精製してインターネット（註1）で販売しているからだ。

熊の脂は、古くから切り傷や火傷の特効薬として用いられてきた。しかし、医薬品と銘打てば薬事法に抵触する。だから、肌に潤いを与える商品として販売するのだ。つまりはスキンケアであり、化粧品として売るのである。熊の脂の効能を知っている身としては、なんとももたいない話に思えてならない。

「俺の脂は銀座のクラブのママさんも使っているよ。店のホステスたちが、熊の脂って聞いてたまげるらしいけど」

皮を剥いでから脂をきれいに削ぎ落とし、それから腹を開いていく。

まず腸を出し、肝臓の間に入っている胆嚢《たんのう》（熊の胆）を絞って紐で結び、ナイフで傷つけないように、細心の注意を払って取りだす。他の内臓をすべて抜いてから胃を開く。なにを食べているかを調べるためだ。

「なんにも食ってねえや。こいつは、あと四、五日で間違いなく穴に入るな」

そう云いながら、猟師仲間と顔を見合わせる。冬眠直前の熊は、なにも食べなくなるからだ。

あとは肉の解体が残っているだけだった。それまでも、それからも、高柳は一本の短いナイフで熊のすべてを捌いた。なんども脂に刃を潜らせながら、まったく切れ味の落ちないナイフに驚嘆する。

猟師仲間がいるのに誰も解体を手伝わないのは、ナイフが足りないからかと思い、役に立てばと持参した私のナイフを見て、高柳が素っ頓狂な声を上げた。

「兄弟、それは俺のと同じナイフじゃねえんかい！」

手触りといい、刃の付き方といい、云われてみれば同じ作者のものに違いなかった。なにより、ブレードに刻まれた「山」のマークが同一である。

取材の性質上、各地の猟師たちが使っている刃物に興味があるが、彼らの多くは市販の包丁や無名のナイフを使う。

高柳は、銃に負けず劣らずカスタムナイフの造詣が深く、いくつもの切れ味鋭いナイフを所持しているが、それでも熊の解体に使うのは、その細身のナイフ一本にかぎられるという。

私が差し出したのは刃渡り八センチだが、高柳のそれは少し短い。

いまから十年前に開かれた、雑誌『渓流』の二〇周年記念祝賀会の席上、抽選で当たったナイフがそれで、以来愛用しているが、誰がつくったものかがわからず、悶々としていたというのだ。

私のナイフは、渓流釣りの集団として知られる、「宇都宮渓游会《けいゆうかい》」の山本諦治《ていじ》氏が数年前につくってくれたものだ。私もまた、その切れ味に惹かれて、長く愛用してきたのである。

しかし、山本氏はカスタムメーカーではない。金属加工の仕事柄、趣味でつくっていたのだから、高柳の目に留まるはずがなかった。

山本氏は近年、身体の不調でナイフをつくっていない。目の前にあるナイフは、もしかしたら二度とお目にかかれないかもしれない貴重な代物で、その奇遇ともいうべき二本のナイフの出会いと作者の判明を、高柳は手放しでよろこんだ。

カスタムナイフの世界は、研《と》ぎ易《やす》さやデザインばかりが評価されているが、そもそもナイフは道具なのだから、使い勝手がすべてなのだという。切れ味が良く、しかもその切れ味が持続しなくてはならない。その見解には、私もまったく同感だった。

彼はそのナイフで、関節を含めた熊肉のすべてを切り分け、ただ黙って見ていただけの私は、まんまと熊のヒレ肉と背ロースと極上の脂をせしめたのである。


高柳が私を兄弟と呼び、私が彼を盛さんと呼ぶようになって、かなりの歳月が経つ。酒の席の勢いで義兄弟の契りを結んだからだ。私が五つ年長だから兄という役まわりだが、行動の主体は、もちろん高柳だ。それに五分の付き合いなのだから、どちらが兄ということもなく、兄弟分というほどの軽い言葉遊びにほかならないが、いまでも彼は、律儀に兄弟と呼んでくれる。

彼との長い付き合いを語るには、その出会いにまで遡らなくてはならない。

利根川の源流にある矢木沢《やぎさわ》ダムは、関東の水瓶として知られるが、その以奥一帯を奥利根源流と呼ぶ。登山における地域研究は、ある特定の流域を徹底的に遡って全貌を瞭《あきら》かにする行為をいうが、私が主宰していた山岳会が奥利根に分け入った当時、矢木沢ダムに遮られた奥利根湖で、奥地で遊ぶキャンパーや、奥利根本流を目指す遡行者のための渡船を営んでいた漁協組合員の高柳と、遊漁料を払え、払わないで口論になった。

私は、ダムに注ぐネイティブな岩魚を遡行の合間に釣るのだから、遊漁料など払う必要はないのだといい、彼は彼で支払いの正当性を主張する。日本国中のほとんどの河川で内水面漁業権の設定が認められているのだから、ついに私も払わざるを得なかったのだが、その後も彼とは、なんども顔を合わせることになる。同じフィールドで遊んでいるのだから当然だが、私たちが持ちこんだボートの不調が生んだ漂流の危機を、折に触れて助けてもらったことから親密になり、いまに及んでいる。

その奥利根には、古くから越後の猟師の往来があった。いまではダムに遮られて船でなければ立ち入れないが、ダムのできる以前から、奥利根は魑魅魍魎の棲む地として怖れられてきた。関東最大の大河、坂東太郎《ばんどうたろう》の水源を有する県として、群馬県民は特別な愛着を奥利根に注いできた。それが三次にわたる奥利根水源探検隊である。

明治二十七年に行なわれた第一次探検隊では、奥利根に棲むという妖怪を怖れるあまり、鉄砲や日本刀を携えたという。

水源を探し当てて使命を終えたのは昭和二十九年の第三次探検隊で、矢木沢ダムの建設が決まったのが翌年の昭和三十年だから、なにやら作為的なものを感じてしまうのだが、いずれにしてもダムの建設以前も完成以後も、奥利根は人間を寄せ付けない深山幽谷を保ってきたことになる。

奥利根に向かう最奥の集落は、昔もいまも藤原である。藤原集落には古くから猟師がいたが、なにも奥利根まで分け入らずとも、周辺の上州武尊山や宝川《たからがわ》流域で充分熊が獲れた。

その険しさから、地元藤原の猟師も近づかなかった奥利根で猟を展開したのが越後の猟師たちだった。

その記録は数々の文献に遺《のこ》されているし、私や高柳も、越後猟師の残した明治から昭和にかけてのブナの切り付けをいくつも知っている。

越後猟師の本拠地は六日町《むいかまち》の清水《しみず》集落だった。背後の巻機山《まきはたやま》を越えさえすれば、闊達な奈良沢が眼下にあり、熊の付き場として知られた刃物《はもん》ケ崎山《がさきやま》を中心とする、奥利根の魅力的な猟場が広がっていたのである。

越後猟師の源流は秋田マタギだとされている。秋田マタギが直接奥利根で猟をしたのではなく、秋田マタギに猟を学んだ越後猟師が奥利根で猟をしたものらしい。

清水の猟師たちは、奥利根一帯を「上州山《じょうしゅうやま》」と呼んだ。奥利根は越後の縄張りで、そこで猟をする権利は自分たちにあるというのだ。

事実、私の山仲間たちが、春の奈良沢の奥で越後の猟師と遭遇し、彼らの小屋場に招かれて肉を食わせてもらったことがあり、高柳もまた奈良沢支流のコツナギ沢で越後の猟師と出会い、猟場の正当性をめぐって諍《いさか》いを起こしている。

血気盛んな若いころで、修羅場も踏んでいる高柳のことだから、その光景が容易に思い浮かぶが、結局は仲直りしたらしく、奥利根が越後で上州山と呼ばれていることを、そのとき彼らから聞いたのだという。

時は流れ、おそらく越後の猟師も越境しなくなり、藤原の猟師も昔日の繁栄を残してはいない。春の奥利根はふたたび静寂の地に還り、越後マタギの古い切り付けだけが、雪に埋もれて、いまも佇んでいるはずである。

その藤原に、将軍爺と呼ばれた名猟師がいた。大正七年生まれの林正三《まさみ》で、高柳の猟の師匠である。今年六十二歳になる高柳が狩猟免許を取ったのが二十歳で、将軍爺に師事したのは二十五歳のときだった。

彼は将軍爺から、熊撃ちの手ほどきをはじめ、さまざまなことを学んだ。

若い日に将軍爺が父親に、どうしたら熊が獲れるかと聞いたとき、父親はやおら囲炉裏の火箸を取り上げて息子の胸板に当て、「これだ」と云ったという。胸に鉄砲を突きつけられたら、熊も逃げられないだろうというのだ。

これは単純でいながら深い教えだ。いたずらに熊を怖れず、追うときは徹底的に追って可能なかぎり近づき、引き金を引くときは迷わず引く。果敢でいながら細心であれ、という教えとも読み取れる。

将軍爺に師事したその年に、熊を初めて仕留めた高柳は、六十二歳になる現在まで、年に一頭以上は熊を獲ってきたというのだから、少なく見積もっても四十頭近い実績を上げてきたことになる。

高柳はいま、将軍爺の教えを五人の弟子たちに伝えようとしている。早く一人前になってほしいと願っているのだ。

熊を捌き終えた高柳は私に、泊まって行きなよ、と声をかけた。熊肉を食おうというのだ。その誘いはありがたかった。私としても、奥利根の猟のあれこれを聞いておきたかった。

彼はボートとエンジンの販売・修理のための「奥利根マリンサービス」（註1）を営むが、奥利根湖の渡船も営業の一環である。作業場は自宅の敷地にあり、その二階の事務所で寛いでいたら、ほどなく熊鍋が運ばれてきた。

いつも思うのだが、彼の熊鍋は美味い。柔らかくて上品で癖がないのだ。

かなり前になるが、初めて彼の熊鍋を食わせてもらったとき、私が到着する三時間前から煮込んでいて、ともかく徹底的に煮込むのだと説明を受けていたから頷けたが、今回は、それほど煮込んでいないはずなのに、柔らかさは変わらなかった。その謎に首をひねりながら、彼が言うレシピを書くと、

1．熊肉を茹でこぼして徹底的に灰汁《あく》を取り、お湯を捨て、ふたたび水から煮る。
2．生姜、大蒜《にんにく》、熊肉を入れて酒を加え、味噌で薄味を付ける。
3．大根、人参、牛蒡《ごぼう》と、硬い野菜を入れ、胡麻油を足す。
4．最後に茸と白菜、葱を入れて、醤油で味を調える。

これだけである。これまで各地で食べてきた熊鍋と、なにが違うのだろう。もしかしたら、牛蒡と胡麻油のせいなのかもしれない。帰ったら、レシピに従ってつくってみようと思うが、それにしても謎だ。

高柳の所属している利根・沼田猟友会は、現在三二二名で、以前は八百人もいたという。そのうちの水上支部が二十八名。どこもそうだが、狩猟者は減少の一途をたどっている。

猟友会の若手五名が彼の弟子で、そのうちのひとりが水上支部に所属していて、彼の直弟子にあたる。

マタギでいえば、高柳はさしずめシカリだ。早く育って、奥利根一帯の猟を盛り上げてほしいと願う高柳の気持ちはよくわかる。

熊を追いながら、彼は解禁以降、数頭の鹿を仕留めた。鹿と猪と猿は害獣駆除の対象になっていて、申請すれば行政から補助金が、それぞれ一万円支給される。

以前は獲物の一部を証拠として提出したが、いまは捕獲日や捕獲場所、捕獲者などの事項を記入した用紙を獲物と一緒に撮影した写真の提出で済む（県によって異なる）。

鹿の牡《オス》なら日に一頭、牝《メス》なら何頭獲ってもいいのだと聞いて、思わず問い返す。たしか以前は、牝は捕獲禁止で、牡が日に一頭という古い記憶があったからだ。

高柳によれば、それは保護計画の失敗だという。いくら牡を獲っても、牝を獲らなければ鹿はどんどん増えていく。むろん都道府県によって対応は異なるが、こうなるのを承知で手をこまねいているから、どうにもならないほど猿や鹿が増えてしまうというのだ。

翌朝、のんびり起きて、彼の四駆に乗って鹿撃ちに出る。暖冬を象徴するかのような晴天で、獲物はさておき、気分としては、彼の猟場を案内してもらえばそれでよかった。本気で鹿を狙うなら、もっと早出をすべきなのだ。

道々、知り合いに出会うと車を止めて話しこむのは、鹿や猪の出没情報を得たいからだ。林道を車で登っていたら、ヤマドリの番《つがい》が道端の斜面にいて逃げようともしない。

林道のそばだから、走る車には警戒しないのだ。これでエンジンを切ると、その瞬間、異変を察知してすぐに逃げ出すのだと教えてくれた。もちろん鹿も猪も例に漏れない。

今季、鹿を仕留めたのは藤原周辺の奥山で、里山のこの辺には、まだ下りてきていないらしい。高度を上げると、遠くに雪を被った浅間山《あさまやま》が見えた。車を止めて、彼のお気に入りの猟場に向かう。

やがて見晴らしのいい道端で立ち止まる。渓を挟んだ対岸の斜面に、平場と呼ぶ鹿の通り道が良く見える。以前、ここで椅子に座って半日待ち、平場を通る鹿を撃ったことがあるという。対岸の稜線までは二百メートル足らずで、腕に覚えの高柳なら、まず外すことはあり得ない。

一日待って一頭でも仕留めれば一万円だ。このあたりの日雇い仕事なら、七、八千円の報酬を得れば上出来なのだから、鹿撃ちのほうがよほど効率のいい稼ぎになる。

有害駆除は、地元の猟友会に委託するのが通常のかたちだが、最近では駆除専門のNPOの設立を促して業務提携する例が増えている。

それを職業猟師の復活と捉えていいのかは疑問が残るが、行政としても、増えすぎた有害獣の個体数を調整するための苦渋の選択なのだろう。

しかし高柳は、あくまで駆除は地元の猟友会で行なうべきだと考えている。相手のある有害駆除は、駆除してしまえばそこまでだから、仕事としての永続性はない。駆除専門のＮＰＯの母体が警備会社だったりするのは、本業とはべつの事業の撤退を、いつでも可能にしておきたいからだ。

しかし、地元の猟友会としては違和感が残る。自分たちの住む山里は、自分たちで守りたい。事実、そうして山里を守ってきた自負が高柳にはある。弟子たちの育成に力を注ぐのもそのためだ。

見切りの仕方、獣の追い方、猟の上でのさまざまな禁忌、銃の取り扱いの実際と撃ち方、その他もろもろの現場での教え。

たとえば、といって高柳は稜線を指さす。稜線に鹿がいたとして、それを撃って外れた場合、抜けた弾が向こうの斜面にいる誰かに当たるかもしれない可能性を常に考えておかなければならない。だから鹿が、バックストップと呼ぶ弾留めのある斜面に下りてくるまで待って撃つのだ。それは、狩猟免許の講習会で教えられることだろうが、やはり実際の現場での教えが、事故を未然に防ぐことになる。

冬晴れの山稜を走りまわって事務所に戻った高柳は、残り少なくなった銃弾をつくりはじめた。

彼のライフル銃は、アメリカンルガーM77という銃で、別名マウンテンライフルと呼ばれる。通常の銃は四~五キロの重さがあるのだが、彼の銃は二・三キロと軽い。マウンテンライフルの愛称があるのは、背負って山を歩いても疲れにくいためだ。軽いのは、通常二十四インチある銃身が二十二インチと短いからで、短ければ命中率は下がる。命中率を採るか、軽さを採るかの選択だ。

しかし、彼に迷いはなかった。銃身の短さが招く命中率の低下は射撃の腕で補えばいい。その技への自信が、彼に軽さを選ばせた。

ライフルの実包を構成するのは、薬莢《やっきょう》と火薬と雷管《らいかん》と弾頭である。もちろんそれらを組み合わせた完成実包は銃砲店で手に入る。しかし高い。

再利用が可能な使用済みの薬莢を整形し、自分で実包をつくることをリローディングというが、リローディングの良さは、なにも安価なだけではない。火薬の量を精密に調合して、自分の銃にもっとも適合した実包をつくることが命中率の向上に繋がるからだ。

高柳の銃の口径は三〇八で、その銃弾の薬莢に充填（フルチャージ）できる火薬の量は四十五グレーンだ。一グレーン（ｇｒ）は大麦の一粒の重さをあらわす単位で、薬品や火薬などの微細な計量に用いられるが、彼はその薬莢に四十二グレーンの火薬をチャージする。フルチャージしてしまうと、銃口から射出した瞬間に弾丸が暴れてしまい、弾着のまとまり（グルーピング）が悪くなるという。

愛用の銃と、その銃の性能を最大限発揮するべくカスタマイズされた実包が、高柳盛芳の猟を支えているといってもいい。

机の上に、リローディングのための機材を並べ、整形した薬莢に雷管を装填してから、彼はおもむろにハンドロードをはじめた。

ハンドロードは、リローディングのなかでも火薬の手詰めの行程を指し、パウダースケール（火薬秤）で微細な火薬の量を測って薬莢にチャージする。なにせグレーンは大麦一粒の単位だ。棒状の小さな火薬の一粒の増減でもグレーンは大きく変化する。

グレーンは、グラムに換算すれば一g＝〇・〇六五grで、四十二grなら二・七三gに相当する。わずか三グラム弱の火薬を充填した薬莢が銃身のなかで炸裂し、その炸裂によって射出された弾頭が、はるか数百メートル先の獲物を斃すのだ。

まるで惚れた女を慈しむような繊細な指先の作業の末に五十発の実包をつくり終えたとき、すでに日はとっぷりと暮れていた。

三日目の朝も暖かかった。谷川岳は見えていたが薄曇りだった。今夜から悪天の予報だが、雪になる気圧配置ではない。

高柳は、罠猟の免許も持っている。きのう鹿猟からもどり、弾づくりをはじめるまでのわず

愛用の銃を構えて獲物をねらう。高柳の銃は左利きだ。スコープはニコン製

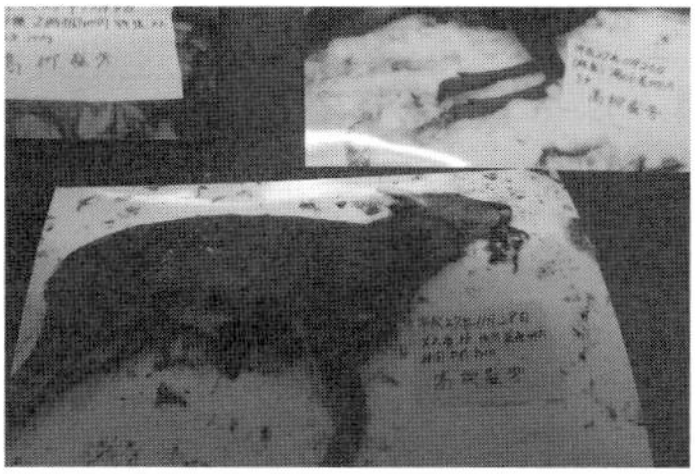

撃ち取った鹿は現地で素早く血抜きをし、写真に撮る。この写真で有害駆除の補助金が出る

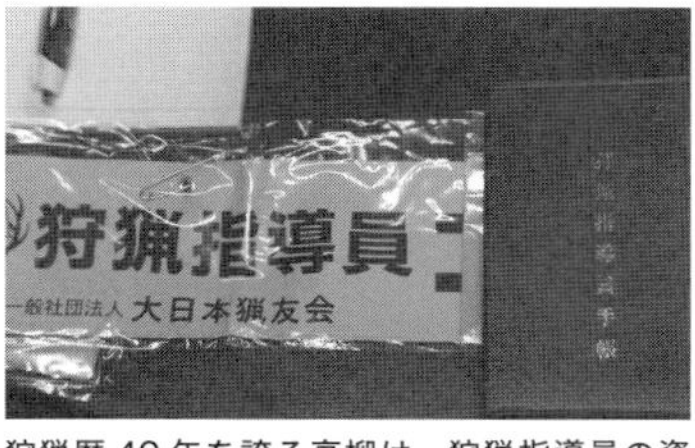

狩猟歴 40 年を誇る高柳は、狩猟指導員の資格も有している

愛用のアメリカンルガーM77。別名マウンテンライフルとも呼ばれる

薬莢を修復し、弾頭と火薬を詰める作業をリローディングという。繊細な作業だ

42 グレーンの火薬を薬莢にチャージする。グラムに換算すれば 3g 弱だ

パウダースケールで火薬を量る。1 粒単位で火薬量が異なるという息詰まる作業

使用後の薬莢は膨張しているため、
形状を整えてから雷管をセットする

火薬を充填した薬莢に弾頭をセットする。
これで弾丸が完成する

ライフルの弾頭各種。この形状によって、獲物へのダメージを変えられる

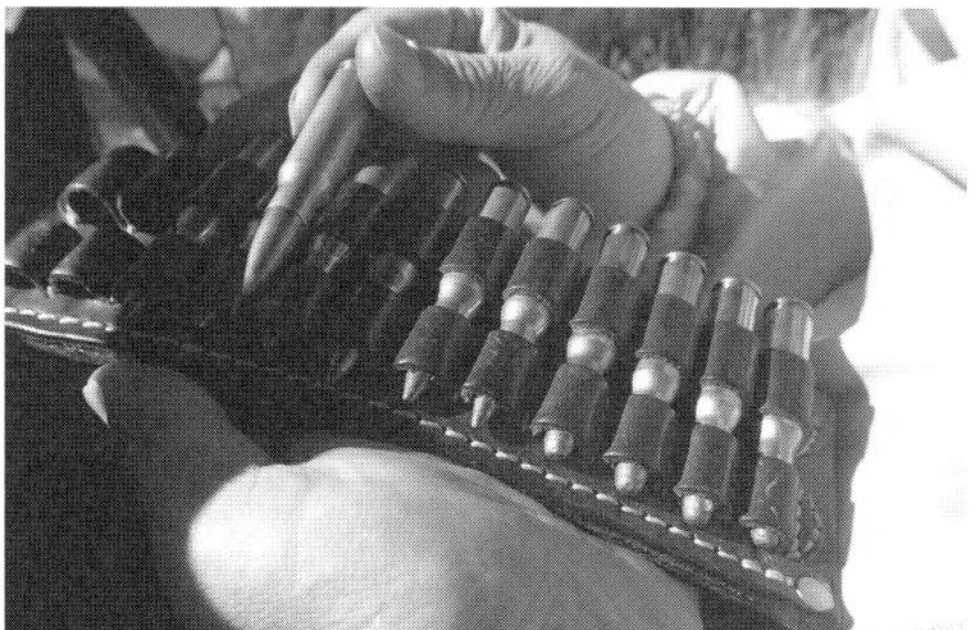

弾帯に詰めたライフル弾。獲物に合わせて、弾頭の違う形状が各種揃っている

かな合間に、裏山にかけた「くくり罠」を見に出かけたが、さすがにきのうのきょうでは、獲物の影はなかった。

高柳の畑で、彼がつくった無農薬の野菜を持たされて帰路に就く。

山里に雪が降るのは、まだ先になるだろうが、遠い日のことではない。雪に追われて山麓に下りてくるまでの短い日々が、鹿や猪たちの、つかの間の安息であった。

註1・奥利根マリンサービス
http://park8.wakwak.com/~okutone/

マタギの里から5

南会津／田島猟師と原発事故

蒼穹《そうきゅう》の下で白一色の山々が広がっていた。とうに営業を終えたスキー場に、人の姿はない。車道を雪解けの水が伝い、路肩の残雪の向こうには、新芽を膨らませた木々の繁みが連なっている。春を迎えて久しい会津の山だが、しかしこれほどの好天に恵まれるとは思わなかった。

その鋼鉄のような陽ざしを浴びながら、集合場所に指定された「だいくらスキー場」の入り口にたたずんでいた。

やがて三々五々、メンバーが集まってくる。私を含めて五人だが、見知った顔はいなかった。二月の田島猟友会の猟期収めは悪天で山に入れず、納会にだけ参加させてもらったが、酒に紛れて、それぞれの顔と名前を覚えるまでには至らなかったのだ。

それでも彼らが、銃を背負って地元田島の山々を駆けめぐってきた強者だということだけはわかる。

私に連絡をくれた塩生博文《しょうにゅうひろふみ》さんは、南会津広域消防本部に勤める五十歳の働き盛りで、救急隊に所属するかたわら山岳救助隊員としても活動している。彼に同行したのは、仕事仲間で郡山広域消防本部の柳田哲《てつ》さん五十三歳。彼は銃ではなく罠猟の免許を持っており、今回は勢子として参加するのだという。残る二人の撃ち手は、地元で林業を営む湯田守《ゆだまもる》さん五十三歳と、農業の渡部清美《わたなべきよみ》さん六十二歳である。

田島猟友会は、たしか三十名はいると聞いていた。天気のいい春の週末の有害駆除だから、もっとメンバーが集まるのだろうと思っていたが、その少ない理由を、やがて嫌というほど思

快晴の駒止の山波を行く。正面の藪を越えると、いつもの苛窪山の休憩場に出る

い知ることになる。

スキー場の駐車場に車を移動して準備をし、ゲレンデを歩き出す。「だいくらスキー場」からスキーを履いて駒止峠《こまど》まで、真冬の山越えをしたことがある。一昨年はテレマークガイドの取材で、戸板峠《といた》から黒岩湿原を訪ねたこともある。周辺は、幕府が諸国の監察を行なった巡検使の古道があったことで知られており、駒止周辺の地形は未知ではなかったが、猟場となると話はべつで、どこをどうたどるのかと、興味津々で彼らの後を追っていく。

ゲレンデの手前で左に折れて、保城《ほじょう》沢に架かる橋をわたり、右岸の尾根に取り付くと、ぴたりと話し声がやむ。猟場に入ったのだ。

晴天が続いたためか、かすかに残る足跡を見つけて通った時間と進む方向を探り、自在に斜面を行き来する。その光景に余裕が感じられるのは、先週末に近くの岩場で一頭の熊を仕留めているからに違いなかった。非番の日に塩生さんが下見をし、おりよく足跡から穴に入る熊を見つけ、週末に仲間たちと出かけて撃ちとったのである。

ブナの新芽がようやく萌え出た尾根を登るが、年々山に向かう回数が減り、体力の落ちた私は青息吐息で遅れがちになる。案内する責任からか、柳田さんが素知らぬふうで見守ってくれる。全員スパイク長靴だが、急峻な硬い斜面をものともせずに登っていく。

どうしてみんな強いのかと考え、不意に納得する。塩生さんも柳田さんも、救急隊員としてトレーニングに余念がなく、湯田さんも林業で身体を使い、渡部さんは農業従事者だ。彼らが強いのは当たり前だとしても、ついていけないのはこちらの問題だった。

やがて稜線に出て昼飯にする。周囲が一望できるこの場所でいつも休むのだという。晴れた日に、この展望を満喫できるのは、道なき尾根をたどる猟師の特権である。遠く会津駒ケ岳や三岩岳《みついわだけ》が望まれ、眼前に駒止台地が連なっている。

近年鹿が多くなったのは、この地が足尾や尾瀬と連なっているからで、積雪の減少に伴って、足尾や尾瀬の鹿が生息域を広げつつある。下流周辺は桧沢《ひさわ》川の流れと人家に阻まれるのだとしても、源頭の駒止台地は、鹿が北に向かうための格好の進出路に違いない。

休憩を終え、西に向かって斜面を下る。知らぬ間に彼らは藪から枝を切り出し、それを支えに雪の斜面を滑り降りて、あっという間に見えなくなった。それは私たち登山者が、ピッケルを杖にして滑り降りるグリセードそのもので、まさか彼らが登山技術を学んだとも思えず、カメラを構えるいとまもないまま、私は茫然として見送るしかなかった。雪国の猟師の山の技というものは、とても登山者の太刀打ちできる世界ではない。

雪の沢をわたって登り返す。おそらく、さっき休んだのは刺窪山《いらくぼやま》の近くに相違なく、だとすれば、この沢のすぐ上手が保城峠のはずである。

保城峠は、かつて下流の針生《はりゅう》から舘岩《たていわ》村（現・南会津町）の森戸を結んだ道で、峠の向こうには保城の集落があった。すでに忘れられた峠だが、さらに下れば「たかつえスキー場」の近くに出る。古道好きの私にとって、いつかは訪れたい峠だっただけに、思いがけない出会いを素直によろこぶ。

雪の小尾根を登ると黒岩山《くろいわやま》の雪原が広がっていた。その広がりから黒岩湿原を経て、照り返しに耐えて「だいくらスキー場」に向かうころ、遠く置き去りにされながら、ようやく気づく。獲物が見つからなければ、見つかるまで歩く。それが猟師であった。そのためには屈強な体力が必要になる。経験はあっても、標高を上下して一日中歩きつづける体力がなければ参加はおぼつかない。その結果が、本日の選び抜かれた陣容だったのだ。

スキー場の山頂近くで熊の足跡を見つけ、展開を試みるが徒労に終わる。塩生さんのそばを離れなかった私は、射撃体勢を解くたびに、「脱砲確認」という彼の声を聴いた。弾薬の装填は、獲物に備えた猟場でのみ許され、移動の場合は薬室から薬莢を抜かなければならない。その危険回避の行動を、彼は口頭で確認していたのである。

この日の猟はこれで終わり、あとは最大斜度三十八度という台鞍《だいくら》ゲレンデを、疲れも見せずに駆け降りる彼らの後を追う。

獲物には出会えなかったが、保城沢の源頭をぐるりとめぐる充実の一日であった。駐車場で彼らに礼を言い、さて家に帰って酒でも呑むかと立ち去りかけたとき、彼らはなんと、打ち上げの話をしはじめた。熊は獲れねえだって、打ち上げはしなくちゃなんめえ、というのである。聞こえぬふりをして帰りかけた私を呼び止めたのは清美さんだった。——熊の焼き肉がある。

食ったことがないだろう。呑んだら泊まっていけばいい――。そう言うのだ。熊の焼き肉なら食べてみたい。もう少し彼らの話も聞きたい。しかし、初対面の彼らの家に泊めてもらうほど図々しくはなく、といって明日の予定があるわけでもない。

向かったのは塩生さんの自宅だった。保存しておいた熊のタンからはじまった焼き肉には舌が驚いた。作業場に据えたストーブで焼いた肉を、レモンと塩で食べるのだが、その上品な味わいは、私にとって未知の食べ物だった。熊鍋ならなんども食べているが、焼き肉は意表を突いた。もしかしたら焼き肉は、熊肉のもっとも美味しい食べ方なのかもしれなかった。

酒にさえ手を出さなければ泊まらずに済むし、迷惑もかからない。そう思って寄らせてもらった私の魂胆を見抜いたように、清美さんの声がかかる。――そろそろあきらめろ。意地を張らずに呑め――。その言葉に、がまんしていた私もついに陥落して、酒に手を伸ばす。これで図々しくも塩生さんのお宅に泊めてもらうことになったわけだ。

楽しい宴会だった。彼らは、これまで私が経験した各地の狩猟の話を聞きたがり、かの地の熊の調理法と食べ方を知りたがった。その謙虚さと素直な姿勢が好感だった。

彼らは、自然発生的に生まれた田島の猟師だった。外部からの技の伝播があったわけではないという。いってみれば切磋琢磨の結実だろうが、そのぶん、外部に門戸を開いていて風通しがいい。

田島猟友会の三十名を含め、南会津全体で九十名ほどの猟師がいるという。御多分に漏れず田島猟友会も高齢化が進んでいるが、それにしてはライフル銃の所持者が少ない。現在は塩生さんを含めて二人だけだ。

東京都下で消防の仕事をし、郷里の田島に帰ってから猟をはじめて十六年になる塩生さんは、ライフル所持の資格は充分だが、とくに欲しいと思ったわけではなく、親戚が持っていたライフルを廃銃にするというので譲り受けたにすぎない。

田島猟友会のライフル銃の保持率は、ほぼ全員がライフルを所持する五味沢マタギとは対極だ。それはおそらく猟場の違いである。山容が大きくて遠くを見通せる小国の猟場に比べ、標高が低くて森の密な田島の山では、散弾銃が最も使いやすい銃なのだろう。そこにはむろん、猟友会の伝統や各自の好みがあるのだとしても。

口は悪いが気持ちのきれいな清美さんが辛らつな言葉を吐く。獲物を獲る現場を写真に撮られるのは大嫌いだというのである。その気持ちはよく解る。猟は真剣勝負だからだ。伊達や酔狂ではない。経験と技術を総動員して獲物と対峙する一瞬の攻防に、狩猟免許を持たない他者が介在するのは、たとえば男だけの板場に女性が入ると、料理の味が微妙に変わるのに似ている。気持ちの集中に水を差されるからだ。

真剣勝負なら、こちらも負けてはいないが、取材をお願いしている立場としては反論できない。すみませんと謝るだけの私に、それならそっちも免許を取って混ざればいい、と云い出した。狩猟免許を取って一緒に猟に行こう、というのである。

田島猟友会の猟期収めで最後まで残ったメンバー。真ん中が会長の星光久さん、右端が事務局長の阿久津毅一さん、左から2人目が塩生博文さん、その右が湯田守さんだ

猟が終わって、塩生さん宅の作業場で打ち上げをする。右端が渡部清美さんで、後日、手塩にかけた美味い米を、風評被害で困っているから、宣伝してくれといって送ってくださった

東京で知り合って結婚した奥さんの順子さんと写真に納まる塩生さん。帰省してから、すでに16年、筋金入りの鉄砲撃ちだ

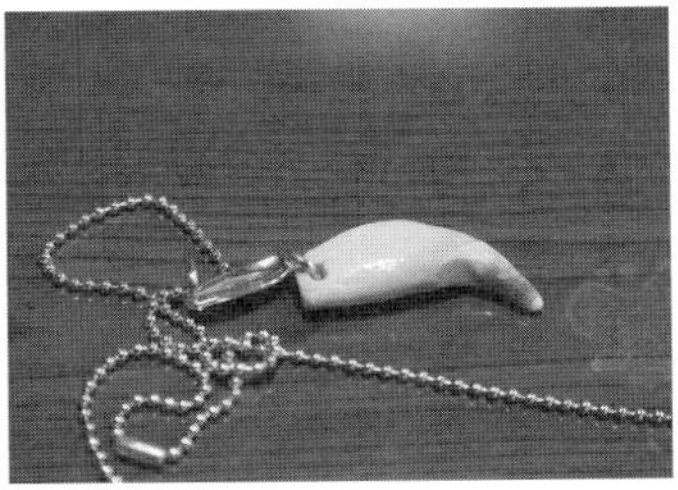

阿久津さん手作りの熊の爪の細工物。ひとついただいて大事にしている

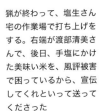

狩猟免許の取得を、まったく考えていないといえば嘘になる。外部からの取材は、客観的な視野からの冷静な観察と分析が可能だが、当事者の立場に立てない弱さがある。実際に銃を手にして獲物をねらう心境を知るためには、どうしても免許を持たねばならないのである。

だが小国の五味沢マタギのように、ゆるくはなっていても、厳然とした経験則と決まりごとのある集団に付いていくのは至難の業だ。

しかし、ここはそうではないと彼らは口を揃える。楽しく、助け合って猟をするのが田島の猟師だというのである。田島の奥山を歩いたきょうも、狩猟免許のことは考えていた。しかし、あの体たらくではどうしようもあるまい。カメラに加えて四キロ弱の銃を背負ってなど、とても歩けるものではない。免許よりも体力をつけるほうが先決だろう。

けれど、一瞬でもそんな気にさせてくれたのは、彼らの闊達《かったつ》で開放的な気風と仲間意識であった。その居心地のよさが、私を気持ちよく酔わせたのである。

マタギの伝統を背負わない地の、しかし厳しい風土を背負った、現代の雪国の猟師の実像がそこにあった。

彼らと酒を呑んだ二ヵ月後、山形市で開かれた「第二十六回マタギサミット」に参加したのは、塩生さんの――技術の伝播はなかったが、田島の猟師にも秋田マタギとの関係があったらしい――という一言による。今回のサミットのテーマは、「放射能汚染以降、東北の自然再生をめざして」というものだったからである。マタギの系譜を宿す猟師たちに、福島原発事故は、どのような影を落としているかが知りたかったのだ。

マタギの伝播は、秋田や青森にとどまらず、広く山形や新潟、福島にまで及んでいるが、いずれも福島第一原発から、遠く円弧を描いて存在している。そして原発事故以前は、それなりに獲物を獲って食べ、あるいは商品として出荷もしていた。それが事故以降、線量の数値に一喜一憂し、出荷もできず、たとえ自家消費だとしても全頭検査を余儀なくされ、風評被害に翻弄されてきた。

福島第一原発周辺の鹿や猪などの生息実態は、決して対岸の火事ではない。福島第一原発は、東北や新潟や関東北部の猟師たちの生きざまを左右する、怨念の火ともいうべき存在なのである。

会場は、主宰幹事の田口洋美氏の勤務地である、山形市内の芸術工科大学で開かれた。講演としては以下の三項目で、講演の詳細に踏み込むのを避け、概要にとどめる。

一は「鳥獣保護法改正と現場：山形県置賜地域の現状から」で、山形県置賜総合支庁環境課の二瓶《にへい》秀憲《ひでのり》氏の報告。

全国的な鹿と猪の増加を受け、これまでの鳥獣保護法を鳥獣管理法に名前を変え、鹿と猪を指定管理鳥獣と定義し、積極的な捕獲の推進を行なう。二〇一五年五月施行。

主な改正点は、網猟免許と罠猟免許の取得年齢を二〇歳から十八歳へ引き下げ。各種鳥獣の捕獲許可期間の延長。指定鳥獣の捕獲頭数の緩和。認定鳥獣捕獲等事業者制度の導入などだが、そのあとに紹介された置賜地域の鳥獣の現状が興味深かった。

ツキノワグマにかぎるが、平成二十六年度の山形県全体の生息数は推定二三七八頭で、置賜地域では推定九三一頭。うち捕獲数は九十五頭、県全体の四〇パーセントというもので、推定とはいえ、これほど詳細な生息数と捕獲数が示されたのを、私は寡聞にして知らない。全県、地域ともに、生息数の一〇パーセントを捕獲したことになる。

二は「原発事故からの復興を目指して～野生動物管理と狩猟～」として、新ふくしま農協の今野文治氏が報告したが、資料の配布はなくパネルのみでの説明で、撮影も自粛させられた。おそらく関係部署との微妙な問題があるからだろうと思われ、したがって数値の公表は避けるが、猪をはじめ、雉やヤマドリなど年々低下はしているものの、それでも避難対象地域での線量値は尋常のレベルではない。また、豚の牝と猪の牡との交雑により、イノブタが増えているという。

この報告から見えてくるのは、福島原発周辺の避難対象地域に生息する、家畜を含めた野生動物たちの、孤立無援にならざるを得なかった悲しい王国の姿である。そこには希望というものがまったくない。

狩猟も漁労も、本来は食べるために行なわれる営為だ。そこに楽しみや生き甲斐が付属してくるのである。食べられないと知りながら獲物を追う猟師などいるはずがあるまい。

それでも、被爆線量の高い野生動物の拡散を防ぐためには、捕獲によって彼らを封じ込めなければならない。それは福島に負わされた、不毛ともいうべき負の遺産である。

講演の第三は、田口洋美氏によるマタギサミットからの二つの提案だった。その一は、現在出荷停止がつづいている狩猟鳥獣の部分的解除で、その二は、有害駆除のための狩猟登録税の免除である。

福島県内の猪の駆除は、年間で一万頭を超えているが、狩猟者の高齢化と減少によって、その抑止的駆除狩猟の持続は危機的だというのが、狩猟登録税免除の提案根拠である。

ツキノワグマの出荷停止は、青森を除く東北五県と新潟県だったが、本年（二〇一六年）三月、山形県で一部解除になった。マタギサミットの提案を受けた形だが、それまでの出荷解除の条件を思えば画期的というべきだろう。

ツキノワグマの出荷解除の条件は県内全域を対象とし、一市町村で、一ヵ月の間に三頭を捕獲し、そのいずれも基準値の一〇〇ベクレル以下でなければならない。

県内全域を対象とするのは、熊が移動する動物だからであり、その熊を各市町村が一ヵ月で三頭捕獲するのは、至難というよりも不可能というに等しい。

ならば一〇〇ベクレル以下なら安全か、という論議はこの際避ける。出荷解除への批判の声もあるからだ。

しかし、これまで持続的にツキノワグマを捕獲して食に供してきた文化を、出荷制限という形で閉ざされることを思えば、山形県での出荷解除は、条件付きとはいえ狩猟者にとって一条の希望の光である。

秋田マタギの痕跡は、山形や新潟にまで及び、会津では只見《ただみ》の黒谷《くろたに》の猟場を描いた絵図面も残されている。彼らは旅マタギとして訪れ、マタギ宿を利用して猟をしたが、そのまま現地にとどまって根を下ろした例もある。

旅マタギは出稼ぎに等しく、厳格なマタギの戒律を守りながらも、現地の猟師と組んで猟をし、狩猟技術の伝承をしたのである。その流れが奥会津に伝わって桧枝岐《ひのえまた》に至り、舘岩を経て田島にまで影響を与えたのだと思われる。

『サンカとマタギ』（日本民俗文化資料集成・第一巻　三一書房）によると、阿仁マタギが狩猟集団として機能していたのは昭和三十五（一九六〇）年ごろまでとされ、戦後の高度成長期の発展とともに衰退していくことになる。その要因は、交通網の整備、近代銃の登場、若者の山村離れに加えて、稲作技術の改良によって収量が増え、山に依存しなくてもすむようになったからだといわれている。

したがって、会津にまで足を延ばすような旅マタギは、それ以前に絶えてしまったと考えていい。

放射能被害で、中通りと浜通りの狩猟が食べられない駆除と化してしまった現在、わずかに会津地方が福島の猟場として残されたことを素直によろこびたい。それは会津の猟師のよろこびであるとともに、かすかながら秋田マタギの血脈と伝播の保存を意味するからである。

田島の解禁初日の猟は鴨撃ちで明けた。どこの猟友会でも鴨撃ちを解禁日に行なうのは獲物が欲しいからだ。手軽に獲物を見つけられるし射撃が楽しめる。それに車が主な移動手段になるから、高齢者も参加しやすい。

運よく日曜日で、撃ち手も十二人が集まった。まだ薄暗い林道に車を停め、歩いて奥の池まで進む。各自が持ち場に着き、日の出を合図に銃を構える。誰がどうやって驚かせるのか知らないが、待つうちに鴨が一斉に翔び立つ。

その瞬間、まるで爆竹のような射撃音が耳をつんざいて谷間に谺する。鴨の飛形が崩れ、一羽二羽と群れを離れ失速して落ちていく。

鴨は体重が重く、二度三度と旋回して上昇していくため、チャンスは一度だけではない。それにしても陣形を作った一斉射撃で、誰の弾が当たったか判るはずがないと思うのに、射撃の角度やタイミングで、それなりに判るもんだ、というのである。

その後、鴨の猟場を転々と移動して射撃を重ね、午後になって初猟を終える。十二人の撃ち手で十二羽というのがこの日の成果で、まずは大猟といえるだろう。

塩生さんの作業場で、解体しながら反省会を行なう。もちろん反省会などは名目で、たんなる呑み会と化すのは全国どこでも変わらない。大人数だからにぎやかで解体も早い。

捌いた鴨は鴨蕎麦にされ、網焼きになった。鶏が苦手な私も、鴨やヤマドリは食えるのである。たとえ鴨とはいえ、食べるために獲るという、狩猟の原則と醍醐味がここにある。

しかし、鴨蕎麦はついに食えなかった。大根と人参と牛蒡と葱を欠かさず、茸を入れ、味噌と隠し味の醤油で味付けした鴨汁の完成を待たずに、茹で上がった蕎麦を醤油だけで食べる「水蕎麦」で平らげてしまったからだ。

悲喜こもごもの初猟の夜は、舞台を塩生家の座敷に移されて更けていく。


翌年二月の禁猟間際の週末、田島郊外の会津山村道場に赴いた。南会津振興公社の主催によるアニマルトラッキングの案内役を、田島猟友会が行なうと聞いたからだ。

周辺の森を一周して、雪面に刻まれた狐やテンや兎の足跡を教えるだけの簡単な案内だが、山を知らない町民や子どもたちにとっては自然に触れ合うまたとない機会で、猟友会にとっても、山の獣と狩猟の存在を知ってもらうための好機であった。

午後からは、山村道場を会場にしたお見合いイベントがあり、首都圏で仕立てられた大型バスに乗って多くの男女がやってきた。

驚かされたのは、それが地元の町おこしではなく、首都圏からやってきた男女への、たんなる見合いの場と宿泊地の提供にすぎないということであった。そのお見合い前のイベントとして、近くの森で兎狩りをやり、猟友会が先導して勢子をお見合い参加の男女にやらせれば、少

池から舞い上がる鴨の群れに向けて、一斉に射撃を開始する。この射撃で仕留めたのは３羽であった

塩生さんの愛犬グー。ラブラドール・レトリバーで鴨猟には欠かせない相棒

猟の初日は鴨撃ちで明けた。12人の撃ち手で12羽の成果は、まずは大猟といっていいだろう。写真は真鴨

ストーブで鴨鍋を作る。先に蕎麦を食べてしまったため、残念ながら鴨蕎麦とはならなかった

しは話が弾むのではないか、という目論見《もくろみ》らしかった。

結果、三発鳴らしただけで兎は一羽も獲れず、男子参加者の倍はいるという女子たちの、森を駆けめぐる元気さが目立ったイベントであった。

その夜は塩生家に泊めてもらって朝を待った。懸念していた嵐が早めに去って雨があがり、清美さんの住む永田《ながた》地区の裏山で鹿撃ちをすることになる。最初は勢子に指名されたが、写真を撮るなら撃ち手のほうがいいだろうと、教えられた尾根に向かう。

急峻な尾根には、すでに五人の撃ち手が間隔を開けて並んでいた。勢子は渓を挟んだ向こうの尾根から追い上げてくるが、どの撃ち手の前に鹿が現われるかは誰にもわからない。ともあれ、撃ち手の邪魔にならない中間地点に腰を据えて時を待つ。

やがて勢子の声が近づいて、臨戦態勢に入る。銃声が五発、立て続けに響く。どうやら私の上で張っていた二人の射程に入ったらしかった。

銃声がやむのを待って渓を覗くと、二頭の鹿が、雪面を血に染めて斃れていた。やがて勢子の湯田守さんがやってきて、自前の鹿角のナイフで手早く解体をはじめる。どちらも雌で、一頭のお腹には仔が入っていた。

鹿の生態に詳しい知人に聞くと、鹿は日光や足尾に軸足を置いて、餌を求めてやってくるというのだが、まさか毎日往復しているわけでもあるまい。腹に仔を抱えながら移動し、本拠地を外れた地で産むこともあるはずだ。ならばその地がその仔の故郷になる。そうやって鹿たちは、少しずつ生息圏を広げていくのではないか。

桧沢川に行く手を阻まれた永田の山に、なぜ鹿が多く棲んでいるかは判らない。背後にそびえているのは七ケ岳《ななつがたけ》で、西に向かえば、春に歩いた駒止の山だ。その南には、国道があるとはいえ栃木との県境が連なっている。鹿たちはいったい、どのルートを歩いてやってくるのだろうか。

仔と内臓を出した鹿にロープを付け、沢沿いに林道まで引き下ろす。そこから鹿はスノーモービルに括られて集落まで運ばれる。

乗っていくかと誘われて、素直にスノーモービルに跨《また》るが、それからがすごかった。右に左に振り落とされそうになりながら、おそらく私よりも十歳は年上と思しき爺さまが、猛スピードで狭い林道を走るのである。後ろには二頭の鹿がもみくちゃになって生けるがごとく跳ね上がり、必死でしがみつく私は生きた心地がしなかった。

やがて、二頭の鹿にスプレーで日付が書かれ、写真を撮られた。これで一頭につき、県から八〇〇〇円、町から五〇〇〇円の報奨金が出る。

二頭の鹿は、すぐそばの清美さんの田んぼに運ばれて、本格的に解体されはじめた。その手際のいいナイフ捌きを眺めながら、私はいまだに痺れの収まらない手をさすり、背後のスノーモービルをふり返った。私を振り落とそうとしたあの爺さまは、私の上手で鹿を仕留めた湯田美光《よしみつ》さん七十六歳であった。あれだけ元気で頑丈な爺さまたちが、まだまだ若いもんには負け

首都圏からやってきたお見合いツアーと、山を案内した田島猟友会の合同記念写真

出発前に、ワカンの履き方を教わる参加者たち

小沢を渉るのに苦労し、猟友会員にサポートされる

勢子に追われて沢に逃げてきた鹿を仕留める。この鹿は仔持ちの牝だった。近年、鹿は、少しずつ生息域を北に広げている

スノーモービルで運ばれた2頭の鹿。すでに現地で内臓は抜いてある

ないと頑張っているのなら、田島猟友会の前途は、なお安泰のまま、輝きを失わないであろう。

きょうの撃ち手のなかには、さいたま市から参加した二人と、いわき市からやってきた二人がいる。さらに勢子として参加したのは、猟友会のほかに、春に一緒に歩いた柳田さんと、東京の料理屋で調理人をしている石井さん、「尾瀬鹿プロジェクト」の小山抄子《こやましょうこ》さんがいた。彼女は、駆除された鹿皮を使った製品作りを仕事にしており、そのための皮を求めてやってきたのである。

田島猟友会の猟に外部からの参加者が絶えないのは、広く門戸を開いているからだ。地元のイベントを手伝うのもその一環だろう。若手筆頭の塩生さんをはじめとして、田島猟友会の陣容は厚い。周囲には、狩猟免許を取って猟に参加しようとする青年も数名いる。

混迷を深めつつある福島県の狩猟界にあって、会津猟師の希望の一翼を、彼ら田島猟友会が担っているように思えてならなかった。

女猟師、後藤陽子

雨あがりの空を雲がゆっくりと流れ、その切れ間から零《こぼ》れる光の帯が山の斜面をよぎっていく。ときおり吹く風が落葉松の葉を散らし、風の行方を追うようにして、針のような金色の落ち葉が静かに頭上に降り落ちた。

その落ち葉を浴びながら、一本の大樹の根方に腰を下ろした後藤陽子は、下方に広がる斜面を見据えたまま身じろぎもしなかった。

右手の奥からなだらかに落ちる斜面の下には枯れかけた流れがあり、流れの周囲の木立《こだち》には獲物が潜んでいるはずだった。肉眼では何も捉えられない山の風景に、雲と風と光だけが変化を与え、時の流れを教えていた。

やがて静寂を破って、耳もとのトランシーバーから青木さんの囁《ささや》く声が飛び込んでくる。「いるぞ、動いてる。いいか後藤さん、鹿でも猪でも熊でもいいから、見えたら迷わずに撃て！」

「はい！」と答えてから、抱き寄せた銃を射撃姿勢に構えて肩付けし、いまにも木立から姿をあらわしかねない幻の獲物に向けてシミュレーションを繰り返す。

微動だにしない身体の熱を、晩秋の大気が容赦なく奪っていくが、彼女の手のひらはしっとりと汗ばんでいた。

愛用の銃は、友人から譲り受けたレミントンのM870というスライド式散弾銃だ。いわゆるレピーターと呼ばれる十二口径の銃だが、これを愛銃と呼んでいいかは自分でもわからない。手に入れたのは半年前で、まだいちども獲物に向けて引き金を絞ったことはない。というよりも、これまでなんどか勢子として猟に加わっているが、この春狩猟免許を取得した彼女にとって、これが銃を手にして初めての狩猟の現場だったからだ。

勢子として、汗にまみれて動きまわるより、獲物を待つ「タツ」に彼女を置いて、そこに獲物を追い上げて撃ちとらせようというのが青木さんの思惑《おもわく》であった。

沢沿いから尾根に向かって標高を上げた林道は、やがて深く抉《えぐ》れて車体を軋《きし》ませた。先行する青木さんのパジェロは、なんのためらいもなくハンドルを切りこんでいくが、後続

指示された立木の根方に腰を下ろして獲物を待つ。
陽ざしはあるが、風は冷たい

する敦賀《つるが》さんは「まだ新車なのに」としきりにぼやく。

いくらオフロード車に乗り換えたとはいえ、三菱デリカ、D・5のオフロードデビューがここまでの悪路では、さすがの彼も悲鳴を上げたくなるだろう。

山稜に駆け上がった林道の周囲には、バブル期の残骸と思しき別荘地の廃屋が連なっていた。そこは南アルプス前衛の入笠山《にゅうがさやま》の山頂に近い風光明媚な地で、眼下には茅野の市街が広がっている。

荒れた轍《わだち》をそのままに、林道は再び下降に転じ、やがて車は一軒の廃屋の前で止まった。そこで作戦を立てて、猟場に向かおうというのだ。

銃を持っているのは、青木さんと猟仲間の小池さんと後藤さんの三人で、そこに勢子として、青木さんの息子の巧《たくみ》くんと、後藤さんの友人の敦賀さんが加わる。小池さんと敦賀さんが下流から獣を巻き上げ、上流から青木さんと巧くんが待ち伏せするように渓を下ることにする。

小池さんたちが林道の下方に姿を消し、青木さんとともに丈の低い草地を横切っていく。渓を一望する斜面の大樹に後藤さんを配置した青木さんは、息子を連れて渓の上方に向かい、私は彼女の後方に腰を降ろしてカメラを構えた。

時が容赦なく流れ、やがて緊張を解いた青木さんの声が、耳元で撤収を告げた。もしかしたら、初めての銃猟で獲物を仕留めるシーンが撮れるのではないかと期待したが、やはりそれほど甘くはなかった。

猟場を見下ろして作戦を練る。長年の経験で漁師たちの頭には、
獲物の動きが手に取るようにわかっている

「見たら撃て！」と言われて銃を構える。緊張が走る

ほっとした表情で立ち上がった彼女と林道に向かいながら、初めて銃を手にして猟場に立った感想を訊いた。

「人を撃たなくてよかった……」

それが彼女の第一声であった。

鹿を撃つつもりでやってきた猟場だが、猪でも熊でもいいから撃てと言われて緊張が一気に高まった。鹿と猪と熊は、それぞれ走る姿勢も速さも方向も違う。獣たちの生態を熟知し、突然現われるであろう獲物の違いに合わせて引き金を引くのは、ビギナーにとっては至難の業だ。銃の照門と照星の向こうに浮かび上がるはずの獲物に集中するほど視野は狭まる。その集中した視野の外側から人間が飛びこんでこないとはかぎらないのが狩猟の怖さだ。山仕事の地元民やほかのハンターへの誤射は、狩猟では致命的な事態を招く。

獲物に集中していながら、視野の周辺にも慎重な配慮を欠かさないのは、経験を重ねた猟師ならではの業《わざ》で、ビギナーは獲物を獲るよりも誤射をしないことを最優先にして、少しずつ経験を積み重ねるしか方法はない。

獲物を斃せなかった悔しさを微塵も見せず、最も大切な、人を撃たずに済んだという感想をもらす彼女に、私はこのうえない好感と、猟師としての優れた資質を見た思いがした。

日本人が、おおっぴらに獣肉を口にするようになるのは、明治期以後のことだ。それ以前にも獣肉は売られていたが、多くは薬用と称して食べられていたにすぎない。その獣肉を提供したのが、いまでも両国に店舗を構える「ももんじや」（語源は百獣の訓読み）をはじめとする獣肉屋であった。

明治の新政府に奨励されて、怖るおそる獣肉を口にした日本人が、いまでは世界でも有数の肉食大国の一員になった。動物性たんぱく質としての肉の摂取量が魚類を上まわったのは、かなり以前のことだ。いまや老若男女がこぞって焼き鳥や焼肉やステーキを食べ、肉が大好き！　と公言してはばからない。気になるのは、それらの肉の多くがパック詰めにされて、スーパーの店頭で売られていることに、人々がなんの疑念も抱かないことだ。食肉の原型の動物が、どのように屠畜されて流通に乗せられているかを正確に知っているのは一握りの人間にすぎない。

当たり前だが、それらの家畜にも等分の命と喜怒哀楽がある。人間の命が、他のあらゆる命によって支えられているのはいうまでもないが、食肉になる前の家畜の姿と、食肉として捌かれる過程を知っておくのは、その肉を体内に摂《と》りこんで命をつなぐ私たちの責務なのではあるまいか。

すべての人間とまではいわない。だが、少なくとも子どもたちには屠畜《とちく》の現場を見せる機会を与えてはどうか。現場が無理なら映像でもいい。それが、子どもたちの健全な肉体と精神の発達を担保するに違いない。

家畜の解体に目を背《そむ》けても、魚の解体には寛容なのが日本人だ。活けづくりを好んで食べ、マグロの解体ショーに歓声を上げる光景を思い浮かべてみるがいい。魚の全体像を知らずに切り身を食べている子どもたちに比べ、自分の手で釣った魚をみずから捌いて食べる子どもたちに、より健全な精神が宿るだろう。肉もまったく同じことだ。

仮に屠畜のシーンにショックを受ける子どもがいたとしても、それは仕方がない。残酷なシーンを見なかったとしても、残酷なシーンがなかったことにはならない。そのシーンを目にしてなお、肉を食べるか食べないかの判断は、子どもたち自身が行なわねばならない。その判断は、何も知らずに肉を食べつづけるよりも、よほど重要な選択である。目を背けてはいけない。命をつなぐのは命でしかないのだから。

屠畜の現場が私たちから遠ざけられたのは、快適な都市環境に屠畜という行為がそぐわないとされたからだ。そこには、まさか悪意はあるまいが、作為はあるはずだ。

懸念されている鳥インフルエンザや、牛肉のBSEを予防するための設備が整えられた屠畜場は、さながら清潔で近代的な食肉工場ともいうべき存在だが、しかし、どうしても生きものを殺すという不浄な印象は否めない。背景にあるのは、仏教の伝来と、そこから派生した食肉忌避の感情や、殺生と食肉を禁じた長い歴史だ。

明治以前の日本には、農耕のための牛馬はいても、食肉に供する家畜は存在しなかった。食べてよいのは、猟で得た獲物だけとされた。その嫌悪感を巧みに利用したのが幕府の非人政策で、屠畜に従事する人々を差別の対象にした。現代に生きる私たちは、屠畜場を郊外に追いやって安心するだけでなく、実態を露わにしない屠畜の背後に横たわる、過去の差別の歴史を記憶に留めなければならない。

思えば戦後間もない時代に生まれ、田舎で育った私たちの家では山羊《やぎ》や兎や鶏が飼われ、ハレの日には、これを潰して食膳に載せた。それがいま、少なくとも家畜の処理には、屠畜場法などの法律によってさまざまな制約が課せられ、みずからの手で解体するのは、すでに不可能に近い。

上下水道が完備し、庭の焚き火でさえ禁止されてしまった現代の、快適だが脆弱な都市生活において、私たちはどのように生きたらよいのか。こと食肉に関するかぎり、与えられたパックの肉を、なんの疑念もいだかずに食べているだけでいいとは思えない。

野生の獣と家畜の命の重さをどう比べればいいのか。あるいは有害駆除のあり方の是非にいたるまで、議論の余地はさまざまに残されているが、野生の獣とまともに向き合って命を奪い、解体の末に、その肉を食べるという厳粛な行為は、わずかに狩猟によってのみ営まれているにすぎない。

後藤陽子さんと初めて会ったのは、彼女のオフィスに近い恵比寿の呑み屋であった。近代的な都市空間の一角は、文明からかけ離れた狩猟という行為を語るのにふさわしい場所ではなかったが、不思議に違和感はなかった。それは都会のオフィスで働きながら、週末ごとに山中に出向くという両極の生活を、彼女が見事に具現しているように思えたからかもしれない。目力のある妙齢の女性だった。背は高いが、決して頑健には見えない。しかし、山を歩くのは得意だという。それもそのはずで、大学ではワンダーフォーゲル部に籍を置き、卒業後はツアー登山の会社に務め、添乗員として各地の山に登ってきた。

二年勤めたツアー会社が、遭難を多発して解散に追いこまれた後、彼女はスマホのゲームアプリのデザイン会社に転職して現在に至っている。その異色とも思える転職の背後には、美術大学で油絵を学んだ経歴が幸いしているのだろう。

宮城県で生まれ育った彼女は、上京して武蔵野美術大学の油絵科に進学する。卒業して、そのまま東京に留まったのは、二人姉妹の妹が故郷の家を継いでくれたからだ。おかげで、都会の自由な生活を満喫することになるのだが、それは決して都会のきらびやかな暮らしを意味しない。

幼いころから動物が大好きだった。その動物好きが、彼女を食肉と命の関係に向き合わせることになる。命を食べて生きるという人間の生存の核心を、幼いころから正確に捉えていたといってもいい。

都会生活のかたわら、屠畜場の見学をしたのが契機となって、屠畜における差別の歴史を学び、狩猟への興味も湧いた。栗駒《くりこま》山麓で狩猟をしていた伯父の影響で、幼いころから狩猟が日常の添景としてあり、鹿肉の入った雑煮から散弾が出てきたこともある。

しかし、彼女が最初に向かったのは、いつ出会えるかもわからない山野の動物ではなく渓谷であった。魚も獣と同じく狩りの対象だからだ。職漁師に憧れ、シンプルなテンカラ釣りに魅せられてショップに通ったりもした。たったひとりで多摩川に出かけて魚を釣ろうとしたが、むろん手ほどきがなければ初心者に釣れるはずもない。並行して山にも登ったが、登山道のある山には興味を覚えず、クライミングのクラブに入って岩壁を登った。そのクラブの二〇一三年の忘年会にゲストとして招かれた鈴木一夫《かずお》さんとの出会いが、彼女に大きな転機を与えた。

鈴木さんは源流釣りが趣味で、各地の源流に精通しているが、特筆すべきは源流釣りの一線で活躍する多くの釣り人と親交があったことだ。彼女は鈴木さんのネットワークを通じて源流に赴き、親交の輪を広げながら貪欲に知識を吸収し、経験を積んでいった。

そのネットワークの一角に、狩猟経験の長い折井《おりい》高彦《たかひこ》さんがいたのが、彼女のさらなる幸運である。

折井さんは若いころから長野で狩猟をつづけてきたが、女だてらに狩猟をしたいという彼女の願いを即座に受け入れたわけではない。若い女性が、いかに趣味とはいえ猟銃を手にして山野に分け入ることに抵抗を覚えたのだ。しかし、そもそも釣りに親しむ以前から、狩猟は彼女の念願であった。この機会を逃してはならないのである。半ば根負けした形で、折井さんは彼女を伴って長野に向かい、旧知である信州茅野《ちの》の青木和夫さんたちとの猟に同行させる。青木さんは、猟期になると毎日のように出猟する熟練の猟師で、地元の茅野でカントリーレストラン「巧亭《たくみてい》」を経営する。

彼女は青木さんのチームで、二〇一四年の猪猟と、翌年の鹿猟に加わった。もちろん勢子としてだが、かたわら鹿や猪の解体ワークショップに参加して、肉の捌き方を学んでいる。

二〇一六年には狩猟免許を取得して折井さんから猟銃を譲り受け、射撃場に通うようになる。後藤さんにとって、鈴木さんと出会ってからの歳月は、まさに目から鱗の落ちるような新鮮な日々であった。春から秋までは、毎週のように源流に通って岩魚を釣り、晩秋から早春までは山の獣を追って明け暮れるという暮らしが始まった。生活の基盤がある東京からは離れられないにしても、一年をとおしたプライベートの時間は、すべて埋まったことになる。

それにしても、出会った人々のすべてが彼女を受け入れて見放さないのは、彼女の一途でぶれない姿勢にあるように思う。よくいえば女っぽくないのだ。弱音を吐かず、目標に向かって努力を惜しまず、いたずらに媚びず、助言を素直に受け入れて、淡々と与えられた仕事をこなす。そこにはすでに男女の垣根は存在しない。

そんな彼女を、百戦錬磨の猟師の爺イどもが可愛がらないはずがない。まさか孫娘とは思うまいが、手のかからない娘のようでさえある。

女性は、生命を生み出す掛けがえのない性だ。生命をもたらす生殖という行為に、男たちはわずかに加担しているにすぎない。男よりもはるかに生命の重さを知っている女性たちが、狩

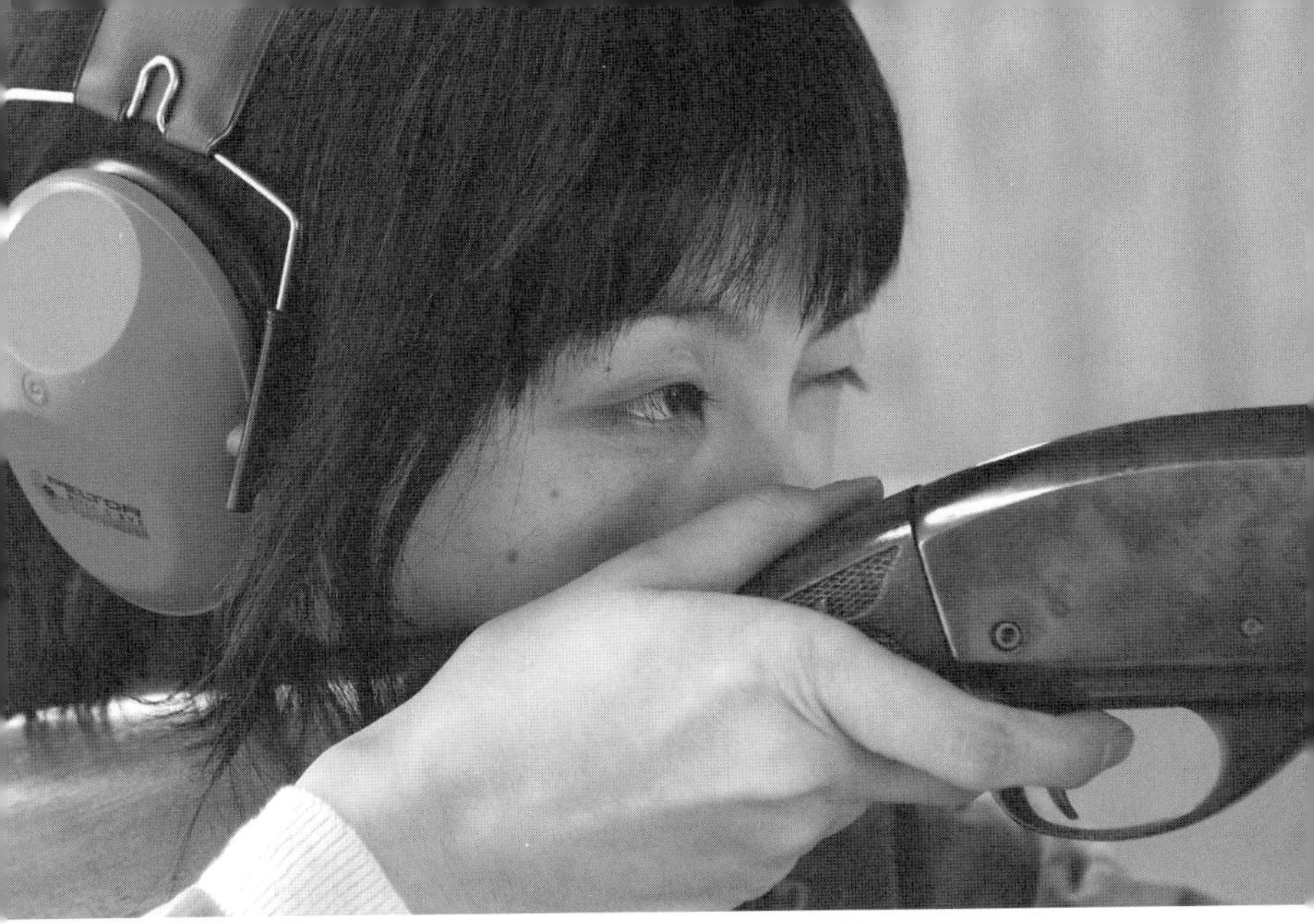

ニッコー栃木綜合射撃場にて。耳あてを付け、的に向かって引き金を絞る。イメージするのは、鹿か熊か、猪か

猟の現場に立って野生の生命と向き合うことに是非はない。撃たれる獣にしてみれば、撃ち手の性差に意味はなく、撃つことの意味は、ひたすら撃ち手の精神の所在によって規定されるだろう。

俊敏と頑健という体力のハンディキャップは、圧倒的な火力を持つ猟銃の習熟が凌《りょう》駕《が》してくれるはずだ。撃って殺して食べるという、生命の連鎖の意味は、実は女性こ

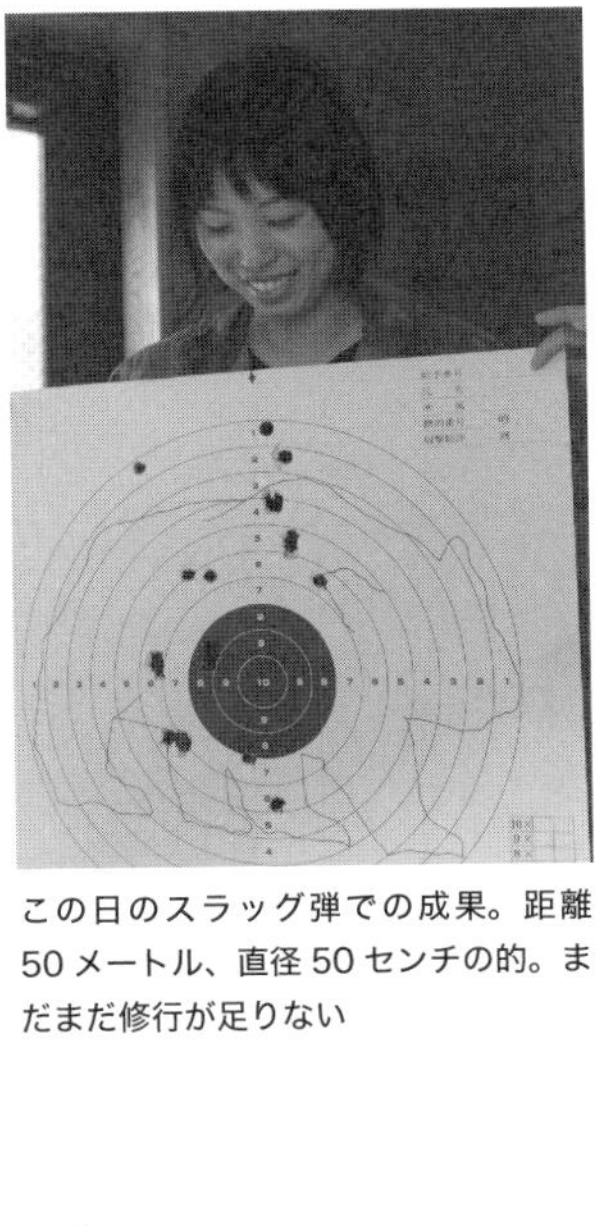

この日のスラッグ弾での成果。距離 50 メートル、直径 50 センチの的。まだまだ修行が足りない

そ体感してしかるべきではあるまいか。

各地にわずかに存在するしなやかな女性猟師たちが、高齢化で逼塞《ひっそく》しがちな狩猟の現場から、生命の尊厳を語る日はくるのだろうか。その遠大な世界の入口に、いまようやく彼女は、確かな一歩を踏み出したのだった。


初猟で獲物が獲れない年はなかったという地元猟師の証言をあざ笑うように、山は沈黙したまま一日を終えた。いまだ猟期に入ったことを知らない獣たちの油断をねらうのだから、初日に獲れる確率は高いのだが、数年前の大雪によって、鹿も猪も数が減っているらしい。

この日も鹿を何頭か目にしたが、木立に邪魔されて撃てなかったというのだから、いるのは間違いない。意気消沈して、一足先に林道で待っていた私たちの後ろから、一羽のヤマドリをぶら下げた青木さんがやってきた。帰路の林道わきで撃ったというのだが、さすがに手ぶらでは帰らない。

その夜は、ねぐらのない私たちに、青木さんが店の座敷を提供してくれた。平成元年にジビエ料理の店を立ち上げた青木さんは、日本のジビエの草分け的存在で、敷地の一角には、許可を受けた解体処理施設もある。

ウエスタン調の雰囲気の店の座敷で、ジビエ料理を差し入れてくれた青木さんから、開店当時の苦労話を伺って時間を忘れる。ジビエ料理はお手の物とはいえ、燻製やカルパッチョに姿

「巧亭」の座敷で、心づくしのジビエ料理をいただきながら、青木さんの話を聞く

を変えた料理の数々には、正確で深い味わいがあった。

　翌日は、長野県北方の小布施町《おぶせまち》に遠征した。青木さんの猟仲間の宮川さんの猟場に向かったのである。背後の山は新雪で白く、小布施に近い高山村の山麓は陽が陰って寒かった。

「巧亭」の外観。開店は平成元年だ

　林道脇の木立で待機して斜面を見上げるが、獲物の降りてくる気配はまったくない。

　青木さんたち主流組は、尾根を越えた向こうの日向《ひなた》の斜面で獲物を追い、後藤さんと取材組の二人は、逃した場合に備えてこれを待ち受けるという立ち位置である。

もしかしたら、あまりの初日の貧果に本気を出した彼らが、足手まといの私たちを、遠くの現場に置き去ったのではないかと思いたくなるほど、厳しい寒さのなかでの待機であった。

汗だくになって獲物を追う勢子もつらいが、寒風のなかで、ただひたすら待つだけのタツもつらい。そのために、どちらも嫌で単独猟に鞍替えした会津の間方の菅家藤一さんを思い出す。獲れても獲れなくても、すべての結果を自分が引き受ければいいからである。

それでも午後遅く、場所を変えた近くの山で、宮川さんの仲間の今井さんが仔熊を撃ち取った。午後から彼らに同行した彼女は、その現場を見ていなかったという。

今井さんが、散弾銃からライフル銃に替えて初めて撃ったという熊は、目測で二十キロ前後の二歳仔だった。彼が追っていたのは三頭の母仔熊で、母熊を撃ったつもりだったのに、斃したのが仔熊だと知って、慌てて仔熊を引いて現場を離れた。母熊の逆襲を恐れたのである。

その場に後藤さんがいなかったと聞いて胸を撫でおろす。仔を失った母熊は、怒りのあまり身の危険を省みず、だれかれ構わず報復に転じるからだ。現場近くに彼女がいれば、間違いなく母熊に襲われる危険があった。

仔熊を解体したのは、宮川さん宅の解体場である。皮を剥《む》き、内臓を抜いたあとの解体は、本職の青木さんが見事な手捌きを見せた。

宮川さん宅の解体場で仔熊を解体する。青木さんの指示で後藤さんは内臓の処理を託された

取材後の成果。未だ猪や熊は獲れていないが、
雉や鴨を何羽か仕留めた

やがて青木さんが、内臓の処理を後藤さんに託した。猪や鹿の経験はあるが、熊は初めてだという彼女は、これでまたひとつ大きな経験を積んだことになる。

後日、分け前として持ち帰った熊肉を、どうやって食べたかと訊く私に、自宅に据えた自慢の冷凍庫にも入れず、さっそく焼き肉にして食べたと、彼女はうれしそうに語った。以前手に入れた熊肉を、いまだ冷凍庫で眠らせている私からみれば、熊肉の食べごろと美味しい食べ方を見逃さない彼女の肉への対し方は、まことに見事と言わねばならない。

一ヵ月後のクリスマスの日、彼女は所属することになった、地元武蔵小金井の猟友会の親分とともに再度長野に赴いたが、またもや猟果はゼロに終わったと連絡があった。

あれから五年の歳月が経ち、いまだ鹿も猪も獲れていないが、雉や鴨を何羽か仕留めたと聞く。そしてこの春（二〇二一年）、御主人とともに北陸富山の山里に移住するらしい。雪深い富山の山里では、どのような狩猟生活が彼女たちを待ち受けているのだろうか。

猟師への道1

67歳の第一種銃猟免許取得

冒険だったが新鮮な日々であった。六十七歳にして、第一種銃猟免許と銃の所持許可を取ったのだ。

狩猟免許を持つ者が激減した大きな理由は、足腰の弱った六十歳以上の高齢者が、更新時に免許と所持許可を返上するからだといわれる。ならばなぜ時勢に逆らうようにして、いまさら免許をとったのかを問われると、答えに窮する。深く考えたわけではないからだ。強《し》いていうなら、各地の猟師を追って取材を重ねてきた歳月が、あちらの世界に立ってみたくはないかと囁いたのだ。

車の運転免許なら、取得さえすれば許せる範囲で、どんな車でも運転できるが、猟銃は一銃一許可制といって、まったく同じ形式の銃であっても、登録した銃以外は触ることも撃つことも許されていない。つまり猟師体験がしたければ、免許を取るしか方法がない。

これまで多くの猟の現場に同行させてもらい、酒の席にも呼ばれたが、そこは猟という、ひとつの世界を共有する者たちの集まりだった。ときには生死を支え合う狩猟仲間のなかで、私はいつも門外漢であった。

狩猟の世界を深く知って、狩猟サイドからの表現を果たすには、自分も猟師になるほかはなかった。

深い思いがなかったと述べたのは、べつに自分が食べる肉を自分で調達したいと強く願ったからでもなく、増えつづける獣害を憂《うれ》えたわけでもない。そのつもりがあれば、とうの昔に狩猟免許を取って、ライフルでもなんでも撃ちまくっていたはずだ。

だから私は、まずは狩猟免許を取ろうと思った。免許を取得する過程で求められる法令や知識や技術を学び、実際に試験に臨むことで、猟師の卵たちと同じ体験と苦労を味わってみたかった。免許を取った後のことまでは考えていなかったのである。

しかし、話は思わぬ方向へ転じていく。

後述するが、試験はすべて一発で通った。二十五発中、二発当たれば合格とされる射撃教習も、十六発命中させせた。だが、射撃教習自体が、近い将来に銃を所持する前提のものであり、教習終了証明書の交付後一年以内に銃を所持しなければ資格は失効すると知って、いささか慌てた。原稿を書くだけのネタは充分得たのだが、それまで費やした時間と金もさることながら、そこで狩猟の道が閉ざされることへの思いがけない戸惑いだった。

銃の所持を管轄する公安委員会にしてみれば、銃の管理は徹底的に行ないたい。運転免許のようにペーパードライバーは認められない。

所持していても使われない銃を「眠り銃」と呼び、これを公安委員会は最も嫌って失効の理由にする。銃を持つからには、所持の理由にふさわしい銃の運用と管理をしなさいというのである。

いまさら慌ててもはじまらない。毒を食らわば皿までだった。ならばせめて更新までの三年間を、狩猟の世界に身を置いてすごそうと思い定めた。

いま乗っている車は小型の乗用車だ。その前はスバル・ランカスターだった。どんな悪路を走らせても無敵といわれたランカスターを手放したのは、燃費の悪さに加えて、長年の酷使で故障がつづいたからである。

小型車にしたのは、そろそろ燃費のいい、小さな車に乗り換える年代に差しかかったと思えたためで、それでも4WDにこだわったのは、冬山をやめるつもりがなかったからだ。しかし届いた車のどこにも4WDの文字がなかった。おかしいと思って調べたのは納車の後で、聞けばスリップを感知して初めて4WDが作動する車なのだという。しまったと思ったがもう遅い。燃費を優先するあまり、機能を極力抑えた4WDを、なんちゃって4WDというらしい。しからば、そんな車に乗って猟に向かう私は、さしずめ「なんちゃって猟師」であろう。足腰が弱って機能の衰えた、なんちゃって・へっぽこ猟師の誕生であった。

私の行為は、真っ当な目的で狩猟免許を得ようとする人たちから見れば不純であろう。しかし、ご容赦いただきたい。もしかしたら三年の間に大化けして、なんちゃっての冠が外れるかもしれないのだから。

二〇一六年四月末のよく晴れた平日。さわやかな風が新緑の葉裏をひるがえす、埼玉県大宮《おおみや》市の見沼グリーンセンターにいた。初心者講習を受けるためである。受講申し込みはいたって簡単で、住所地の警察の生活安全課に、写真と申請料（六八〇〇円）を申請書に添えて申込めばいい。人口の多い東京都なら毎月のように開催されるが、埼玉県は年二回と少ない。

この日の受講者は五十八名。うち女性が五名であった。講習内容は、猟銃および空気銃の所持に関する法令が三時間。猟銃および空気銃の使用、保管等取扱いが二時間。最後の一時間で試験が行なわれ、合格すれば、その日のうちに終了証明書が交付される。

試験は五〇問で正誤式。四十五問以上の正答で合格するが、私は三問間違った。有効期限の間違いが一問。残る二問は引き金に関する問題で、いかなる場合も用心金（引き金を覆っている楕円形の金属）に指を入れないに〇をし、逆鉤（引き金の構成部分）の用途を間違えた。引き金の作動は点検に欠かせないのだから×である。

おおむね、このような引っ掛け問題が多く、事前に学習して落ち着いて臨めば合格する。今回の合格者は八割に近く、自分の点数を知りたければ試験後に教えてくれる。

この日の合格に気を許して、私はすっかり以後の日程を失念していた。思い出したのは、そろそろ狩猟免許を取っておかないと、今年の試験が終わってしまうかもしれないと気づいたからだ。これが大きな間違いだった。

初心者講習は、銃所持の第一歩で、講習を終えたら、次は射撃教習を受けなければならない。銃の所持は公安委員会（警察庁）の管轄だが、狩猟免許は環境省だ。

つまり、第一種銃猟免許を受けようとする者の多くは、すでに射撃教習を終えているか所持許可を得ているのである。それは、すでに銃の取り扱いを経験していることを意味していて、狩猟免許試験そのものが射撃教習修了者か所持許可者を前提にしている。

それに比べて私は、順番を誤ったために、えらい苦労をさせられた。

埼玉県の狩猟免許試験は年四回（四回目は罠猟のみ）。それぞれの一週間前には、セットで県猟友会による準備講習が行なわれる。これは車の免許のように、自動車教習所に通わなければ、一発で試験を受けようとしても通らないのと同じ仕組らしいので、素直にこれを受講する。

私の場合は、七月十三日と十四日の二日間。一日目は、鳥獣に関する知識や判別方法と保護管理。狩猟の適正化に関する法令。二日目は、銃の知識と獲物との距離の目測。午後になって銃器の取り扱いがあり、質疑応答で受講を終えるが、私にとっては銃器の取り扱いが核心であった。

銃器の取り扱いは、点検にはじまって分解と結合操作。模造銃に模造弾を装填し、射撃姿勢をとった後、脱砲。団体行動での銃の保持と受けわたし。休憩時の銃の操作とつづくが、問題は銃の結合だった。

すべての銃は銃身部と機関部に分けられ、分解はいいとしても結合が難しい。まして所持許可を持っていない私は、銃に触れるのが初めてなのだ。

上下二連銃と水平二連銃のどちらを選んでもいいといわれるが、そういう問題ではない。触っていいのは講習の間の四、五回で、そのほかは一切触れられないため習熟の時間が持てない。ただたどしい私の操作を見かねた指導員が、神の声を告げた。

「結合ができないまま時間が経つと落第になります。無理だと思ったら大声で、銃器故障！

と申告してもらえば、こちらで結合します」

いわば禁じ手のようなものだが、私にとっては神の声だった。減点方式の落第は三〇点までだが、銃器故障による結合不能なら一〇点の減点、いや、もしかしたら減点されずにすむかもしれない。

徹底的に教えられたのは、次の四点。操作前後の点検、脱砲確認、引き金に指を触れない。銃口を人に向けない、である。

他県は知らず、埼玉県の準備講習の参加費は格安の千円だ。狩猟者不足に悩む猟友会の現状を知った思いであった。

翌週、同じ場所で狩猟免許試験が行なわれた。必要なのは、免許申請書と写真と診断書に加えて受験費用が五千二百円。多くの場合は猟友会経由で申し込むが、私は個人で、管轄する埼玉県環境管理事務所に出向いた。

受験会場で思わず目を疑ったのは、準備講習の講師の全員が、そろって試験官として並んでいたからである。「教えたとおりにすれば合格できます」という意味は、これであった。

学科はおそらく満点だったはずである。適性試験は、運動と聴力と視力で、問題なく合格。昼休みには各種の猟具が展示されるが、銃器の接触は不可で、結合の不安は解消されず。

午後の試験は、難関の銃器の取り扱いからはじまる。すでにおわかりだと思うが、結合に手間取った私は、大声で「銃器故障！」と叫んだ。

その後、空気銃の操作、狩猟鳥獣の判別、獲物との距離の目測とつづく。採点は減点式で、七〇点以上が合格。銃器故障で、おそらく一〇点を失った私は、自己採点に集中する。用心金に指を入れるたびに五点減点。空気銃でもひやりとしたが、学科の満点への自信と、鳥獣の判別で、撃てないコウライ雉を撃てるといってしまった間違いがひとつだけだとすれば、合否すれすれの合格と読んだ。

試験後に、合格者が貼り出され、そのなかに私の番号があった。点数はわからないが、満点でもすれすれでも合格に変わりはない。

ともあれ、いまだ銃をもたない銃猟免許の合格者が、ここに誕生したのである。

ここまでは、試験の連続で通過したが、面倒なのはここからだった。射撃教習資格認定の申請に関しては、さまざまな書類を用意しなければならなかった。

かかりつけ医の診断書、同族親族書、身分証明書（破産していないことを証明する戸籍証明）、職業を示す経歴書、住民票などの煩雑な書類はいいとしても、問題は、申請後に行なわれるであろう身元調査であった。

無頼《ぶらい》な家庭生活をすごしてきた私は、調査がそこに及び、問題になった時点で申請を取り下げるつもりでいた。しかし、資格認定はあっけなく降りた。

身元調査の実際は知らないが、ご近所で話を聞いたことだけは教えてもらった。

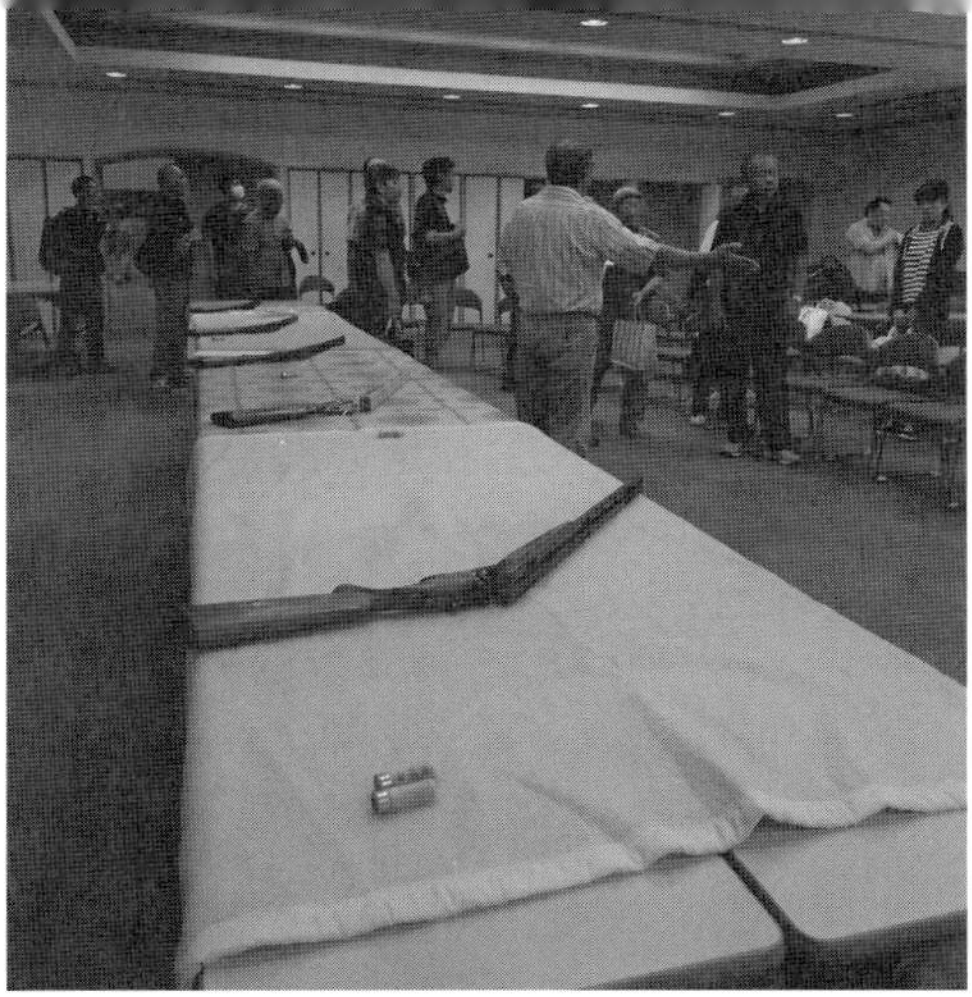

狩猟免許とセットになって行なわれる講習会の風景。テーブルには模造銃が置かれ、手前には模造弾がある

各組に分かれて射撃姿勢の練習をする。目標の壁には鳥の絵が貼られている

空気銃の操作。空気銃の所持許可は、運転免許をとれば、原付免許が付属するのに似ている

もしかしたらネットの効果があったかもしれない。ネットで検索すれば、私のような売れない物書きでも著作や経歴が即座にヒットする。あるいは、著名な会社の友人と、群馬の猟師で射撃指導員の高柳盛芳を身元確認者として指名したのが幸いしたのかもしれない。

だが油断はしなかった。資格認定から三ヵ月以内に受講が定められている射撃教習に通れば、所持許可申請の段階で、さらに厳しい調査が行なわれるとも聞いた。だから覚悟はしていた。ここまでくれば充分だった。なにせ私は、なんちゃって猟師の志願者にすぎない。

射撃教習は、吉見の百穴《ひゃっけつ》射撃場で九月中旬に受けた。教習所の上下二連銃を手にして、ワンラウンド二十五発を三ラウンド。二十五発で最高十六発の的中は、おそらく人並か、それ以下であろう。左右から不規則にクレーが飛び出すトラップとは違って、当たってくれなければ困るというストレートのクレー射撃なのだから、合格しないほうがおかしい。

所持許可申請をしてから許可がおりるまで、ひと月半ほどかかった。

銃は春日部の清水銃砲火薬店から買った。自動銃のベレッタ・ウリカの二〇番径である。

すでに狩猟申請の時期を過ぎていたが、清水さんに頼んで福島県の申請をしてもらった。ついでに大日本猟友会と、地元の春日部《かすかべ》猟友会と清水銃砲店のチームにも入った。

大日本猟友会の大の字が、大日本帝国を連想させて、思わず引いてしまうが、ここに入らないと保険にも加入できないうえ、何事にも支障が起きる。せめて頭の大の字を取ってくれないかとも思うのだが、昭和四年の設立という、軍部が力を持ちはじめた時代背景を考えれば、それもまた、やむを得ないのかもしれない。

狩猟登録を福島県にしたのは、知り合いの猟師が多いからだ。山形にも小国マタギがいるが、統制のとれた硬派の狩猟チームに混ぜてもらうのは、さすがに敷居が高かった。

会津田島の猟に参加したとき、狩猟免許への思いは湧いたのだ。しかし、カメラ機材に加えて三キロもの銃を背負い、山を歩けるとは、とても思えなかった。

けれど、賽《さい》は投げられた。たどたどしくも軟弱な私の狩猟生活は、はたしてどのような過程を歩むのだろうか。


狩猟シーズンの三ヵ月で、猟に出かけたのはわずかに二度。日数にして六日間である。付け加えれば、当然のように獲物はゼロだった。

忙しかったわけではない。毎週末のように山に入っても飽き足らなかった若いころとは違い、六十七歳の稼働率など知れたものだ。まして山が遠い。背後の山が猟場なら毎日のように歩けるのだろうが、深夜車を飛ばして頻繁に通うのは、もはや無理だ。それに訪ねてこられるほうも困るだろう。

前途洋々たる若者が教えを乞うのならともかく、以前取材に訪れた白髪頭のカメラマンが、ある日突然、銃をもって訪ねてくれば、誰だって戸惑うはずだ。

取材と思えばこそ、狩猟の現場にも連れていってもらえたのであって、決して仲間として認定されたわけではない。取材でなければ、私は単なる足手まといでしかない。

それでも、会津間方の菅家藤一さんが、二日間ほど付き合ってくれた。銃を携えて訪ねた私に驚きながらも、背後の沢までヤマドリ撃ちに連れて行った。

一片の雪もなく、ヤマドリは餌の豊富な尾根から降りてこず、たまに姿を見ても、杉林に遮られて射程に入らない。

あまりの貧猟に匙《さじ》を投げた菅家さんは、納期に追われる山ぶどう細工の仕事に戻り、私はひとりで残る二日間、山を歩いた。

べつに獲れると思ったわけではない。ただ、猟師気分で山を歩きたかった。

そのとき、山が違って見えることに気付いた。鳥や獣が眼に入ってくるのである。

空には犬鷲が悠然と舞い、樹の枝を駆けるリスの姿があった。それはまるで山菜採りが山菜を、茸採りが茸をたやすく見つけるような、新鮮な感覚だった。

歩いたのは志津倉山の山麓と、美女峠への山道である。志津倉山の沢筋で一羽のヤマドリを見たが、沢下りをする地形ではなく、こちらに気づいて上の藪に飛び上がり、銃を構える暇《いとま》さえなかった。

二度目は、同じ会津の舘岩周辺だった。付き合ってくれたのは、千葉の野田に住む荒井裕介くんで、まだ三十八歳と若いが経験豊富な猟師である。

すでに多くの獲物を斃していてジビエにも詳しく、著書もある。いわば私の若い師匠ともい

季節外れの新雪に覆われた、3月の南会津の山々を歩いた。
獲物の足跡は無数にあるのに、なぜか1頭の姿も見なかった

荒井くんの洗練された射撃姿勢。数々の獲物を得てきた経験がフォームに現われる

うべき存在なのだが、その彼が、鹿を見なかった日はないという場所に案内してくれた。

福島県は、鹿の猟期が三月まで一ヵ月延長されていて、最後の二日間に狙いを定めた。

しかし、快晴の山々に獲物の姿はなかった。それでも落胆はしなかった。足跡は無数にあるのだから、いることに間違いはない。

だが、林道で出会った地元の人に、「昨日は向こうの山で、十五頭も鹿が獲れたらしいよ。昨日来ればよかったのに」と言われて茫然とする。狙った場所が悪かったのだ。

けれど、それもまた時の運である。それに私は、獲物は山からの授かりものだという、古い猟師の話を固く信じて疑わない。

しかし、なにやら実感が湧かない。この俺が鉄砲撃《ぶ》ちかい、という、不慣れとは異なる違和感である。それはそうだろうと思う。銃規制が完璧になされている日本では、銃の所持者が圧倒的に少ない。

アメリカの銃規制が進まない理由を、自衛隊出身の「かのよしのり」は、その著書『銃の科学』（SBクリエイティブ）の前書きで、アメリカ社会の体質に問題があるとし、民衆が銃を手にして民主主義を勝ち取った経験から、多くの国では、国民が銃を持つのは基本的人権の保障として認めているという。

その歴史を持たない日本は、きわめて異例で異質なのである。だから私の実感のなさは、日本という国の平和の証明であるともいえよう。

そもそも私は、狩猟免許を取るなら銃猟よりも罠猟にしたかった。だが、家の周囲には猟場がない。罠には毎日の見まわりが欠かせないが、家が近くになければ不可能だ。

罠にしなかったのは、狩猟をするかしないかではなく可能性の問題だった。実現不能な罠猟を外したら、銃猟が残っていたにすぎない。

罠に興味を持つのは、銃猟が攻めの狩猟であるのに対し、罠猟も網猟も待ち受ける猟だからだ。

銃で狙われた獲物は、極言すれば逃げるか立ち向かうしか選択肢がないが、罠も網も獲物に選択の自由がある。読みが甘ければ獲物の勝ちだし、読み切れれば猟師の勝利だ。

それは猟師と獲物の知恵比べである。言い換えるなら、猟師と獲物が対等ということだ。そのフェアな攻防こそが罠猟の魅力である。

銃に不慣れな私だが、狩猟免許を手にしてから、清水銃砲店の練習会に参加して、月にいちどは射撃場に通っている。クレー射撃である。これはこれで、おもしろいものだった。金がないから、撃ったところで二十五発の三ラウンドがせいぜいだが、これがなかなか当たらない。射撃教習の十六発の的中はなんだったのかと思う。

しかし、撃たなければ練習にならない。射撃代《たま》と参加費とプレー費を加えると、たかが三ラウンドでも馬鹿にはならず、射撃は金のかかる遊びだと初めて知るが、この程度の投資は必要最小限にも及ぶまい。

清水銃砲店の親父さんは、暇があったら銃の頬付けを繰り返せと言い、群馬の高柳は、とかく数を撃たなくてはだめだという。ベテランの誰に聞いても答えは同じだ。

的中を支えるのは、才能ではなくフォームなのである。数を撃つうちにフォームが定まってきて、的中の比率が増していく。

射撃場で感じたのは、練習会の仲間のなかに、狩猟をせずにクレー射撃だけを目的にする人間が、少なからずいるということだ。射撃競技の愛好者である。

クレー射撃は、スキーに例えればアルペン競技で、私がテレマークスキーを好むのは、底に滑らないシールを張ると、雪の斜面が登れて山を自由に歩きまわれるからだが、それに対してアルペンスキーは、リフトに乗ってしか斜面を滑れない。

雪に沈まないために生まれたスキーが、進化の過程で、これだけの違いをもたらす。

銃もまたトラップやスキートという、クレー射撃専用の銃が生まれて活況を呈している。

この競技をしているかぎり、狩猟をせずとも、いくつになっても射撃を楽しめるだろうが、身も蓋もない言い方をすれば、クレー射撃は、金のかかる弾当《たまあ》てゲームだ。

せっかく狩猟免許を得たのだから、へぼはへぼなりに、銃猟にこだわってみようと思う。

それでは、いつになったら獲物が獲れるのか、という話になるが、金の許す範囲の金で射撃場に通い、歩ける範囲で、のんびりと山を歩くつもりである。そのうちに、間抜けな鹿や猪の一頭か二頭は、目の前に現われてくれるに違いない。きちんと獲物を捌いて美味しく食べつくす覚悟だけは、狩猟免許を得た時点で、すでにできている。

「そんな甘い考えじゃ、いつになってもモノは獲れねえぞ！」と若い仲間に怒鳴っていた西上州の老猟師、二階堂九蔵を懐かしく思い出すが、勘弁してもらうしかあるまい。


二〇一七年五月。富山で行なわれた『富山アースデー』に参加した。主催者の一員である金谷敏行さんに誘われたのである。アースデーというのは、地球環境を考える日のことで、日本各地でイベントが行なわれる。アースデーをまったく知らない私が、悩んだ末に参加を決めたのは、千松信也《せんまつしんや》がゲストとして来ることを知ったからだ。

千松さんは、『ぼくは猟師になった』や『けもの道の歩き方』などの著書をもつ猟師で、京都市郊外で罠猟をしている。その『けもの道の歩き方』の書評を、ある雑誌に書かせてもらった経緯から、彼に対する予備知識はあった。

あわよくば彼と面識を得て、罠猟の取材に繋げないものかと、不純な動機を胸に秘めての参加であった。

前夜の交流会が金谷さんの友人の石黒さん宅で行なわれ、千松さんとともに招かれて泊めてもらい、翌日に備える。

快晴のアースデーの会場で行なわれたトークイベントでの千松さんの話は興味深かった。ちなみに私は単なる観客の一員にすぎない。

あくまで地元のことと断って、京都郊外では奥山と里山が逆転しており、餌の少ない奥山から、餌の豊富な里山に動物が下りてくるのは当然の現象だという。

日本の里山が荒廃したのは、燃料革命で薪や炭の需要が激減して、奥山との境界を維持できなくなったためだが、公共性の強い欧米では、徹底した管理がなされるのに対し、日本の里山は個人所有が多く、対策が難しい。

里山の復活と管理が急務だが、ただ声高《こわだか》に叫んでいても解決はしない。もっと根本的な里山対策が必要だと千松さんはいう。でなければ遠からず、富山を含めた日本の多くの都市郊外に動物たちが押し寄せる。

千松さんの飾らない語り口には説得力があった。狩猟の世界の内外から銃猟の魅力を語る書き手はそれなりにいるが、罠猟となると、きわめて少ないはずだ。

狩猟評論という分野があるかどうかを知らないが、多くのイベントに招かれて、罠猟師として狩猟の現状と背景を語る千松さんは、もしかしたら狩猟評論という新たな領域を獲得しつつあるのかもしれない。

取材の依頼を快く受けていただいてから、千松さんと別れた。冬の京都に向かう日が待ち遠しくなった。

狩猟の歴史と千松信也の罠猟

人類が二足歩行になったのは、重くなりすぎた頭部を直立して支えるためだったといわれている。脚部と脊髄を垂直にして歩く動作を直立二足歩行と呼ぶが、この形態を獲得したのは人類だけである。

四足歩行の時代を樹上で過ごし、何らかの都合で地上に降り立った人類を待ち受けていたのは、肉食獣が犇《ひし》めく空間だった。その時点においていえば、人間は狩られる恐怖に怯《おび》えて岩穴などに潜む動物であった。

直立二足歩行によって脳はさらに肥大して進化し、歩行に用いなくなった両手を駆使して獲得したのが狩猟という行為だった。狩るものと狩られるものとの鮮やかな逆転である。生きていくために最優先される食糧確保の手段が狩猟採集であり、地上に降りた人類が、なにをおいてもなさねばならない生活そのものだった。

石器で野山の獣を追う猟と、獣の意表を突いて罠を仕掛ける猟は、同時発生的に行なわれたとされている。脚力で劣る人間は弓矢という飛び道具を考案して動物を斃し、あるいは獲物の行く手を巧みに遮って、仕掛けた落とし穴に追いこんだ。食糧確保がすべてに優先するかぎり、両者は状況に応じて使い分けられ、あるいは併用されたが、いずれも獲物を得るための狩猟の一形態であった。まったく異質に見える二つの猟は、やがてそれぞれの発展過程を経て独自に進化していく。

両者が違いを見せはじめるのは、猟具の用途の変化である。縄文晩期から弥生時代にかけて伝わった稲作によって、初めて弥生人たちは守るべきものを持った。土地と水である。だが、それまで狩猟採集を生活の基盤としてきた人々に、土地と水は争いをもたらした。おそらくそれが、農耕を主とする地域集団の争いの起源だ。

野山の獣を追った槍や弓矢などの猟具は、時代が下るにつれて、集団の争闘の武器として進化し、多岐にわたって考案され発達していった。その最たるものが、現在にいたるまで、地球上のあらゆる戦争に加担してきたはずの銃の発明であった。

やがて日本に伝わった火縄銃は、農村の隅々にまで伝播して定着した。私たちの学んだ歴史認識は、戦国の世を終わらせた秀吉の「刀狩」や、江戸幕府が数次にわたって行なった「鉄砲改め」によって、農村の武器のことごとくが没収され、民衆の非武装が実現したというものだった。しかし、たび重なる武器の供出令や没収令にもかかわらず、江戸時代の農村には夥《おびただ》しい数の刀や鉄砲が秘匿《ひとく》されていたことが明らかにされている（註1）。

武器として使われた鉄砲が、戦乱なき平和な農村の、あらたな脅威ともいうべき獣害に立ち向かうための「猟師鉄砲」として機能していたのである。

すべての鉄砲を取り上げてしまえば農村が疲弊してしまうのだから、さすがの幕府も鉄砲の保有を黙認せざるを得なかった。「鉄砲改め」は建前だったということだ。

その傍証ともいうべき報告がある（註2）。その報告によれば、元禄二（一六八九）年、仙台藩の猟師鉄砲は三六三九挺と記録されている。そこに弓矢が含まれていないのは鉄砲に限定した調査だからで、さらに五〇年前の寛永十五（一六三八）年、天草一揆に際して村人から没収した武器の内訳は、百姓鉄砲三二四挺、刀・脇差《わきざし》一四五〇腰、弓・槍少々とある（註1と同じ）。つまり、天文十二（一五四三）年に日本に伝来した鉄砲が、わずか百年足らずで農村の隅々にまで波及し、それまでの狩猟の主力であった弓矢を駆逐したことになる。

その圧倒的な破壊力を有する鉄砲が農村を席巻し、弓矢を納屋の片隅に追いやったとしても、それがそのまま対極にあった罠猟に影響を与えたことにはならない。

火縄銃からライフル銃にいたるまで、短期間で驚異的な進化を遂げた猟銃に対して、罠猟は千年一日のごとく、狩猟が発生した当時の原始的でシンプルな形態を留めたまま、異次元の時空を生きたのである。

まるで進化という言葉を忘れたかのような罠猟が、いまなお現代の日本の狩猟を二分して存在しているのは、すでに完成された狩猟形態であることを示している。

罠には昔から、大型獣を圧殺する重力式のオシ（オソ、ヒラも同じ）などがあり、ほかにも、それぞれの動物や鳥類に特化した細密な罠があった。それが現在、くくり罠と箱罠、囲い罠を除いて禁止（註3）されてしまったのは、罠の効果が大きすぎて対象の動物や鳥類を激減させてしまう可能性があるか、あるいは過《あやま》って人間に危害を及ぼす怖れがあるからだ。

山の動物の習性を読んで、獣道に罠を仕かける猟は、ダイナミックな銃猟に比べて精緻で静的で、熟練の技を駆使して行なう動物たちとの知恵の攻防だからこそ奥が深い。

銃猟は、日の出から日没までしか発砲が許されないが、罠猟は夜間に動く動物がターゲットになるため時間の制約を受けない。動物の足跡を見切り、散開してこれを追い上げ、あるいはタツバ（註4）から銃弾を放つ猟が攻撃的だとすれば、ここを通るという確信のもとに罠を仕掛け、ひたすら結果を待つ罠猟は「沈黙の猟」と呼ぶに相応しい。

銃猟は即断即決で獲物を斃そうとするが、罠猟には結果を待つまでのタイムラグがある。昼は鉄砲に追われ、夜は罠の待ち受ける危険な獣道を歩かねばならない山の動物たちは、猟期の三ヵ月のあいだ（註5）、昼夜を問わず安心して休む暇がない。銃で撃たれるのは交通事故に等しいが、罠にかかるのは、見まわりの猟師に見つかるまでの余命宣告を言いわたされるようなものだ。その死との遭遇が避け得ないのなら、どちらの死を選びたいかを動物たちに聞いてみたくなる。

鉄砲による猟には、獲物によっては撃たないという選択肢があるけれど、罠猟は獲物を選べない。鹿や猪に狙いを絞っても、獣道はほかの動物も歩くからだ。特に非狩猟獣の場合は厄介だ。罠によって損傷してしまうケースも多く、解放してやればいいというものでもない。

どちらの猟にも一長一短があるということだが、鉄砲に追われ、アドレナリン全開の状態で斃された獲物に比べて、足首を括る生体捕獲の罠猟のほうが、安定した肉質を得られる確率が高い。

獣害が増えた結果、捕獲した動物の食肉利用が認められ（註6）、獲物を市場に提供する猟師も増えている。それには止め刺しした個体の、一刻も早い食肉処理施設への搬入が必須なのだが、速やかな搬出を考慮して、車道に近い罠の設置を可能にする罠猟が、ときに奥山から獲物を引きずり出さねばならない銃猟よりも有利なのは明らかだ。

それでは現在の罠猟が、日本の狩猟において、どのような領域を占めているのか。平成二十九年九月に発行された大日本猟友会の機関紙『日猟会報』によれば、昭和五十年、七九九〇名だった網・罠猟免許所持者が、平成二十六年には九万三八五五名にまで増加しているのに対して、五十万人ほどいた第一種銃猟免許所持者は九万七九八一人と、十万人を割るところまで落ちこんでいる。また種別を問わない年代別狩猟免許所持者を見てみると、二十～五十九歳までは十分の一以下まで激減しているが、六十歳以上は逆に四万五七三一人から十二万六八九九人まで増加している。この数字の変動は、加齢によって銃を手放した六十歳以上の免許所持者の多くが、罠猟に移行していることを意味しているとみて差し支えあるまい。

直近の統計が出ていないため即断はできないが、大日本猟友会構成員数の推移を見るかぎり、猟友会に所属していない人員を含めた罠猟の免許所持者（註7）は、すでに銃猟のそれを凌駕しているものとみなければならない。

銃を手放した高齢者が罠猟に移行することで、日本の狩猟はどのような変貌を見せるのだろうか。自家消費のために獲物を追った本来の狩猟が、停滞を許されない獣害対策という社会的な要請の結果、あらたな展開を見せるであろうことは間違いない。

そのなかで、重要な位置を占めることになるはずの罠猟は、果たして日本の狩猟の浮沈を担えるのだろうか。

そんな罠猟の現場を取材して狩猟の行方を模索すべく、春の富山で知り合った千松信也さんを訪ねて、冬の京都に向かった。


自宅下の空き地に乗り入れた千松さんの軽トラの荷台には、午前中に捕獲した鹿が積まれていた。すでに止め刺しと放血は済んでいる。少し前までは頸動脈を切断していたが、最近は放血の速い心臓の冠動脈を切るようにしているという。そのほうが、獲物の苦しみが短くて済むからだ。

良質の肉を得るためには、すばやい放血と肉の冷却が欠かせない。腹部を割くと反芻《はんすう》動物特有の巨大な胃が現れる。その巨大な胃をかき分けて横隔膜を開き、溜まった血の塊と心臓、肺を取り出し、食道と気道を切断して残った腸《はらわた》を一気に引き抜く。

小さな牝鹿だったが、内臓の処理は敏速で、捌き終えるまで、わずかに十五分足らず。さらにホースで腹部に水を溜めて冷却するが、厚い毛皮に守られた肉は、なかなか冷えてくれない。

内臓を抜き終えた鹿は、自宅に併設した解体場に運んで解体する。

広場のかたわらに石段があり、その上に千松さんの自宅が見え、石段の径は、そのまま裏山の猟場につづいている。

自宅といっても、京都の大学を卒業し、地元の運送会社に職を得てから十年以上も住んだ家で、家族が増えて手狭になったため、二年前に近くに新居を構えてからは別宅として使っている。しかしこの家が、いまでも彼の罠猟を支える拠点に変わりはない。

木立を透かして民家の連なりが下方に見え、遠くには叡山《えいざん》電鉄の電車が走っている。山襞《やまひだ》を民家が埋めているのか、山が民家を割って落ちているのか、よくわからない地形である。

まるで山と民家が密集する混交の空間で、私たちが思い描く山里とは、いささか趣をことにするのだが、しかし都市部と隣接しているのは暮らしやすさの証《あかし》だ。交通の便もよく、買い物にも苦労せず、職場と猟場が近いとなれば、これ以上の好物件は他にあるまい。

解体場には、前日獲れた鹿が一頭ぶら下がっていて、腹にはペットボトルの氷が詰めてある。本来なら先ほどの鹿も一晩冷やしてから解体すべきなのだろうが、私のために解体作業を見せてくれた。

脂の多い猪と違い、ほとんど脂身の無い鹿は皮剥ぎが楽だ。皮を剥いで頭を落とし、あとは部位ごとに切り分ければいい。もも肉と肩肉、ばら肉、内ロースと外ロース。作業をはじめて一時間も経たないうちに、鹿は見事に解体されて作業台の上に並べられた。

その鮮やかな手技に感嘆する私に、外すべき関節の位置や手順など、すべて知りつくしているつもりでも、解禁当初は戸惑うことがあるという。

さらに食べにくい筋《すじ》とくず肉を取り去り、保存しやすい大きさに切り揃え、真空パックにしてから捕獲日と捕獲場所、部位と重さ、個体の識別を記して冷凍するのは、食べるときのための欠かせない作業だ。面倒な作業を厭《いと》わず丁寧に行なっておくことが、安全で食べやすく、計画的な肉の消費に繋がる。

底冷えのする解体場だが、肉のためには寒いほうがいい。猟期を冬場に設定しているのは、肉の鮮度を保つ観点からも理にかなっていると千松さんは言う。

解体作業を終えてから、裏山の猟場に案内してくれた。千松さんの原点とも言うべき猟場だが、近年は、さほど重要視していないようだ。ほかにも実績のある数ヵ所の猟場を確保しているからだろうが、取材の求めに応じて、案内する罠猟の現場を裏山にしているということなのかもしれない。

解体場の二頭の鹿は、いずれも裏山で獲れたものではない。裏山で獲れる獲物が少なくなったのは、千松さんが、それを承知の上で取材陣を導いた結果だと思われる。それほど動物たちは人間の臭いに敏感だ。

裏山の獣道には六ヵ所ほどの罠が仕掛けられていた。しかし、そこが罠だと教えられなければ気づかないほど、それぞれが風景に溶けこんでいた。

獣道に刻まれた動物の足跡を同定し、それがいつ歩かれたものかを推測し、立木に身体を擦り付けた泥や猪が牙を研いだ跡、鹿が角を磨いた痕跡などから、動物の体高や大きさや牡牝までをも判別する。

千松さんの自宅に併設した解体場。前日獲れた鹿が、
腹にペットボトルを詰め込まれて冷やされていた

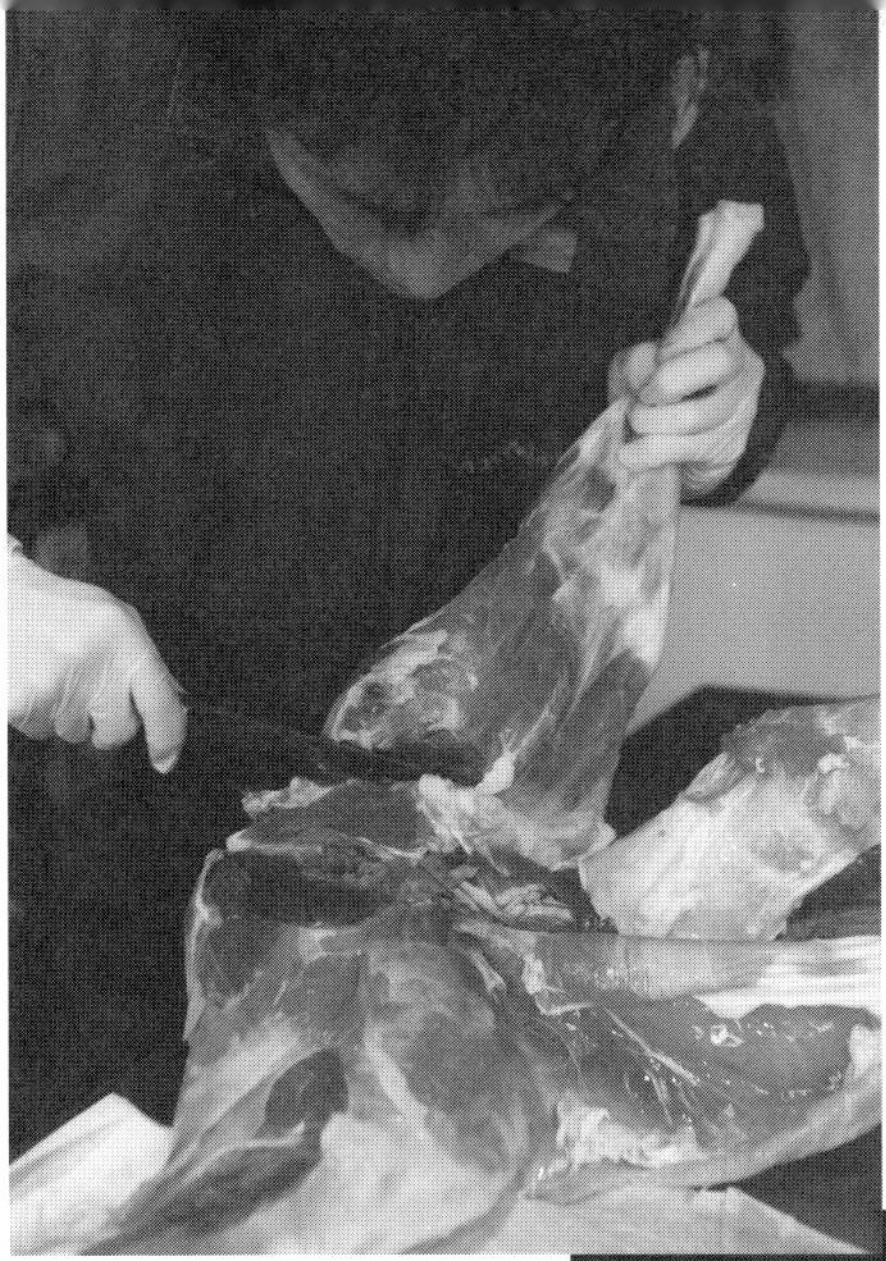

内臓を抜くのは時間との勝負だが、解体は鹿の身体を充分冷やしてからのほうが、いい肉になる

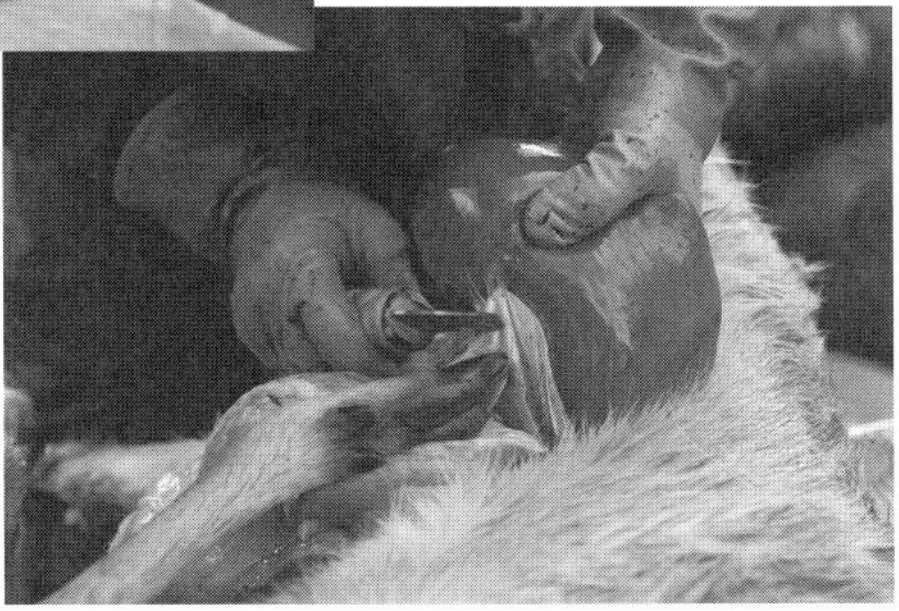

作業台に置かれた、鹿のそれぞれの部位。左から、もも肉、肩肉（前足）、背ロース、内ロースと並ぶ

そのうえで、動物の行動を予測しながら獣道を狭くして誘導し、罠の手前に枯れ枝を置き、邪魔な枝を嫌った動物の前足が罠を踏み抜くように配置するのである。もちろん、獲れたときの搬出方法まで考慮した上での設置場所だ。

千松さんは私の求めに応じて、くくり罠の設置作業を見せてくれた。小さなスコップで穴を掘り、掘った土は動物に気付かれない場所まで運んで捨てる。穴の周囲に直径十二センチ以下と定められた（註8）ワイヤーの罠を置き、バネを作動させる糸を張って小枝を載せた上に、その場にあった枯葉を散らして罠全体を隠す。

罠の金属臭を消すために、煮沸して土に埋めるなどの工夫はすでに施されている。そこまでしても、警戒心が強く頭のいい猪は、鼻で枯葉や小枝を丹念に取り除き、罠を素裸にしておいてから、猟師をあざ笑うかのように悠然と立ち去るのだという。猟師と動物たちの知恵の攻防を思い知らされる。

罠猟は、作為なき作為と痕跡なき痕跡を求められる猟だ。どうしても残ってしまいがちな猟師の作為と痕跡をいかにかき消し、悟られず、見破られずに罠にかけるかが、猟の結果に繋がる核心であり、猟師の真骨頂なのだ。

季節に応じて設置場所を替えるのは、山肌の斜面によって、クヌギとカシとドングリの落ちる時期がわずかに異なるからで、それは罠猟が動物たちの行動に逆らわず、彼らの日常に沿う猟だということだ。

解体場の棚の上に、無造作に並べられた猪の頭骨

2年前に転居したが、今でも使い続けている家。千松さんの罠猟と暮らしを支えた、かけがえのない城だ

庭には鶏小屋があり、外にはハチミツの巣箱が置かれている

建て増しした部屋の棚には、さまざまな果実酒が並ぶ

立木に擦り付けられた動物たちの泥の跡。ここから歩いた時期や体高、大きさを推測する

獣道を観察して、罠の場所を決める

偽装する前の、くくり罠の全貌。中央に張られた細い糸を獣が踏むと、
バネが作動してワイヤーが締まる仕組みだ

手前の罠から立木までの全体。罠と立木までのワイヤーは、この後すべて隠される

ワイヤーを近くの立木に固定した後、氏名、住所、登録証などを記した標識を付ける

罠を仕掛けてから、その場の土や落ち葉を被せて偽装する

人間の臭いに敏感な動物のために、千松さんは風呂に入ってもシャンプーと石鹸を使わない。その習慣は十数年に及ぶ。それでも残るであろう臭いを彼は逆手にとった。どうしても臭いを消せないものなら、微細な自分の臭いを、その山の自然の一部にしてしまえばいい。毎日罠を見まわることによって、やがて彼の臭いは動物たちの日常になる。取材陣をほかの猟場に案内しないのは、異物にほかならない取材陣の侵入によって動物たちを警戒させないためなのだ。

結果を期待していなかった裏山の猟場だが、最後の罠に痕跡があった。より戻し（註9）から罠が千切られていたのだ。獲物がかかっていれば、周辺の小さな変化や他の動物の足跡の乱れなどで、遠くからでもわかるらしいが、現場付近はほとんど荒れておらず、残された足跡から鹿だと判断する。罠を踏んだ瞬間にダッシュして、そのときに罠が外れたようだ。

近くに設置した暗視カメラに映像が残っていた。かかったのは、大きな角をもつ牡鹿で、カメラを警戒しながら罠に近づき、前足が罠を踏んだ瞬間、飛び上がって闇に消えた。

九死に一生を得た鹿は幸運の一語だが、より戻しの点検を怠った千松さんにとっては敗北にほかならない。

「これが獲れていれば、夜の作業になっていましたね」

さほど残念がるでもなく、淡々とした口調で彼は云うのだが、私にしてみれば、もっとも見たかった捕獲シーンに立ち会う絶好の機会を逃したことになる。

夜になって、奥さんの裕香《ゆか》さんが二人の息子を連れてやってきた。小学四年の長男小太郎《こたろう》と、小学一年の次男佐路《さじ》に加えて、同年の女児二人も一緒である。捕獲が週末に重なった場合にかぎって許される、解体作業の手伝いだ。

幼い子たちがそれぞれにナイフを握り、鹿と格闘して皮を剥ぐ光景は、親の仕留めた獲物に群がる仔ライオンのようで微笑ましいが、なかなか見られる眺めではない。

危険だからと、ナイフを持たせてもらえない子どもたちが多いなかで、幼いころからナイフを駆使して野生動物の解体に携わることが、その子らの情操をどれほど豊かにするかは考えるまでもない。

まるで教育のあるべき姿を目撃しているようであるが、その教育方針には、かたわらでにこやかに見守っている母親の裕香さんも同意しているのだろう。

千松さんが脚光を浴びたのは、彼が世に出した二冊の著書（註10）による。どちらも文句なしにおもしろいのだが、それまでの狩猟本と決定的に異なるのは、現役の若い罠猟師が、みずからの狩猟とその背景を語っているところにある。

銃を手にして、実際に狩猟をしている表現者ならば、即座に何人かは思い浮かぶが、罠猟師としては、千松さん以外の書き手を寡聞《かぶん》にして知らない。もしかしたら決して派手には見えず、これまで狩猟の脇役に甘んじてきた罠猟師には、文章による自己表現を嫌う性向があるか、あるいは熟練の技を駆使した攻防の末に獲物を仕留めて見せるのが、自身の表現そのものだと信じているのかもしれない。まして背後には、先史時代に連なる罠猟の膨大な伝承と蓄積がある。しかし幸いにして私たちは、千松信也という書き手を得た。

瑞々しい文体で綴る罠猟とその周辺の風景は、罠猟を知らない読者に新鮮な感動を与え、千松信也は罠猟の語り部となった。千松さんは自身の存在とともに、罠猟の魅力そのものをも世に送り出したのである。

出版後、彼のもとには、各地で行なわれるイベントの出席や講演依頼が相次ぎ、いまでも年間十五回程度は依頼に応えて各地に赴く。

さらには、これまで一五〇件近い問い合わせもあった。その多くは罠猟の希望者からで、なかには、罠猟をはじめて地元の猟友会に入ったものの、猟犬への被害を怖れて罠をかけるなと言われたが、どうしたらいいかという相談もある。そのひとつひとつに、千松さんは丁寧に答えてきた。

情報が精査されないまま、無秩序にネットで拡散している現代において、千松さんは彼らの信頼すべき拠り所として存在しているのである。

だが千松さんは、助言はしても弟子は取らない。大学時代のやりたいことに狩猟があった。強すぎる銃猟ではなく、強すぎない罠猟がしたかった。そして背後には鹿や猪の棲む山があった。偶然にも就職した運送会社の先輩に罠猟師がいて、彼を師匠として仰いだが、直接手を取って教えてもらったわけではない。毎朝、就業前の三十分の会話が技の伝達のすべてで、その会

子どもたちも解体を手伝い、見守る母親たち。左が奥さんの裕香さん

鹿の皮剥ぎに没頭する子どもたち。真ん中が長男の小太郎で、手前が次男の佐路

青春時代のメモリアル、『ぼくは猟師になった』の著者も、2人の子を持つ43歳の父親になった

解体後の酒の席に提供してくれた、千松さん調理の焼肉。味付けはさまざまだが、基本は塩と胡椒のみ

話を基に、実践を積み重ねながら罠猟を習得したのである。その師との出会いがなければ、いまの千松さんはいないだろう。

近年は、センサーによって罠の捕獲をスマホに伝えてくれるシステムまであるという。時代の変化といえばそれまでだが、その便利さが猟の上達に繋がるわけではない。むしろ額に汗して山に登り、罠を見まわって、山の囁きに耳を傾けてこそ、動物の動きが見え、工夫が生まれるのである。

弟子入りを拒否する千松さんの本音は、安易に教えを乞うのではなく、みずからの努力と工夫で地平を切り開けという、若者たちへのメッセージにほかなるまい。

その夜は、千松さんの家に泊めてもらった。子どもたちが帰った後の薪ストーブのかたわらで、彼の獲った鹿と猪で酒を呑んだ。肉だけをひたすら食いながら呑むのは初めての体験で、塩と胡椒で味付けしたシンプルな焼肉が、それぞれの旨味を凝縮した正確な味を私に伝えた。

ジビエの肉を提供した時期もあるが、なにか違和感を覚えて三年足らずで辞めたという。需要に追われて動物を獲るという行為が、彼の狩猟を不純なものにしたのである。

肉を販売することをやめてからは再び狩猟を楽しむことができるようになった。自分のペースで山に入り、狙いたい獲物を狙う。一年分の肉がしっかり手に入った時点で、猟期中であっても、彼はその年の猟を終える。

捕獲した獲物をみずから調理して客に提供するために、生きたまま解体場に運び入れ、おとなしくさせてから止め刺しをする罠猟師がいる。アドレナリンを鎮めて良質の肉を得るためだ。そんな猟師の存在を知りながら千松さんが追随しないのは、料理屋でもない以上、そこまでの必要を感じないからだ。

家族が食べる分の肉を家長の責任で確保し、山の恵みに感謝していただく。それが千松さんの自家消費の原則に従った美学である。

大学を卒業し、社会に出たときに定めた生き方の基軸はいささかも揺らいでいない。山の動物たちと同じ時間を過ごし、その命を、ほんの少し分けてもらう。自給自足にこだわってはいないが、山と川の恵みで生きて行けるものなら、それに越したことはない。

運送会社の準社員として週に四日働き、それが猟期になれば三日に減る。働く日の罠の見まわりは夜の八時以降になる。文明の恩恵を受けながら、あえて文明と一線を画した暮らしを選ぶ。それが千松さんの生き方だ。

文明の進化につれて、人と自然はますます乖離《かいり》を重ね、野山に置き忘れた動物たちが、農村のみならず都市の住民にまで脅威を与えている。そんな皮肉な様相を呈する現代において、狩猟の果たす役割は、どこまで及ぶのだろうか。

その答えは、もちろん私にもわからない。しかし、人が動物と共存しようとするかぎりにおいて、その求める方向線上に、千松信也の揺るぎない生き方が、啓示《けいじ》のように横たわっていることはたしかだ。

註1・藤木久志『刀狩り―武器を封印した民衆―』岩波書店、2005年8月発行のなかで、「近世の村々に鉄砲は数多くあったという衝撃の事実を明らかにした」塚本学『生類をめぐる政治』（1983年）を紹介している。

註2・村上一馬『近世以降における熊狩りの形態とその意義』宮城県教育委員会大学院研修派遣報告書、2002年3月。

註3・オシの一種の「箱落とし」は、ストッパーのあるものにかぎって使用可能。

註4・獲物を待ち受ける射撃点。タツ、タツマともいう。

註5・都道府県によって異なる。獣害の多い地方ほど猟期は長い傾向にある。

註6・厚労省が平成26年11月に作成した『野生鳥獣肉の衛生管理に関する指針』による。

註7・猟友会に入ると提携している狩猟保険に加入できるため、危険の多い銃猟と比べて、比較的安全な罠猟の入会率は低い。

註8・熊がかからないように直径12センチ以下と決められているが、都道府県によっては、冬眠の時期にかぎって20センチ以下に緩和されたり、熊が生息していなければ、12センチ以下の規制を受けない。

註9・ワイヤーが捻じれないようにする部品。

註10・『ぼくは猟師になった』2008年9月、リトルモア刊（現在は新潮文庫）。『けもの道の歩き方　猟師が見つめる日本の自然』2015年9月、リトルモア刊

猟師への道2

最初の獲物

シーズン中だけ、ノルン水上スキー場に勤めている高柳盛芳の仕事上がりを待って、二人で日没前の猟場をひと流しする。林道の山側の斜面には、いつものように無数の足跡があるばかりで、獲物の姿はなかった。

いったん家に帰って日帰り温泉で汗を流し、そのまま猟場に向かう。すでに日は落ちて、車を低速で走らせ、懐中電灯で森の闇を照らすと、ぴかりと眼を光らせる鹿を見つけた。この林道だけで六頭、それから盛さんの家の背後の民家の裏山を流して十頭の鹿を確認する。

朝夕欠かさず猟に出る盛さんにとって、夜の下見は必要不可欠なルーチンだ。夜に鹿を見つけておけば朝になっても鹿はそこを中心に移動する。その確認が、彼が猟に向かう根拠なのだ。

鹿は夜に多く活動する動物だが、完全な夜行性ではない。彼らが夜行性の動物として認識されてしまったのは、危険を避けるすべに長《た》けているためだ。字が読めるはずもないのに、禁猟区を知っていて逃げこむ鹿もそうだが、日没になれば猟師が銃を撃てないことを知っているのである。

日中、どこを捜しても姿を見せなかった鹿たちが、夜になると平然と民家の裏山で餌を漁《あさ》る。鹿は網膜の裏に反射層があり、光を増感して対象を見ることができるというが、命がかかっているから当然とはいえ、その大胆不敵な生態に舌を巻く。

翌日、盛さんは検査のため病院に行く日で、私ひとりで猟場に向かう。どこから見ても丈夫で元気な印象しか浮かばない盛さんにも、寄る年波による故障があるのだろう。彼も六十四歳になった。

いくつかのコースを教えられ、夜明け前の高柳家を後にする。盛さんの家から山裾までは二百メートルもない。民家の外れの洗濯工場の脇から山に入り、雪に埋もれた沢を見下ろして支尾根を登る。遠くの山に光が当たっているが、こちらはまだ陽が当たらず、暖かそうな日差しが待ち遠しい。

標高にして百メートルも登ったろうか。ひと休みしようと腰を下ろしたとき、ナイフを忘れたことに気づく。ナイフはポーチのなかで、そのポーチごと忘れたのである。どうせいつものように、獲物を見ることも仕留めることもあるまいと、一時はそのまま行動を続行することも考えたが、万が一獲れた場合にナイフがないのは獲物に失礼だし、なにかにつけて面倒な事態を招く。

群馬県奥利根。まだ営業前のスキー場を流す。下方は藤原集落。白い山の向こうは新潟県だ

盛さんの家は指呼の距離で、銃とザックをそのままにして、ひとっ走りするかと思うのだが、初心者の身で銃を置き去りにするのは、罪を犯すようで気が引ける。誰も来ないだろうが、そう判断する根拠もない。結局、重い銃を担いで高柳家まで往復する。

ザックを置いた場所まで戻り、腰を下ろして休んでいると、背後で微かな物音がした。ふり返ろうとしたが、山に背を向けていたので、左の視界の隅に小さな黒いものを認めただけである。一瞬、狸かと思った。狸を撃つ気はさらさらないが、銃を持つ人間として確認しないわけにはいかない。

右手に銃をつかんで立ち上がり、ゆっくり振り返った視界の先に猪がいた。尾根の上方で、距離はおよそ二十メートル。こちらを見下ろして微動だにしない。

それからの行動は、初めてにしては思いがけないほど迅速で迷いがなかった。

銃を持ち上げながら、右手の親指でセーフティを外し、肩づけを意識して構え、スコープの十字に猪を乗せた瞬間、引き金に指を滑らせた。

年明け間もない、快晴の水上の山中に銃声が轟く。反動で跳ね上がった銃身を戻すと、スコープのなかに獲物の姿はなかった。獲物を射抜いた確信はあったが、仕留めたかどうかはわからない。怖いのは半矢《はんや》であった。手負いにだけはしたくない。

猪がいた場所に登ってみると、雪面に血痕が残っていた。右下は雪に覆われた沢である。おそらくそこに落ちたのだ。血痕をたどって沢に下る。いない。もういちど登り返して血痕を確認すると、沢床の手前に黒いものが見えた。

小さな猪だった。推定で十五キログラム。弾が肩口から入って心臓を貫き、すでに絶命している。瓜坊とは言わないまでも、さすがにここまで小さいと胸が痛む。

初めて斃したチビ猪。推定 15 キロ。すでに内臓は抜いてあるが、あまりの小ささに心が痛む。たった 1 頭しか見なかったから、家族とはぐれでもしたのだろうか

盛さんに教わったとおり、腹を開いて内臓を抜き、雪を詰めて猪の身体を冷やす。

このまま猟を終えて引き上げるか、とも思ったが、まだ山に入ったばかりだった。両手に重い手応えが残っていて、このまま山を下りるのは惜しかった。支尾根の中ほどで、稜線は近い。稜線を少したどって、昨夜確認した十九頭の鹿のいた民家の裏に降りるのが、きょうの計画であった。

猪をそのままにして登り返すと、すぐに烏が一羽、猪を見下ろす松の枝に止まるのが見えた。その日の獲物は結局、チビ猪一頭だけだった。現場で病院にいる盛さんに電話で連絡すると、たいそう喜んでくれた。でもチビだぜ、と言うと、

「いいんだよ、兄弟！　最初の獲物なんだから、確実に止めんのが大事なんだ。それにしても、そんな小せえ的によく当てられたなあ。腕がいい証拠じゃねえか」

なんとも皮肉な褒《ほ》め方をされたものである。

あのときナイフを忘れなければ、チビ猪には出会えなかったはずだ。となると、あの僥倖《ぎょうこう》はケガの功名《こうみょう》ということになる。私が猟をつづけているかぎり、最初の獲物になったあの猪を忘れないだろう。もし、あの猪が二頭目だったとしたら、スコープで狙いをつけるところまではしても、あまりの小ささに見逃していたかもわからない。ともあれ、獲物を斃したいと願う私の前に立ってしまったことが、あの猪の不運だった。沢の斜面に横たわっているはずの猪を稜線から遠く見下ろして、全部食ってやるから成仏しろよ、と胸中で呟いた。二〇一八年一月

獲った猪を焼肉でいただく。部位は骨付きあばら肉。味付けは塩と胡椒

カメラマンがいないので自撮りするが、私の顔のほうが
獲物より大きいのが悲しい

十三日の午前である。

日が経つにつれ、初めて猪を仕留めて舞い上がっていた私は、次第に疑いを持ちはじめた。あれはほんとうに幸運だったのか。ビギナーズラックという名の必然だったのではないか。もしかしたら、何ものかが私の前に、あの猪を遣わしたのではないか。たとえば精霊のような、なにかが。

山里でも街でも、すでに獣たちのやり放題だ。鹿が集団で公道を走り、猪が校舎に乱入し、熊が人間を襲う。多くの人たちが、街や里でもそうなのだから、さぞかし山のなかは獣で満ち溢れていると信じているに違いない。しかし、そうではないのだ。

私が猪を斃したのは、解禁から五度目の出猟のときだった。それまでの四回は、名人の盛さんと山を歩いたにもかかわらず、獲物を目にしたことがなかった。いや、いちどだけ、盛さんが埋めた鹿の内臓を食べに来た熊を目撃しているが、それだけだった。

夜間、あれほど山里を徘徊している動物が、日中になると、まるで消えたかのように姿を見せないのはなぜなのか。まさか天に上ったのでも、地に潜《もぐ》ったのでもあるまい。危険から逃れて身を潜《ひそ》めているのはわかるにしても、あまりに完璧すぎた。

名人たちはよく、あそこの山で何頭獲ったの、こっちの山では、連なって走る鹿を次々に仕留めただのと口にする。しかし、そんな彼らの大風呂敷を支えているのは、その数十倍におよぶであろう無駄足である。

私の歩いた山は、そもそも鹿狙いだった。猪がいるにしても可能性は低かった。それが降って湧いたように、あのチビ猪が一頭だけ忽然と現われたのだ。それをどのように解釈したらいいのだろうか。

もしあの猪が数十キロに達する大物だったとしたら、仮に仕留めたとしても、私にはなすべもなかったに違いない。かろうじて内臓処理と血抜きはできたとしても、運び出せはしないのだ。

天は私に初めての機会を与えた。それも私が辟易《へきえき》しない程度の小さな猪をあえて選んで。

夢想はかぎりなく膨らむ。あの猪は精霊の化身であった。精霊が小さな猪の身体を借りて、私の前に現われたのだ。そうでなければ、チビ猪が家族と離れて一頭だけはぐれているとは考えにくく、まるで撃ってくれと云わんばかりに、身じろぎもせず立ち尽くしているはずがない。

もしもあの猪が精霊の化身なら、頭上の松の枝に止まってこちらを見下ろしていた鳥は、精霊を運ぶといわれたワタリガラスでなければならなかった。北海道に生息するワタリガラスが関東北部にいるはずもないのは百も承知だが、あれから猟場をめぐって、猪を回収するために現場に戻るまで、死肉を漁るでもなく小枝に止まりつづけていた鳥は、やはり私にとって、ワタリガラスそのものであった。

最初の銃は、ベレッタ391ウリカという自動銃だった。どの銃がいいかなどわかるはずもなく、近くの清水銃砲火薬店で勧められるままに買ったのだが、可能なかぎり軽い銃にしたい思いが前提にあった。

銃とカメラを同時に担ぐのが矛盾であることは知っている。獲物を狙う以上、射撃と同時にシャッターを押すことはできないし、その逆もあり得ない。どちらかに専念するしかないのだが、獲物を撮るためにカメラも持ちたいとなれば、軽い銃にこだわるほかはなかった。

ベレッタは銃身が鉄でも機関部は軽合金なので、そもそも軽い。口径は二〇番。散弾銃は大別して十二番径と二〇番径に分けられるが、二〇番径のほうが口径が小さく、したがって弾も軽いため、総重量は抑えられる。近年、総じて銃は軽くなっていて、それでもほかのメーカーの自動銃は三キログラムを優に超えるが、私の銃は二・七キログラムである。その銃で射撃場に通ったのだが、なかなか当たらなかった。銃の所持許可に必要な、生まれて初めての射撃講習では、二十五発中十六発も当たったのに、いつしか私のアベレージは二十五発中五、六発しか当たらなくなった。

二年目は、群馬県と福島県と山梨県の狩猟免許を取った。群馬を取ったのは「こっちで一緒にやるべえ」と高柳盛芳に誘われたからだが、彼と仲間たちは、鹿や熊や猪などの大物猟だ。

ある日、盛さんから電話があった。沼田の銃砲店にいい銃があるという。私は自分の腕の悪さを棚に上げ、大物猟ならスコープ付きのスラッグ専用銃が欲しいと思うようになっていて、どこかに出物がないかと、盛さんに相談していたのである。それで買い求めたのが、チビ猪を仕留めたミロクの上下二連銃MS2700Dというスラッグ銃だ。

スラッグ銃は、スラッグ弾の専用銃である。スラッグ弾は、薬莢の形は同じだが一発弾で、威力において散弾の比ではないほど強力なため、大物猟に使われる。

通常の散弾銃は、銃口に口径を絞るためのチョークが付けられ、チョークを替えることによって、散弾の広がる範囲を調整できる。だがスラッグ銃は、チョークのない平筒である。つまり口径そのものを小さくし、スラッグ弾の銃身内の遊びをなくすことによって命中率を上げている。

さらにいえば、スラッグ専用銃にはサボット銃というのもある。散弾銃の銃身の1／2にライフリング加工（銃身内部に刻まれた螺旋状の溝のこと）を施《ほどこ》し、ライフルと同じように、弾丸を回転させることによって遠射と命中率が飛躍的に向上する。問題はサボット弾の値段の高さで、通常のスラッグ弾が二百円程度なのに比べ、サボット弾は六百円前後はするため、貧乏人には手が出しにくい。

私のスラッグ銃は前者だが、ベレッタウリカの口径が17・6㎜なのに対し、ミロクのMS2700Dは15・7㎜だ。同じ二〇番径でも、スラッグ銃と散弾銃では、それだけ口径が異なっている。その差わずかに1・9㎜だが、それだけ違えば弾丸のぶれはかなり抑えられ、命中率は格段にアップする。

そのＭＳ２７００Ｄにスコープを付けた。格安で買ったこの銃には、その時点でスコープ台が付いていたから好都合であった。スコープは、リューポルドというアメリカ製の二〜七倍の倍率のものにした。

そもそも私が欲しかったのは、同じミロクのＭＳＳ20だった。単銃身のボルトアクション銃で、その命中精度には定評がある。しかし、新品が買えるほど裕福ではなく、中古もなかなか市場には出まわらない。だが沼田の銃砲店に出向いて２７００Ｄを見た時、すぐに気に入って決めた。あれはよく当たるぜ、という盛さんのお墨付きである。

手に入れたのは六月だが、スコープを買い、盛さんにスコープのゼロインという調整を頼み、単身でライフル射撃のできるニッコー栃木射撃場に向かったのは九月の末だった。

受付で的を買って五〇メートル先の標的台に張り、射座から的をねらう。防音のためのイヤープロテクターをし、精神を統一して引き金を絞る。

射撃をはじめて十数発目ごろだったろうか。スコープでのぞいているから、標的の当たりぐあいはわかる。標的の弾痕を確かめ、まずまず当たるのに気をよくして次弾を撃ったそのとき、鼻に衝撃がきた。なにが起こったのかわからないが、鼻から血が流れている。周囲に知られないようにトイレに駆け込んで鏡を見ると、左右の目頭の間の鼻根《びこん》から出血していて、なかなか止まらない。

止血をしているうちに、ようやくそれが、スコープの打撃痕だと知って、すべてが氷解した。

肩づけが甘かったのである。

銃を構えたときの目とスコープの間は十センチ以上離れている。射撃時の強い反動を支えるのは肩なのだ。私は肩づけが甘いために、発射の衝撃によって銃床が脇の下まで落ち、反動を受けたスコープが、銃身ごとそのまま後退して十数センチの宙を跳び、鼻根を打ったのだ。

数日前に新調した眼鏡をしていなくてよかったとつくづく思う。もしも眼鏡をしていたら鼻根を骨折していたに違いなく、もしかしたら失明の危険さえあったろう。戦慄を禁じ得ない事態であった。

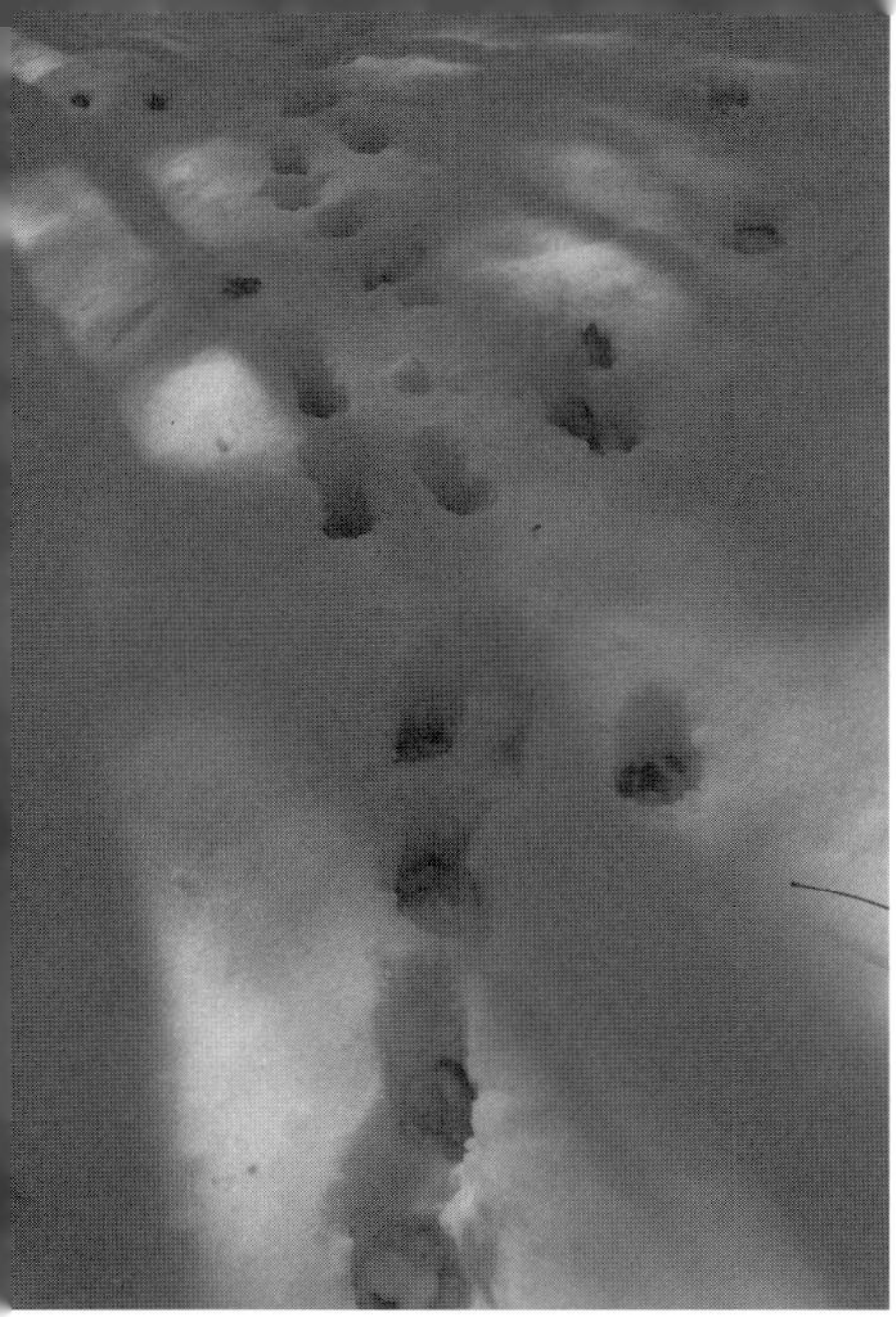
1月の山梨の猟場には、今朝歩いたと思われる、真新しい獣の足跡が続いていた。鹿か猪かの判断は新米猟師には難しいが、この足跡は鹿だ

しかし、そのおかげで気づかされたことがある。私のクレー射撃における的中率低下の原因は、肩づけができていないからであった。スコープがないから、射撃姿勢の悪さが自分では気づかない。発射のたびに銃床が肩から外れていたのでは、クレーに弾が当たるはずもない。

ＭＳ２７００Ｄというスコープ付きの銃の射撃によって、初めて私は自身の射撃姿勢の至らなさを知ったのだ。群馬の山中で猪を撃ったとき、肩づけを意識して銃を構えたのも、この教訓によるものであった。

私の失態によるケガの教訓を大げさにいえば、わが身を犠牲にして、射撃姿勢の矯正をなし得たのである。

生まれて初めて獲物を斃した一月中旬以降、私は私だけの精霊伝説を信じて単独行を重ねるようになった。もしも精霊が私の猟をいまでも守護しているのなら、精霊の化身が再び目前に現われるに違いない。

猟の場所を群馬から山梨に移したのは、雪を嫌ったためである。年が明ければ群馬の雪はさらに多くなる。それは東京周辺でも同じで、二つ玉低気圧による積雪は年明けに頻発する。しかし東京周辺なら降ったとしてもしれたもので、群馬の比ではない。まして単独なのだから、雪の少ない山梨の存在はありがたかった。

猟場は、東京に近い山梨県東部にある流域に定めた。流域の稜線に沿う山道を三本選び、これを朝と夕方に歩くのである。

猟場に詳しい地元の猟友会に接触を求めなかったのは、単独の気安さに馴染みはじめていたからで、獲れても獲れなくても、すべては自己責任で済む。

雪の上には獲物の足跡と重なるようにして、それを追う猟師の足跡が無数にあった。あるときは、山道の下方の斜面に腰を下ろしている猟師がいた。勢子が追い上げる獲物を待ち受けているのである。向こうはこちらに気づかず、声をかけるべきか迷ったが、集中を乱されたくはなかろうと思い、そっと引き返した。地元の猟師が入っているのだから、私のねらいは間違っていない。それでも獲物には出会えなかった。

一周二時間の猟場を歩いて山道を下っていたら、下から登山者が登ってきた。外人を交えた二人組である。警戒させてはなるまいと、銃身を折って（射撃ができない状態にすること）見せてから肩にかける。

訊けば稜線の山小屋に泊まるために登るらしい。外人が流暢《りゅうちょう》な日本語で、下の集落には鹿がたくさんいたから、あちらに行けばいいのに、と云う。私は身振りで、民家の近くでは発砲できないと告げた。しかし、本音は違う。あの集落はキャンプ場で、冬場は無人になるため、状況によっては撃てるだろう。あそこで鹿を見つけたのは、彼らが猟師ではないからなのだ。それほど鹿たちは、猟師の接近を敏感に嗅ぎ分ける。

獲物に出会えないまま日を重ねた三月十三日。いつもの猟場に出かけた。猟期は二月の十五日に終わるが、県によっては鹿と猪にかぎって猟期の延長が認められている。山梨県の場合は三月十五日が最終であった。

林道に車を停めてから、空身で沢奥のテント場に向かう。べつにテント場として整備されているわけではないが、水の得られる沢沿いの平坦地をテント場として使っていた。そこで半月前、いくつかの忘れ物をしたのである。その忘れ物を、真っ先に確認しておきたかった。

二月末から三月にかけて、ここに滞在して四日ほど猟をし、その最終日の前夜、焚き火のそばで眠っていたら雪が降り出した。折から当地を前線が通過したのだ。雪は見る間に降り積もって焚き火を消し、タープを潰した。私はなすすべもなく、潰れたタープの下でシュラフに潜って朝を待った。

薄明るくなったのを機に、急いで撤収して車に戻る。積雪は二十センチを超え、それ以上増えれば脱出が難しい。

炊事道具や小物類は雪の下で、撤収も大雑把《おおざっぱ》なものだった。事実、かろうじて脱出し、帰宅してから確認すると、ナイフをはじめ、さまざまな装備が紛失していた。

半月経って、雪は消えているだろうが、誰かが持ち去っている可能性もあり、猟の前に確認したかったのである。すべてが焚き火の周りに、当時の形のまま散乱していた。

四輪駆動の軽のキャンピングカーで来ているのだから、車で寝起きすればよさそうなものだが、それは違うと以前から思っていた。国道に出て下に走れば道の駅もあるが、そこから猟場に向かうことにも違和感があった。

山中にいたいのだ。もっといえば、山のなかで生活して猟をしたいのである。

二十年以上にわたって狩猟の取材をしてきたが、時代はそれ以前から変化していて、山中に小屋掛けして猟をする者など皆無になっていた。林道が延び、雪になればスノーモービルが山中の猟場まで難なく猟師を運んでくれる。朝、家を出ても充分獲物が追えるのに、生活道具一式を背負って山に泊まる必然性などどこにもないのである。

それでも私は、一歩でも二歩でも山に近づき、獣たちと同じ空間に泊まって彼らを追いたかった。それが、圧倒的な火器を担いで獲物に迫る私の、せめてもの負荷である。反撃の手段もなく、逃げまわるか身を隠すしか手立てのない鹿や猪たちと、銃を持つ人間との不公平に対する、ささやかな負荷だ。

私が単独で行動するようになったのは、おそらくほかの猟師たちから、山中に泊まることへの共感が得られそうにないからである。

べつに単独にこだわっているのではない。暇だけはかぎりなくある。熟練の猟師たちと同行して技を習得しながら、状況に応じてひとりで山に入って猟ができればそれでいい。

もしかしたら、そんな私の匂いに違和感を覚えなくなった獲物がいて目の前に現われてくれたなら、私の思いは極まるであろう。

初日、山道を下っていたら、通り過ぎた遠くの斜面で鹿が鳴いた。二日目は、三叉路になった向こうの道を鹿が横切った。銃を構える暇もない。どちらもそこまでである。

最終日の十五日、暗いうちから起きて出かける。昨日鹿を見た三叉路に、夜明けには着きたかった。敵が夜明けと同時に行動するのなら、こちらも同じように行動しなくてはなるまい。

怠け者の私だが、せめて最終日だけは、そうしたかった。

水平の道をゆっくりと歩き、三叉路を過ぎてしばらく進むと、道の下方の竹藪で微かな物音がした。歩みを止め、ザックを下ろして銃を構える。道の前方には、獣道が何本か横切っている。狙うとすればそこだ。

物音は左右に移動している。鹿か猪かはわからない。臆病そうな動きだから、おそらく鹿だろう。道を横切って上の藪に抜けたいが、私の気配があるから簡単には動けない。そんな感じだ。

一〇分ほどもそうしていただろうか。こうなれば持久戦である。そのうち、竹藪のなかからピーッという鳴き声がした。鹿だ。一声放ったら、歯止めが利かなくなったようで、矢継ぎ早に鳴きだす。

声の中心までは十メートルもない。声を頼りに撃てば当たるかもしれないが、由緒正しい初心者の私は撃たない。万に一つの可能性もないだろうが、誰かが早朝の竹藪に潜んで、鹿の真似をして笛を吹いていることだってゼロとはいえまい。

姿が見えないかぎり撃ってはならない。それが鉄則だ。

鳴き声が絶えてしばらくしたら、竹藪の下方に鹿が姿を見せた。牝だ。そのまま進むと斜面の向こうに消えてしまう。やむなく一発、白い尻尾をねらって放つ。当たったか、いや、当たってはいないだろう。その距離五〇メートル。予想外の登場の仕方で、じっくり構える暇

山梨の猟場を、後藤陽子、敦賀正悦と３人で歩く。この日は敦賀くんが鹿を見つけて３発放つが獲れず

獣道に残された鹿の糞

途中で見つけたヌタ場。かなり大きいが、最近のものではなさそうだ

鹿笛は、繁殖期のテリトリーを守る牡鹿を呼び寄せる。近くに鹿がいれば効果が大きい

もなかったし、鹿の動きが素早すぎた。まるでこちらをあざ笑うようにふっていた白い尻尾が網膜に残る。

結果を確認すべく竹藪に入ると、明瞭な獣道が延びていた。音もなく移動できたわけである。もちろん、鹿の姿はない。

精霊は姿を現わしたが、微笑《ほほえ》んではくれなかった。そういうことだろうと納得する。

一シーズンで出猟八回。のべ二十日で、獲物に向けて放った弾丸が二発。一勝一敗。確率五割。だとすれば、ケチって諦めてはみたが、弾は高価でも、ライフリングによって命中率の高いサボット銃のほうが、充分元が取れてしかるべきことに気づく。

金に物をいわせて銃の性能に頼るか、地道に銃の腕前を上げようと励むか。加速度をつけて老いの道を突っ走る新米猟師の悩みは尽きないが、来期もまた、見放されたツキを取り戻すべく、不確かな精霊の姿を追い求めて、猟に向かわねばなるまい。

清水銃砲火薬店の挑戦

師走に入った週末の早朝、栃木県の山間の駐車場に十数台の車が集まっていた。軽トラをはじめとする各種の使いこまれたSUVで、いずれも4WD車なのは、彼らが狩猟集団であることを示している。山中の悪路を駆けめぐる現代の大物猟では、車はタフでなければ務まらない。

集まった人々の半数は地元の猟師で、残る半数は、彼らと同行して狩猟の技を学ぼうとする都会の若者たちだ。若者たちを束ねているのは、埼玉県春日部《かすかべ》市にある清水銃砲火薬店のスタッフで、店主の清水兵男《たけお》さんを筆頭に、彼の娘の由賀《ゆか》さんと、ダンナの岡田豪太さんの三人である。

清水銃砲火薬店との出会いには、ちょっとした経緯がある。三年前の狩猟免許の講習会で、休憩の合間ごとに喫煙所に集まってくる若者たちのなかに、どうみても初心者には見えない余裕の表情の若い女性がいた。折から女猟師の取材対象を探していた私は、終了間際になって彼女に声をかけた。

「私は狩猟免許を持ってないけど、射撃の経験なら二十年近くになるんです。うちは鉄砲屋だし」

そういわれて、いまさらながら納得する。狩猟をしなくても、クレー射撃を専門に楽しむ人たちも当然にして存在するのである。

この子たちは、と云って周囲の若者を指し、「うちのお客さんなんですよ。まだみんな新人で、それなら一緒に狩猟免許を取ろうかって話になって」

彼女の余裕の理由はそこにあった。鉄砲屋の娘で射撃経験も豊富、銃の扱いにも慣れているとなれば、まるで女親分が、若い子分どもを引き連れているようなものだ。

彼女の実家の銃砲店が、私の住む隣町の春日部だったというのは思ってもみなかった。鉄砲をはじめて装弾を求めようとすれば、やがて近くの清水銃砲火薬店に行きつくに違いないとしても、その前に、店のスタッフと知り合えるというのは、やはり縁があったとしか思えない。

それでも私は、清水銃砲火薬店の扉を開ける瞬間まで緊張していた。なにせ銃に関わらないかぎり、生涯無縁で過ごしたはずの銃砲店だ。しかし、開いた扉の向こうに彼女の笑顔があった。店内は数十丁の銃と関連グッズで埋め尽くされている。

「あら、高桑さん、いつぞやはどうも。待ってたのよ」

こんなとき、女性は得だと思わざるを得ない。職種が職種だけに、強面《こわもて》の親父ではこちらが引いてしまうし、手もみして近づいてこられても、それはそれで違和感を覚えるだろう。

彼女の笑顔の隣にいたのは、店主の兵男さんである。柔らかな笑顔の小柄な老人だが、彼は、おそらく現代の日本では探しようがないはずの、鉄砲鍛冶の修行を積んだ現役の職人であった。得難い経歴の持ち主と言わねばならない。いまでこそ、時代の波に押されて銃の製造こそしていないが、致命的な故障はべつとして、規模の小さな修理なら気軽に行なう。販売だけでなく、修理も引き受けてくれる清水銃砲店の存在意義は大きい。

清水さんの鉄砲鍛冶の話を聞いた私は、はるかにつづく銃の歴史に思いを馳せた。鉄砲伝来以降の銃の発展を支えてきた鉄砲鍛冶には、以前から強い興味があった。もちろん、銃をはじめたばかりの私に知識があるわけではない。文献やネットで調べた日本の銃と鉄砲鍛冶の関わりは、概略次のようなものである。

室町時代の天文十二（一五四三）年、種子島に鉄砲が伝来し、それから爆発的に鉄砲が普及するが、当初の苦労は並大抵ではなかった。銃身後部の蓋の構造と製造方法がわからなかったのだ。当時の日本にはネジの概念がなかったからである。思い余った刀鍛冶が自分の娘をポルトガル人に差しだして、銃身の蓋の仕組みと製造方法を聞き出そうとした逸話が残されている。

やがて鉄砲鍛冶は全国に広まり、独創的な工夫もされて一躍発展するかに思えたのだが、そこに立ちはだかったのが江戸幕府の鎖国政策であった。戦乱の時代はすでに終えている。以来、幕末に至るまで、海外との交流を閉ざされた日本の鉄砲鍛冶は途絶えたかに見えた。

しかし、以前にも述べたことだが、秀吉の刀狩りや幕府の銃規制にも関わらず、この国の津々浦々まで、膨大な数の鉄砲（一説には二十万丁）が存在したことが明らかになっている。

それは、狼や熊から家畜を守る武器であり、百姓たちが鹿や猪から田畑を守るための欠かせない道具であり、あるいは有事を想定して、使わないことを前提に、幕府に所有を認めさせた銃の数々である。その鉄砲の供給元として、鉄砲鍛冶は細々ながら存在したことになる。

清水銃砲火薬店の創業者・清水兵男さん（中）と娘夫婦の由賀さん、豪太さん

二六〇年に及ぶ江戸時代の平和の陰に埋もれたはずの鉄砲が、国の行方を左右する戦の主役として華々しく登場したのが、幕末の戊辰《ぼしん》戦争である。

緒戦の鳥羽伏見《とばふしみ》の戦いを制したのは、初期のライフル銃であるフランス製のミニエー銃であった。発展を阻害された火縄銃などの和銃はまったく使い物にならず、幕府軍は言葉巧みに買わされた、使い古しのドイツのゲベール銃を主力に立ち向かったが、ミニエー銃

平成 16 年、自宅の庭先に建てられた「鳥獣供養塔」の裏面。字体は清水さんの実父。この達筆で刻まれたら、鳥獣の霊も安らかざるを得ないだろう

の相手ではなかった。

ゲベール銃は前装滑腔銃、つまり銃口から装弾し、ライフリングが刻まれていない銃で、一方のミニエー銃は前装施条銃と呼ばれ、ゲベール銃と同じく銃口からの装弾だがライフリングが施されており、その射程距離と命中率はゲベール銃の比ではない。弾丸を回転させることによって飛躍的に精度が向上したライフル銃は、銃の世界に革命をもたらした。なんと五千人の薩長軍が、一万五千人の幕府軍を粉砕したのである。いわば散弾銃によるスラッグ部隊とライフル銃部隊の戦闘を想定してみれば、彼我の優劣の差がわかるだろう。

どちらも洋銃を用いた決戦だが、日進月歩の銃の進歩の差が勝敗を分けたのであった。銃は、日本の進むべき方向に大きな影響を与えたのである。

戊辰戦争で銃の重要性を悟った日本の軍部は、明治に入って村田銃や有坂《ありさか》銃などの世界に誇る名銃を生み出し、欧米列強に並ぶ有数の銃生産国になった。

しかし、それらの日本の銃のほとんどは軍用で、民間の鉄砲鍛冶の貢献は微々たるものに過ぎなかった。明治以後の日本の狩猟界を席巻した村田銃は、滑腔散弾銃、すなわち軍用の村田銃のライフリングを削って民間に払い下げたものだった。

明治十四年、村田銃を考案した村田経芳《むらたつねよし》の片腕だった松屋兼次郎によって、狩猟銃としての村田銃が作られ、民間の鉄砲鍛冶たちは、情熱を傾けて次々と新銃を生み出していった。いずれも町の小さな工場である。

だが、戦局が急を告げる昭和十三年に、猟銃は贅沢品として製造が禁止され、戦後の二十五年に封印が解かれるまで、小規模の修理こそ行なわれたものの、ついに一丁の新銃も製作されることはなかった。

解禁後は、それまでの不遇を払拭するかのように、日本の鉄砲製造業界は空前の活況を呈することになる。

鉄砲伝来から六百数十年にわたって、危うい糸のように結び継がれてきたこの国の鉄砲鍛冶は、その驚異的な殺傷力を持つ銃の存在と進化によって浮沈を余儀なくされたのである。気の遠くなるほどの銃の系譜を担った鉄砲鍛冶の末裔である清水さんとの出会いは、私にとってはまことに幸運であり、幸福な出来事であった。

清水さんが、東京の東上野にある秋山鉄砲製作所に勤めはじめたのは十五歳のときだ。水平二連銃の製造と修理である。昭和二十五年に再開された猟銃の製作は黄金時代を迎えていた。作っても、作っても売れた時代だ。

住込みの丁稚小僧《でっちこぞう》だと清水さんはいうが、それは当時まで、かろうじて形骸を留めていた年季奉公であった。店の雑事をしながら技術を教えてもらうのだ。彼が修行したのは昭和三十三年から四十年までの七年間だが、そこには年季明けのお礼奉公も含まれている。

朝から晩まで与えられた仕事をこなし、夕食を終えた後に、自らに課した技術の習得に励む。

それが年季奉公の職人の日常であった。それを清水さんは「夜なべ」と呼んだ。つまりは手当の出ない残業だ。その自分だけの時間が楽しくってねえ、と清水さんは懐かしそうに瞳を輝かす。

休みは月に二回の一日と十五日。それも午前中に店の掃除を終えてから、自転車で上野界隈を走りまわる程度の行動半径だ。おかげでいまでも、周辺の道の細部まで精通しているという。

庄和町（現春日部市）にある自宅の庭先に作業小屋を建て、清水銃砲製作所を開業したのは、昭和四十年のことだ。翌月には火薬類の販売もはじめて清水銃砲火薬店と改め、以来この地で五十年にわたって銃一筋の人生を歩んできた。店の奥には、いまでも彼の製作した水平二連銃が大切に仕舞われている。

二年後には、姉さん女房の和子さんを得て二女一男を授かる。姉と弟に挟まれた娘が由賀さんだ。

銃の製作と射撃と狩猟。銃に没頭し、銃に明け暮れる歳月である。そんな夫を支えて帳簿を付け、押し寄せる客を捌き、銃には付きもののめんどうな書類の申請などを一手に引き受けるのは奥さんの和子さんの役目であった。彼女の存在無くして、いまの清水さんはあり得ないだろう。

開業して七年後、清水さんは、それまでの自宅の隅の工場から表通りに店を移す。わずか数百メートルの移動に過ぎないが、清水さんにとっては誇らしくもある念願の表通りへの進出

生家に飾られたトロフィーの数々。すべて清水さんが仕留めた獲物だ

愛用の銃を手にする清水兵男さん

今から 40 年近く前の大もの猟の成果。前列左から 2 人目が、若き日の清水さんだ

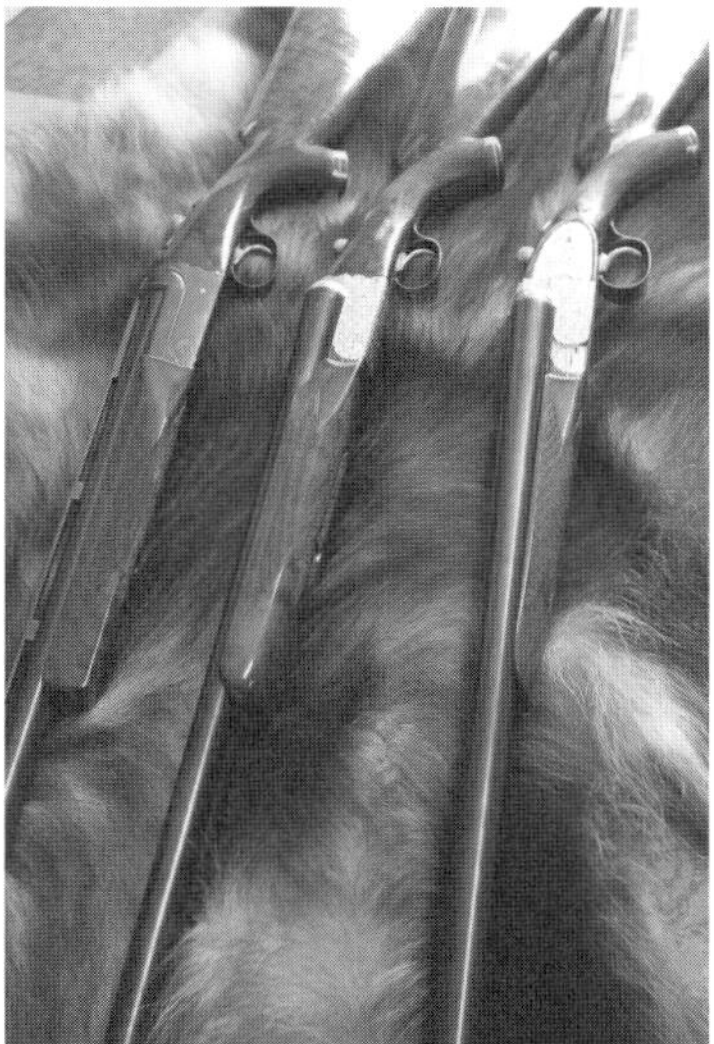

清水さんが製作した水平二連銃の数々。当時の花形銃で、今でも手入れを怠らない

だったにちがいない。

しかし、時代はすでに製造に習熟した水平二連銃ではなく、自動銃への急激な移行が進みつつあった。いまさら製造を学び直すこともならず、彼は製造から販売修理へと事業の比重の転換を余儀なくされたが、幸いなことに、販売に追いつかないほどの需要があった。

それが清水銃砲火薬店のみならず、昭和四十四年には所持許可数六十万丁という黄金期を迎えながら、やがて不穏な事件や事故が多発して銃刀法に制限が加えられ、いつしか獣害の蔓延と狩猟者の高齢化によって勢いを失っていく狩猟業界の変遷の前触れであった。

懐かしい時代を語る清水さんの笑顔が、銃と狩猟の話になったとたんに引き締まり、まなざしに熱を帯びる。それは経験に裏打ちされた自信の光である。

試行錯誤を繰り返して積み重ねた経験が自信を生み、その自信が双眸《そうぼう》に輝きをもたらす。その自信の源を、私は栃木の山中で目撃することになる。


林道を外れ、ダートをしばらく走って車を止め、以前は伐採の搬出に使われたのであろうブル道を横切って下ると、下方に沢筋の広い斜面を見通せる地点に着いた。これまで清水さんが何頭もの鹿を仕留めてきたタツ場である。

ザックとセットになっている椅子に腰を下ろし、倒木を利用して銃を据える。矢先は下方ではなく、左奥の木立と、その手前にあるブル道の屈曲点だ。見ようによっては狙撃手（スナイパー）にも似た待ちの態勢である。

我慢と忍耐の時間がはじまる。陽が天空をゆっくりと移ろっていくが、木漏れ日さえ射さない寒い日であった。

身体の随所に張ったホッカイロとはべつに、手にもホッカイロを握りしめて指先を温め、ポットの飲み物と行動食を口に運んで忍耐のときを過ごす。

耳元のトランシーバーからは、犬を放った周知とタツにいる撃ち手への注意が頻繁に交わされる。

およそ二時間は経ったころ、目の前の藪の上に鹿の角が現れた。三歳は経ている牡の鹿だ。ゆっくりとブル道を移動している。少し離れて矢先を見据えている清水さんは、右下後方から近づいてくる鹿に気づかない。

私は清水さんの難聴を思い出す。幼い頃から難聴気味だったというが、耳元で何万発もの銃の轟音に晒されつづけた経験が、難聴に拍車をかけたのだろう。枯れ草を踏みしだく獲物の足音も、鳥の羽ばたきも聞こえず、やむなく補聴器を使ってもみたが、こんどは自分の足音が響くばかりで、どうにもならないと、苦笑して見せたものだ。

ならばと、咄嗟《とっさ》に清水さんに駆け寄って鹿の接近を告げようとした私を、彼は鋭く制した。

私の存在に気づいた鹿は、静かに頭をめぐらしてブル道の下方に消えた。

二時間の忍耐が、よかれと思った私の稚拙な動きで無駄になった。私が告げるまでもなく、

栃木の山中に集結した「清水組」。今風にいえば「チーム・シミズ」の面々である

スナイパーさながら、ピタリと矢先に照準を当ててから、ひたすら忍耐の時を過ごす

初対面の後日、狩猟免許を取得して女猟師になった岡田由賀さん。ダンナにはいつも笑いすぎだといわれるが、その微笑みは狩猟の世界さえ変えられる

重そうに林道まで獲物を運んでから、会心の表情を浮かべるチームの若手、青島宏明さん

すべては清水さんの想定内だったのだ。

猟には静と動がある。ひとりで山中に分け入って獲物を追跡し、こちらの存在に気づかない獲物を狙うのが静の猟で、勢子や犬に追われて必死に逃れようとする獲物を撃つのが動の猟である。

このたびの鹿猟を、私は動の猟だと思いこんでいた。犬を放つと知らされたからである。犬に追われて疾走する鹿が飛び出してくる場面を想定していた。しかし、猟には常に動と静とが混在するのだと思い知らされた。

犬が鳴くのは獲物の臭いを捉えたときだ。いち早く犬の気配を悟った鹿が、余裕を持って静かに猟場を離れようとする場合もある。

清水さんは、そのいずれの場合も想定していた。たとえ鹿に気づかなくても、いずれはブル道をたどって鹿が屈曲点に姿を現す。微動だにせず、辛抱づよく待ってさえいれば、鹿のほうから矢先に入ってくる。その瞬間に弾を放てば、一撃必中の間合いである。そのゆえにこそ、清水さんは私の動きを制したのだ。難聴のハンディキャップごときは、長年のゆたかな経験によって克服できるという証明であった。

射撃の腕が良ければいいというものではない。獲物の習性による動きと逃走の経路を知り、猟場の地形と地勢と地名のことごとくを学ばなければ猟果は得られない。

この日斃した鹿は、午前と午後の二頭で、ともに都会から参加した若者の成果であった。トランシーバーから、おめでとうの声が飛び交う。

地元の親方の自宅に近い川に運んで解体を行ない、肉を等分に分けてから親方の家で反省会をはじめたのは、日もとっぷりと暮れたころである。待つうちに、親方の奥さんの手による打ち立ての蕎麦が運ばれ、冷えた身体に染みわたっていく。

獲物が獲れても獲れなくても、反省会は欠かせない。各自の動きとそれぞれの課題。これまでに培った先輩たちの経験談。親方の指示を忠実にこなし、的確に伝達することによって初めて可能になる猟の成果。なんどでも徹底的に行なえと、くどいほど諭される脱砲の確認。少しでもチェックを怠れば事故に繋がりかねない銃猟の怖さ。

店の前で行なわれた猪の解体作業。声をかけたら、その技を学びたい若手が続々と集まった

そんな小さな経験の積み重ねが、若者たちを一人前の猟師に導いていく。

岡田豪太さんが清水銃砲火薬店の一員になったのは四年前、彼が三十歳のときだった。付き合っていたゴルフ仲間の由賀さんが薦めたのだ。

当時ゴルフの研修生としてプロを目指していた彼を、彼女がどのように説得したのかは知らない。もしかしたら三十歳という人生の区切りが、岡田さんに決断を促したのかもしれない。

結婚と同時に銃砲店の仕事をするようになった娘夫婦は、清水さんにとって、またとない二代目の登場であった。期せずしてだが、由賀さんも母親と同じ姉さん女房として岡田さんを支えることになったのである。

ゴルフの前にやっていたサッカーでも、岡田さんはプロ並みの技術だったというから、抜群の運動神経とセンスに恵まれていた。

銃の世界に身を投じた岡田さんの腕は見る間に上達し、銃砲店の一員として必要な銃の構造と知識を学び、火薬類取扱保安責任者の国家資格を得た。清水銃砲火薬店としては万全の態勢である。しかし、それがそのまま、清水銃砲火薬店の未来の発展を保証することにはならない。

昭和四十九年には七十万丁を数えた猟銃の所持許可数は、平成二十九年にはライフル銃を加えても二十万丁を超えるところまで落ち込んでいる。もちろん下降の一途だ。背景にあるのは、狩猟者の高齢化と若者の狩猟離れである。

平成三十年の埼玉県の銃砲店は十六軒で、それも年々減る傾向にある。銃砲店の経営者が高齢になって、後継者に恵まれない結果である。

そこで岡田さんと由賀さんは考えた。彼らの感触では、都会の若者の狩猟希望者はむしろ増

射撃場でクレーをねらい撃つ由賀さん

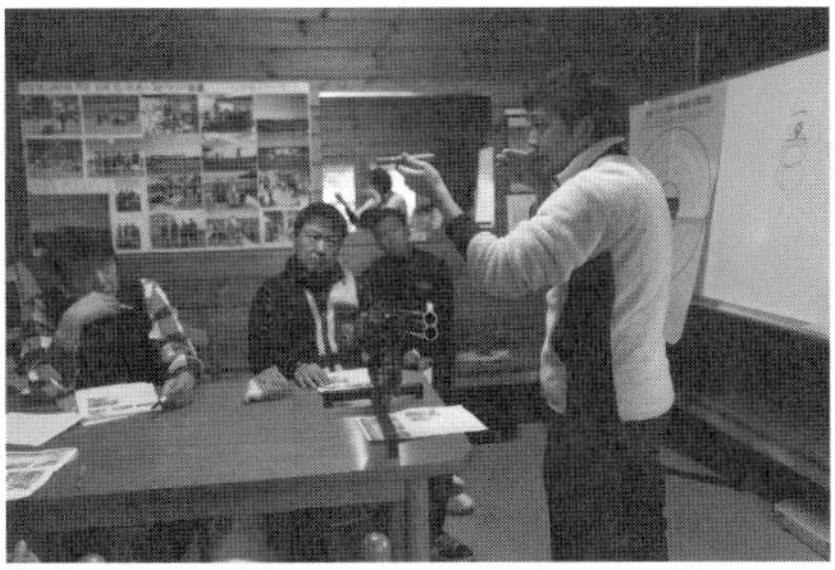

清水銃砲火薬店は定期的に銃の扱い方の初心者講習会を開いている

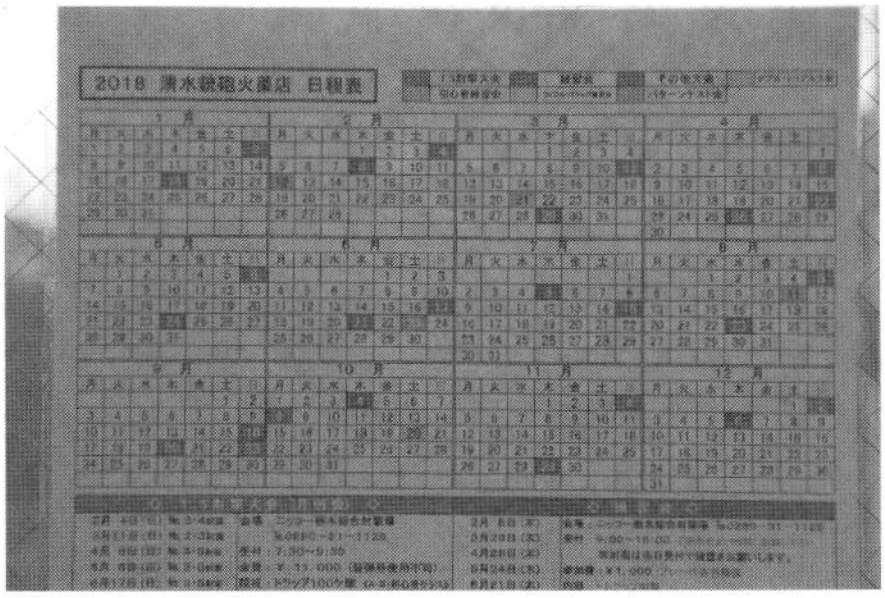

清水銃砲火薬店の行なう、年間の射撃練習や大会スケジュール表

えている。なにも銃の販売と修理だけが銃砲店の仕事ではあるまい。もっと積極的に手を打たなければならない。

そのためにはなにをすべきか。パイが決まっているのなら、そのパイを誘導すればいい。都会の若者の、銃と狩猟への憧れを満たすための道筋をつくってやればいいのだ。

事実、銃の所持許可を取ったものの、その後はどうしていいかわからない若者の来店が相次いだ。彼らに射撃の楽しさと狩猟のおもしろさを伝えたい。

逆転の発想であった。清水さんを交えてホームページを充実させ、SNSによる仲間たちの連絡網を作った。

射撃の分野では月に一度以上、年間でも三十数回に及ぶ練習会と射撃大会を開催し、さらには銃の構造と取扱いと基本姿勢の練習を、実射とともに指導する初心者練習会を立ち上げた。

清水銃砲火薬店は春日部東猟友会の事務局も努めている。現在は七十名を超える会員を有するが、その裾野の広がりには清水銃砲火薬店の取り組みも、わずかであれ貢献しているはずである。

狩猟の分野でも、彼らは独自のシステムを作り上げた。狩猟ガイドである。それまでも清水さんを中心にして、岩手県などで大物猟を行なっていたが、清水さんが猟場にしていた岩泉町が豪雨で壊滅状態になった。

その災害を機に、以前から付き合いのあった栃木の親方たちと協議して、狩猟ガイドのシステムを構築したのである。

これまでなら、伝手《つて》をたどって地元の猟師を紹介してもらい、酒の一升も提げて仲間に入れてもらうのが常だったが、かろうじて仲間に入れてもらったとしても、その地方の猟のしきたりや慣習に馴染めない者も多いのだ。

まして、銃を所持したとしても、山を知らず、狩猟のなんたるかを知らず、獲物を追ったこともない八方塞がりの若者たちは、右往左往するばかりだろう。

若者たちが清水銃砲火薬店のガイドシステムを歓迎したのは言うまでもないが、一方で地方の猟師にとっても、若い都会のハンター志望者の参加は、高齢化によって仲間が減っていく現状を打破する好機であった。この提案は、清水さんたちと地元の猟師双方にとって、ベストな選択だったのである。

私は登山ガイドを経験し、山岳会も運営しているが、会員募集の項目で欠かせないのが「新人歓迎」の二文字だ。なまじの経験者よりも、まったくの素人のほうが教えやすく、飲みこみが早く、素直なのである。

近年になって山岳会が疲弊し、登山ガイドに人気が集中したのは、金銭を介在せず、学んだ技術を後輩に伝えることを存在理由とする山岳会のシステムを嫌ったからだ。

古い人間は、欲しいものと購入費用を天秤にかけて迷うものだが、最近の若者たちにはためらいがない。欲しいものを手に入れる対価は、しがらみよりも金銭で解決するほうを選びたいのだ。登山ガイドの活況の理由もそこにある。

清水銃砲火薬店の試みは、順調に動きはじめた。金銭が介在するとはいえ、環境と世代と考えの異なる地元の猟師と都会の若者との、交流の溝を埋めるための配慮が欠かせない。その一例が、狩猟の最後に行なう反省会であり、わずかな経験で猟場を知ったつもりになった若者たちの、ガイドに無断で行なう狩猟の禁止である。事故が起きれば、地元の猟師たちも知らなかったでは済まされないからだ。

北海道のエゾシカ猟のガイドは周知だが、本州の狩猟ガイドは、いまだ未完のシステムだ。行く手に山積する課題を解決しつつ、狩猟ガイドの定着を目指す清水銃砲火薬店の挑戦は、まだはじまったばかりだ。

※参考文献・インターネット、鉄砲・火薬の歴史。平成三十年警察白書。

ジビエは地球を救えるか

人類が地球に誕生してしばらくのあいだ、人間の祖先たちは迫り来る肉食動物の脅威から身を守るすべを持たなかった。それが逆転したのは、石を道具として用いることを思いつき、それまで喰われる側だった立場を逆転させて動物を狩るようになってからだ。いまから二百万年前の旧石器時代のことだ。

森の木の実や植物、魚介類などを採って食べ、ときに槍や弓などで獣を倒して食糧に供した暮らしを、狩猟採集時代と呼ぶ。やがて農耕が定住を促す新石器時代になると、彼らは獣を追う一方で、従順な動物を飼養することを覚えた。動物の家畜化である。

農耕と定住の関係には諸説があるが、やはり農耕の広がりが人々の定着を促した大きな要因と考えるべきだろう。年々の環境によって豊凶が左右される自然の恵みを頼むよりも、栽培しやすい植物を選んで育て、みずから改良を加えて収量を増したほうが、はるかに効率がいいのである。そのためには農地に近い場所に定住する必要があった。

動物の家畜化も同様の考えから生まれた。遠くまで狩りに出かけなくても、いつも身近で新鮮な肉の供給が得られるなら、それにこしたことはない。動物の家畜化は、定住がもたらした恩恵と考えていい。

しかし定住は土地への執着を生む。争いの起源は土地の占有から生まれたとされている。それまでの獣を追う道具が、人間同士の争いの武器として使われるようになる。土地の占有は村落の形成をうながし、格差をもたらし、複雑な共同体を構成するようになる。

もちろん狩猟採集が、すぐさま農耕定住に転換し得たわけではなく、家畜化も安定した肉の供給を保証したわけではない。先史からの気の遠くなるほどの長い歴史の推移のなかで、家畜化を模索しつつ、狩りもまた連綿とつづけられてきた。

現代の猟にも通じるが、狩りをするためには動物の習性を熟知しなければならない。それは動物たちが、それぞれの運動能力に応じて野山を自在に移動する、「遊動」と呼ばれる行動原理に従っているからである。

狩猟免許を取ったばかりのハンターが、知識と経験をもたないまま野山に分け入ったとしても、獲物を手にすることは、よほどの強運に恵まれないかぎりありえない。狩りは知識と経験と学びによって成果を得るものだからだ。

狩猟生活といっても、先史時代の人々が毎日のように狩りに出ていたわけではない。大量に獲物を捕ったにしても、肉を保存する合理的な方法を持たない以上、獲物を食べ尽くせば、必要に迫られて狩りに出るしかなかった。しかし、稚拙な狩りの道具しか持たず、何日も野山に獲物を追い、なんの成果も得られぬままに、悄然と帰路につくこともあったに違いない。

原始時代であればあるほど、獲物の確保は食べて生きるという一点において、生活の根幹を揺るがすほどの重大事だった。狩猟採集時代の狩りは、現代の私たちが思うほどたやすくはなかったはずである。その意味において、動物を飼うという発想は革命であった。いつ獲れるかもわからない獲物を追いつつも、いつでも好きなときに食える食糧を養うという行為が、いかに人々の暮らしを支えたか。

ある機関の調査によれば、動物の家畜の先駆けは狼を飼い慣らした犬で、紀元前一万五千年のことだという。それが羊、山羊、豚、牛へと広がっていくのだが、猪を改良した豚の家畜化が紀元前九千年の中国だというのには、さすがに最古の歴史を持つ中国であるかと感嘆させられる。羊は推定で紀元前一万年、牛は紀元前八千年のインドや中東、鶏はさらに二千年後の紀元前六千年のインドと東南アジアである。

動物の家畜化は、単に食肉のためにとどまらない。毛皮や角や乳が利用された。加えて狩りの補助としての犬の活用があり、さらにはペットとしての効果もあったのだ。

定住の対局に位置する遊牧民の存在も見逃せない。私は巧みな馬術で知られ、勇猛果敢な戦闘力で中原を疾駆した騎馬民族のモンゴルの部族に、かぎりない憧憬をいだくものだが、そもそも彼らは遊牧民だったのである。家畜に食べさせるための牧草を求めて周期的に移動を重ねる民族だ。遊牧の起源が紀元前八千年というのは、羊の家畜化の時代とも符合する。そして、その背景には、紀元前一万五千年に家畜化に成功した犬の存在があったはずである。

いまでこそ姿を消しつつあるが、モンゴルには世界最古の品種に属する犬であり、優秀な牧羊犬のモンゴリアン・バンホールがいた。

その犬たちと一体となって、彼らは羊を主とする家畜を飼養したのであろうと思われる。

現在モンゴルの家畜は山羊、羊、牛、馬、駱駝《らくだ》の五畜とされているが、彼らはその家畜を、暮らしのあらゆる部分に利用してきた。それぞれの肉はもとより、山羊の乳からはチーズやバター、ヨーグルトや馬乳酒をつくり、毛皮や羊毛は寒さをしのぐ衣服になり、皮は船の材料にもなった。羊の蹄は酒器として用いられ、家畜の糞は燃料にもなったのである。

生活に必要なほとんどを家畜から得て、自分たちが生産し得ないもののみを交易によって入手するのが、自然に寄り添う遊牧民の暮らしであった。

思えば動物の家畜化は、世界中のあらゆる遊牧の民に、民族としての巨大なうねりにも似た行動様式をもたらした。その一方に現在、地球上のさまざまな地域に遍在して繁栄してきた畜産業があることは、いうまでもあるまい。巨大な工場のような牧舎で、繁殖と肥育と屠殺を分業にして稼働している背景には、紀元前一万五千年に発生した動物の家畜化が貢献しているのである。

しかし、そこには忘れてならない事実がある。同じ生命の分化であった狼と犬、あるいは猪と豚や、その他のさまざまな鳥獣の、家畜化に伴う形質の変化といのちの問題である。

同じ遺伝子を持つ動物の末裔が、一方は野生鳥獣として山野に生息し、狩猟の対象になりながらも、みずからの機転と知恵を駆使することによって生命を全うできる機会を与えられているのに対して、食肉として生まれた生命は、人間に感謝されつつも、生きるか死ぬかの選択の自由は、まったく与えられていない。生命の尊厳と軽重さえ異なっていると言ってもいい。

べつにそれを不公平だというつもりはない。だが、祖先を同じくする家畜が、生まれ出た環境に従って、容赦なく生死を規定されるという事実は知っておくべきだと思う。

近縁の遺伝子を持つ両者が、一方では進化を人間に託し、一方は環境の命ずるままに進化を重ね、深く交わることなく存在していくのだろうと思っていたが、このところの地球環境が、それを許さないようなのである。

近年、「持続可能な」という言葉を耳にする。ＳＤＧｓ（持続可能な開発目標）とも呼ばれるが、曰く、持続可能な社会。曰く、持続可能な開発。曰く、持続可能な農業などなど。そこには持続可能な狩猟も範疇に入る。ツキノワグマの駆除などで使われる言葉だ。

「持続可能な社会」を辞書で引くと「地球環境や自然環境が適切に保全され、将来の世代が必要とするものを損なうことなく、現在の世代の要求を満たすような開発が行なわれる社会」と記されている。

お説ごもっともだが、なにやらきれい事のように聞こえなくもない。これを私の定義で言い直せば山菜に等しい。ゼンマイやワラビやコゴミなどの山菜を採るとき、山里の人々は半分残すことを心がける。全部とってしまうと株が疲弊して、やがて山菜の枯渇につながるからだ。あるいはツキノワグマを有害駆除で獲るのはいいが、絶滅させてはならない、ということでもある。

例えが貧弱だが、云わんとするところは同じだろう。地球規模の課題でネットを開くと、次の五項目が列記されていた。

1．生物の多様性の喪失。
2．森林面積の減少。
3．平均気温の上昇。
4．地球人口の増加。
5．水不足。

わかりきっていたことだが、ようやく世界の人々は、地球のかぎりある資源の枯渇を防ぐために警鐘を鳴らしはじめたのである。

もちろん、それぞれが独立して危機に瀕しているわけではない。すべては連関しているのである。そのなかで、ことさら私の興味を惹いたのは地球人口の増加だった。一九五〇年には二十五億人だったものが、二〇一一年には七十億人に達し、二〇五〇年には九十八億人になると予測されている。おそらく上記の五項目のうちで、人口の増加は人間の本能に深く根ざしているだけに、もっとも解決困難な課題であろう。

問題はここからだ。このまま人口が増えつづけていけば、食べものが行きわたらなくなるのは目に見えている。地球の穀物は無限ではないからだ。

統計では、地球全体で生産される穀物高は、年間二億四千九百万トン（二〇一四年）で、そのうち三割が畜産、すなわち牛や豚や鶏などの餌になっている。ちなみに食用が五割、工業用が二割だ。

人間を飢えさせないためには穀物を人間の食用にまわすほかはなく、そのためには穀物を食べる動物を減らさなくてはならない。つまり、畜産用をすべて食用にすればいいのだが、それでは畜産業が成立しなくなる。――ならばどうするか。

このことについて、民俗学者の赤坂憲雄《あかさかのりお》は、その著書『性食考』（岩波書店、二〇一七年）のなかで、かなり過激で奇抜な論を展開している。手もとに著書がないので、うろ覚えになるが、概略次のようなことだったと記憶している。

――このまま世界の人口が増えつづければ、やがて人類は肉を食べられなくなる。穀物が増えない以上、食肉を減産せざるを得ないからだ。そのとき初めて、人々の眼差しは、野生の動物に向かうだろう――

このことだ。世界の野生動物と狩猟界の現状は知らず、この提言を日本の現状に当てはめればどうなるか。

もし近い将来、世界の穀物不足が現実になったとき、地球上に遍在している野生動物は世界を救えるのか。そしてまた現在、有害駆除の対象として敵視され、半減を目指している日本の鹿や猪は、この小さな島国の食肉の危機を救えるのだろうか。

もちろん、世界の国々も手をこまねいていたわけではなく、遅ればせながら対策を講じている。それが各国の食肉のシフトだ。

たとえばアルゼンチンに次いで牛肉の消費の多かった米国は、二〇一二年の統計で主要な肉の消費が鶏肉に代わっている。同じく三位のブラジルも四位のオーストラリアも同様に鶏肉にトップの座を譲っている。どういうことかというと、一キロの肉の生産に必要な穀物の量が違うからである。

調査の媒体によってばらつきはあるが（註1）、牛肉一キロを生産するために必要な穀物がおおむね十一キロなのに対し、豚は七キロ、鶏が四キロである。つまり同じ肉を食べるなら、鶏肉にシフトしたほうが穀物の消費は抑えられる。幸いにして、そこにはヘルシー指向という背景もある。

だが、おわかりのように、これは当座しのぎに過ぎないのであって、根本的な解決策にはなり得ない。牛肉を鶏肉にシフトしたとしても、やがて限界はやってくる。しかし、対策の意図は良くわかる。一キロの牛肉を生産するために、十一キロの穀物を費やしていい時代ではない。一キロの牛肉を食べる人間は、間接的に十一キロの穀物を食べたことになるからだ。食肉のシフト以外に、穀物の収量を増加させる努力はあるにしても。

赤坂憲雄は、肉の消費のシフトが延命効果にはなっても、決定打にはなり得ないことを知っていたはずである。

それでは世界の穀物危機が日本に波及しないかといえば、それは当然あり得る。というか、世界の危機は、そのまま日本に跳ね返ってくだろう。

農水省は、二〇一五年の「日本の食糧事情」というＨＰのなかで、農産物の輸入超過に陥っている現状を述べ、それまで三十九パーセントだった食糧自給率を令和七（二〇二五）年までに四十五パーセント（カロリーベース）にしようと提言している。しかし、過去の国内自給率向上の各種の議論を封殺したのが、当時の国家であり農水省であってみれば、その提言の効果は疑わしい。日本も世界のグローバル経済に組みこまれて貿易収支を無視できない以上、ことはそれほど簡単ではあるまい。

それでは世界の穀物不足から食肉の生産が難しくなり、日本に食肉が入ってこなくなったとき、日本の野生鳥獣である猪と鹿は、はたして食肉の需要を補完しうるのか。

ちなみに二〇一四年の日本の食肉消費量は、一人あたり年間四十五キロで、豚、牛、鶏の順になっている。数字が苦手で、勝手にネットで抽出したデータの整合性を問われても困るが、二〇〇四年の食肉の輸入量は五八五万トンで、国内の食肉生産量は二五〇万トンである。

その検証をする前に知っておかなければならないのは、そもそも国産の食肉を支えているのは輸入の穀物だということだ。仮に食糧自給率が四十五パーセントに及んだとしても、耕地の少ない日本の穀物で、国産の家畜のすべてを支えていけるはずがない。だからこそ輸入に頼らざるを得ないのだが、穀物危機が世界に及べば、自国の需要を優先して、日本に入ってくる穀物は途絶えることになる。つまり世界の穀物危機は、日本の穀物危機そのものなのだ。

食肉の輸入と国産の食肉の差の計算は、その時点で意味をなさないことになる。仮に穀物の輸入が継続したとして、その差三三五万トンをジビエで補えるかと云えば、それはとても無理だ。まして半減すべく調べている鹿や猪などの数は、重さではなく頭数だ。二〇一三年の鹿の生息頭数は推定で三〇五万頭。猪が九十八万頭である。一頭で平均何キロの肉が得られるかを調べるまでもなく、食肉の不足分を補えるはずがない。

さらに、日本にはそもそも野生鳥獣の食肉文化がない。江戸時代には食肉禁止のお触れまで出たのである。牛や馬は農耕のためにこそ存在するのであって、食べるものではない、というのが禁止の理由だ。

当時から少数ながら各地にあった「ももんじや」は百獣屋の転訛とされるが、鹿や熊や猪を食べさせる野生動物の店として、いまでも東京の両国にある。江戸時代からつづく数少ない専門店だが、その頃は薬喰いと称して獣肉を提供していたのである。

したがって、現代においても獣肉を食べるのは猟師や一部の愛好者であり、有害駆除で得た獣肉の利用方法としてジビエが知られるようになっても、広く国民に敷衍《ふえん》しているとは言いがたいのである。

赤坂憲雄が警鐘を鳴らした穀物危機の未来は、おそらく次のような経緯をたどるはずだ。世界の穀物における飼料の比率がいかに少なくなろうとも、食肉の生産が絶えることはなく、ただひたすら、高い購買力を有する選ばれた人々のための高級食材として生き残ることになるだろう。

そして日本人は、ようやく生活に溶けこみつつあった食肉の文化を捨て、血肉に馴染んだ魚の文化に帰っていくように思うのだ。

その文化の片隅に、それまで顧みることの少なかった日本の野生の食肉に、少しでも光が当たればいいと思うばかりである。

さて、突然だが最近（二〇十九年四月）茨城県に転居した。まだ住みはじめて二ヵ月足らずだが、それが茨城になったのに深い意味はない。それまでのぼろ屋に家賃を払いつづけるのが馬鹿らしくなっただけのことだ。秋田から上京して以来、五十年以上も住んだ埼玉を離れるのは、それなりのためらいもあったが、山と関わって生きている以上、平地だらけの埼玉ではなく、山と日常的に触れあえる地域に住んでみたくなったのだ。

むかし、人生において三度は家を建てるものだと聞かされ、そんな生活レベルじゃないと一蹴した覚えがあるが、まさか自分が家を三軒持つことになろうとは思わなかった。

最初の家は最近手放したため、現在は只見にある山小屋ふうの別荘と茨城の家の二軒だ。家からは筑波山《つくばさん》が見える。正確に言えば、自由民権運動で知られた「加波山《かばさん》事件」のあった加波山の北麓である。

しかし、茨城には思いがけない展開が待っていた。罠猟ができるのである。銃猟免許を持ってはいるが、本来私は罠猟がしたかった。それには日常的に見まわりのできる地域に住まねばならない。それが罠猟の免許を取らなかった最大の理由である。

転居して初めて知ったのは、茨城には鹿がおらず、猪しか生息していないことだった。初耳であった。県のホームページには、熊はいないと記されている。しかし、福島や栃木と県境で接している以上、まったく生息していないということはあるまいし、事実目撃情報もある。

まあ、それはいいとして、問題は獲った猪が食えないということだ。むろん福島原発の影響である。対象地域の家や庭の除染は済んだのだろうが、福島から茨城に至る広大な山野は手付かずのままだ。だから私は、手放しで喜んでいるのではない。

源流の釣りも楽しむが、そのときの私は漁師であり、狩猟に向かうときの私は猟師である。すなわち、どちらも食べるための漁であり、猟なのだ。もしも食べない猟があるとすれば、それは歪な猟であって健全ではない。まるで花が咲いても実を付けない徒花《あだばな》のようなものだ。

キャッチ&リリースという思想も私にはないし、撃った動物をそのまま放置するつもりもない。どちらも美味しく頂くのが漁と猟の基本だと思うからだ。だから、目前に迫った罠猟免許の申請はすませたが、それからの展開はまったく読めないままなのだ。

そもそも食えない猟というものがあろうとは思えない。キャッチ&リリースならば釣りそのものを楽しむという選択肢はありうるが、半矢にした獲物や罠にかかった獲物をそのままにしておくという猟がはたしてあり得るのか。

だが、有害駆除として市が補助金を出して免許の取得を奨励しているのは、もちろん猪の被害に遭っている住民がいるからだ。動物の被害に遭っているのを、いかに捕獲した猪が食べら

河原の処理場で、解体を待つばかりの牝鹿

認定された処理場で解体すればジビエとして販売できるが、多くの狩猟者たちは
自家消費すべく、近くの河原に運んで解体する

れないからといって、同じ市町村の狩猟者が見て見ぬふりをするわけにはいくまい。

この悩ましい事態に、放射能被害に苦しむ福島や茨城の狩猟者はどう応えるべきなのだろう。そもそも有害駆除という言葉そのものがまやかしなのだ。獣害はあっても害獣は存在しない。有害というなら、動物たちにとって見れば、天敵である人間こそが有害なのだ。

狩猟者は、きれい事をいえば自然のなかで獲物を追い、知恵比べの末に獲物を斃すことによって狩猟文化の継承と発展を願っている。

はっきりいえば楽しみで猟をしているのであって、駆除が目的ではない。有害駆除に駆り出されて結果が出なくても、狩猟者が責任を感じないのはそのためだ。

捕獲数に応じて補助金を出すのも、積極的に駆除に応じようとしない狩猟者への、やむを得ない対策なのかもしれない。

したがって本来、有害駆除は直接被害を受けている当事者が主体となって行なうべきものなのだ。狩猟者サイドから云ってしまえば、義務のない有害駆除に多くを期待するべきではない。非情な言い方だが、自分の身は自分で守るほかないのだ。これは関連する多くの対策本にも書かれていることだから、私の持論ではない。

平成二十七（二〇一五）年に施行された鳥獣保護管理法で推進している「指定管理鳥獣捕獲等事業」は、令和五（二〇二三）年までに全国の鹿と猪を半減する計画だが、あまり成果は上がっていないらしい。

動物の解体を見ていて思うのは「解体新書」だということだ。
人間とまったく変わらないのだから、見ていて飽きない

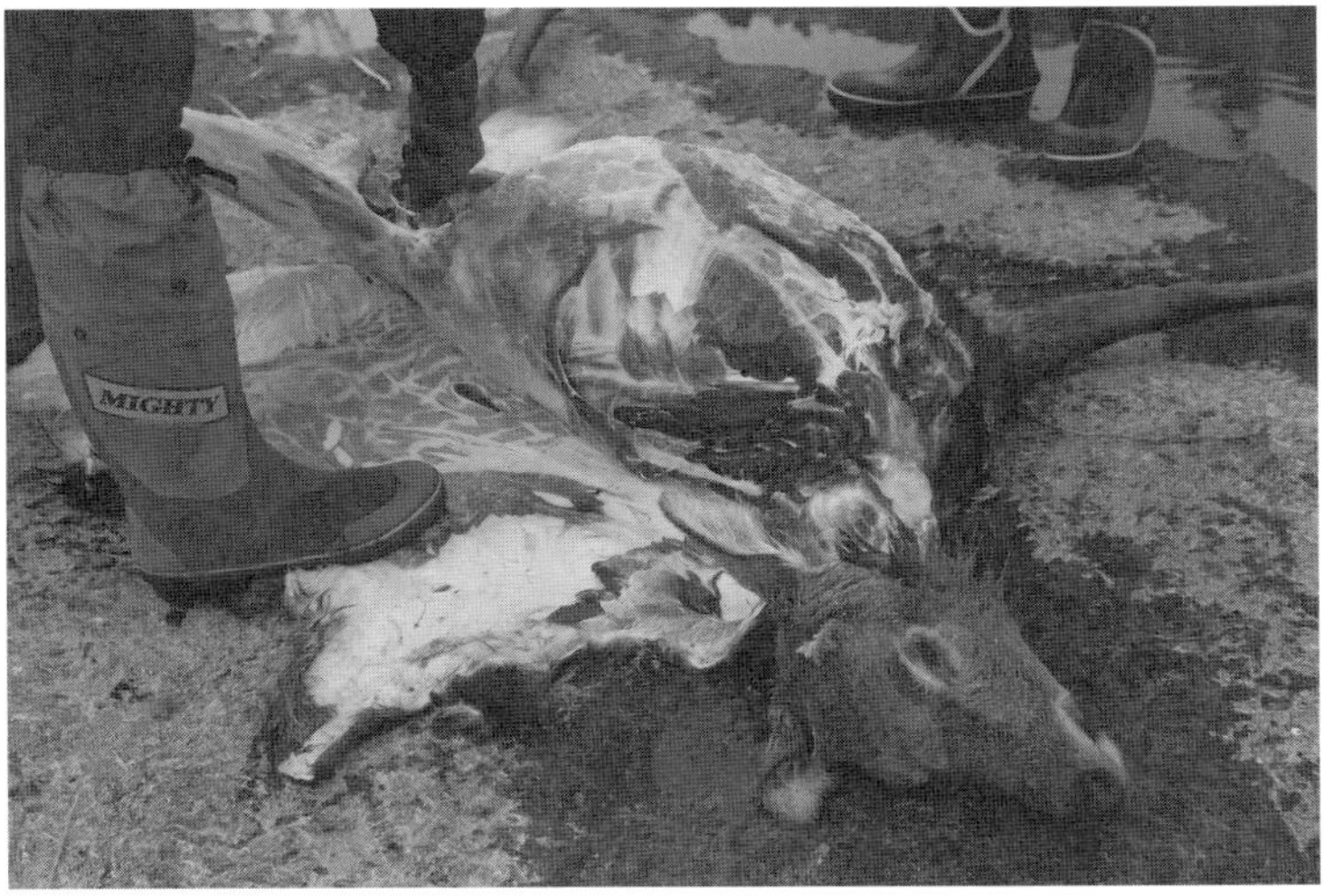

すべての動物の解体作業は皮剥ぎから始める。それから四肢を外し、肉を取る

その推進のために成立させたのが、「認定鳥獣捕獲等事業者制度」である。これは合法的な鳥獣の捕獲部隊とでもいうべきもので、令和元年で全国一四三の事業者が登録している。

この事業の特殊性は、これまでの狩猟制度とは異なる優遇措置が与えられていることだ。いずれもケースbyケースだが、捕獲した動物の山中への残置や、夜間の発砲まで認められている。いわばなりふり構っていられない行政が放つ、最後の決め球がこの制度なのである。

そのなかには当然のように、全国各地の都道府県や地域の猟友会が参画している。そして事業者の多くが、この事業を副業として位置づけている。駆除事業が効率よく進めば進むほど、事業は先細りになり、仕事が減っていくからだ。

それにしてもマタギが絶えてから、職業猟師も絶えたと語ってきたが、まさかこんな形で、駆除を仕事とする狩猟者が登場してくるとは思わなかった。

茨城県猟友会も、この事業に登録している。まずは私も罠免許を取得し、地元の猟友会に所属して、その動向を知ったうえで自分の進むべき道を探らねばなるまい。どうなるかはまったく見えないが、ようやく訪れた日常的に動物とかかわる山里の猟に、わが身を浸してみたいと願っている。

註1・三井物産戦略研究所2014年5月レポート・世界の食肉需要の動向と飼料用穀物から。その他参考＝環境省ホームページ。農林省ホームページ。国連人口基金東京事務所ホームページ、ほか。

有害駆除——獣害との闘い

人類が狩りを覚えて獲物を追った有史以前から、人間と動物は棲み分けをしてきた。追われる動物は山に逃れ、これを追う人間たちは、水に近い山里や海辺に集落を形成して暮らしはじめた。

両者を分けたのは、集落の背後に連なる森だった。両者に介在する森の存在が、人間と動物の共存を可能にしたのである。

やがて人間たちは、背後の森に手を入れて生活に利用するようになった。里山の誕生である。人々は柴刈りをして日々の燃料にし、渓魚を釣り、山菜や茸などの山の幸を食糧にした。

米作がはじまる以前の縄文初期には、栗の栽培が確認されている（註1）。栗を主食にしたのだ。里山に植えた栗の本数は、集落で暮らす人々の二年分の食糧に相当する。栗は隔年結果性の強い樹木で、品種改良される以前の栗は一年おきに実をつけるため、二年分の栗の木を栽培することで集落の食を賄うことができた。人間の叡智《えいち》は、すでに縄文の初期から十全に発揮されていたのである。

古代には野積みの木材を蒸し焼きにして得た木炭も、平安時代に入ると山中に窯を築いて大量に焼いた。

農耕の時代に入ると焼畑農法を行なうようになり、山林での炭焼きや焼畑といった人間の活動が、動物たちの里への侵入を防ぐ効果もあったとされている。

ブナやクヌギやコナラなどの、里山の雑木の果実であるブナの実やドングリは、動物たちの恰好の餌であった。里山の背後の山中に棲む動物が、豊富な木の実を食べるために里山に出てくることを人々は承知していたし、動物たちもまた、里山の下方には人間の世界があることを知っていた。

人と動物が一線を画すのではなく、互いが共存するための緩やかな緩衝地として、里山を機能させてきたのである。

その一方で、田畑を蹂躙《じゅうりん》する動物たちとの避けられない問題が発生する。

動物たちの棲《す》み処《か》の山を焼いて得た畑の作物は、人間と動物が分け合うべきではないかという考えをすでに述べたが、もちろん詭弁である。

仮に人間が、山の畑の先住者である動物たちに、少しは作物を分け与えようと思ったにせよ、彼らが人間の好意を理解するはずもないからだ。

食えるものを食えるときに、際限なくむさぼるのが動物の習性である以上、人間にとって畑を荒らす動物は、不倶戴天《ふぐたいてん》の敵である。

ましてドングリよりも確実に美味しいであろう畑の作物の味を知った動物たちは、怒涛のごとく畑に押し寄せることになる。

作物が成熟し、明日は収穫だというその前夜、猿や猪がやってきて全滅させられた例など、枚挙に暇がない。

そのうえ、完食されるのならまだ諦めもつくが、一口だけ齧られたり、収穫不能なまでに畑を踏み荒らされたりすれば、泣くに泣けない。

そんな獣害に悩まされる農民の暮らしを丹念に拾い上げて報告したのが民俗学者たちである。平凡社ライブラリー『日本残酷物語』（註２）には、辺境の地で、さまざまな社会の底辺を構成して暮らす貧しい人々の物語が収められている。

炭鉱労働者や製糸工場の女工たち、幾多の飢饉で飢えに苦しむ人々や被差別部落民など、その内容は多岐にわたるが、もちろんそこには、殺到する動物たちとの血を吐くような攻防の歴史も綴られている。

収穫間近になると、畑を守るために寝ずの番をする。威《おど》し鉄砲（空砲）を鳴らしたり、大声をあげたり、猪の嫌いな髪の毛を燃やしたりして終夜撃退するのだが、不覚にも昼間の農作業の疲れから、つかの間寝入った隙を狙われ、我に返って天を仰ぐ。

そんな過酷な猪被害を、奇想天外の作戦で救ったのが、陶山鈍翁《すやまどんおう》（別名訥庵《とつあん》）の猪全滅計画（猪・鹿追詰覚書）である。

江戸時代の元禄年間、朝鮮半島を目睫《もくしょう》に捉える対馬でのことだ。

四十三歳で対馬《つしま》藩の郡奉行に任じられた鈍翁は、猪被害に苦しむ島民を救うべく、猪絶滅計画を建議するが、家老たちの猛反発を浴びる。

それはそうだろう。なにしろ、生類憐みの令で悪名高い綱吉の時代だ。幕府に知られたらただではすまない。

しかし、反対を押し切って、鈍翁は計画を断行する。

簡単にいえば、全島をいくつもの柵に区切って、それぞれの柵ごとに猪を捕殺するのである。逃げた猪がいても構わない。逃げ道を塞いで追い詰めることに変わりはないからだ。

発想自体は素晴らしいが、難事業であった。全島を九区に区切って、高さ六尺（一八〇センチメートル）の大垣をめぐらし、さらにそれぞれを五尺の内垣でいくつもの小区に分け、ひとつずつ虱潰《しらみつぶ》しに殲滅《せんめつ》していくのである。

六尺の大垣の全長は二十七里（一〇八キロメートル）、内垣は中部地区だけでも一二三里（四九二キロ）というから、全島なら、単純計算でもその三倍におよぶことになる。時代を考えれば、垣はすべて木製だったはずだ。

垣の敷設と猪の捕殺には、島の農民を総動員したという。もちろん、冬の農閑期にしか作業はできない。

小区ごとの殲滅に投入されたのは、人夫六百人、犬二百匹。これを武士が指揮して毎日行なわれるため、まるで戦陣のような騒ぎだったと記されている。

捕殺に使った武器は不明だが、鉄砲を主力にしたと思わせる記述がある。

この殲滅作戦に用いるために、鍛冶職人を堺にやって鉄砲の製造法を学ばせ、島内に銃房を設けて藩内の鉄砲を作らせたというのだ。

当時は鉄砲の所持が禁じられており、幕府の監視を逃れるため、外国の侵入に備えるという口実をもうけた。島を南北に分けるために東西に築かれた大垣ひとつをとってみても、長さが四里（十二キロ）におよぶが、長さに劣らずすさまじいのはその緻密さだ。

猪の這い出る隙間を防ぐために尾根を越え、集落を横断し、河川や道路や叢までをも完璧に塞ぎ、さらに海上には、海からの侵入に備えて船まで並べたというから徹底している。

一条の大垣にしてこうなのだから、島全体に張りめぐらした膨大な垣を思えば、途方もない労力である。

これはもう、対馬藩が総力を挙げて取り組まなければ、とうていなし得ない事業であった。陶山鈍翁の、破天荒な発想と胆力と統率力の結実である。

その結果、殲滅計画のはじまった一七〇〇（元禄十三）年から九年後の一七〇九（宝永六）年、対馬の猪は絶滅に至った。その数は八万頭といわれている。

その年、将軍綱吉が没しているが、なにやら不思議な因縁を感じないでもない。

ならば対馬には現在、猪がいないのかといえばそうではない。対馬の猪は知らぬ間に復活していて、農業被害がすでに出はじめている。絶海の孤島であっても、動物たちはどこからか侵入してくる。彼らの生命力の強さを侮ってはならない。

それでは現在の日本で、このような絶滅作戦が可能かといえば、おそらく無理だ。まず動物愛護団体が黙っていまいし、たとえ島嶼部といえども全滅には必ず異論が出てくる。狩猟法に抵触する部分も少なからずあるはずだ。となれば、たとえ幕府への忖度《そんたく》があったとしても、鈍翁の計画は、あの時代ならではの果断であった。

折しも、房総半島のキョンが問題になっている。キョンは小型の鹿（偶蹄目、シカ科、ホエジカ属）で、本来は中国南東部と台湾に生息する動物だ。日本では、特定外来生物に指定されている。

そのキョンが爆発的に増えて、二〇一九年三月現在、千葉県によれば、県全域で三万七七〇〇頭の生息が報告されている。

それが、二〇二〇年には五万一千頭に増え、二〇三〇年には一一〇万頭を超えるという試算もある。生後半年で妊娠し、しかも一年を通じて繁殖をするというのが、その理由だ。

このままいけば、房総半島を北上して生息域を広げ、計算上では六百万人を擁する千葉県の人口を超えかねないのである。

もちろん、狩猟圧や餌の問題もあろうから、そこまでは増えないにしても、ゆゆしき問題であることに変わりはない。

キョンを台湾から日本に移入したのが、勝浦市にあったレジャー施設の「行川《なめかわ》アイランド」（註3）であることはすでに判明している。施設から脱走したキョンが野山に逃れて野生化し、豊富な餌を得て徐々に増えていったのだ。

キョンが移入されたのは昭和の中ごろで、まだ外来生物を禁止する法律（外来生物法二〇〇四年制定、翌〇五年施行）が存在しなかった。とはいえ、移入許可を申請したほうも許可したほうも責任を免れないだろう。もっと慎重で厳重な対策を施しておくべきであった。

一説では、キョンの生態を知らない飼育員の杜撰な管理が原因か、あるいは、餌を満足にもらえないキョンを哀れんだ飼育員が、意図的に逃がしたのではないかともいわれている。いずれにしても、その時点で、だれが現在の驚異的な繁殖を予想しえたであろう。

ちなみに伊豆大島にもキョンが生息している。こちらは「都立大島公園」のキョンで、台風被害で壊れた柵から逃れた十数頭が野生化したもので、平成三十年末で一万五四九〇頭（東京都ＨＰ）と観測されている。

現在、伊豆大島のキョンは、捕獲数が繁殖数を上まわっていて、横ばい、もしくは減少傾向にあると報告されているが、そもそも原因を作ったのが都立の動物園なのだから、都としても本腰を入れざるをえないのだろう。

都によれば島民の理解を得て、島内外からハンターを増員して捕獲数の向上をめざすという（東京都ＨＰ）。島外から多くのハンターが来て島おこしにもなれば、との目論見があるのかもしれない。たしかにキョン撃ち放題の捕獲ツアーは、本土のハンターにとっては魅力的に映るだろうが、見知らぬ多くのハンターの来島を、島民が不安に思わず歓迎するのかどうか。

捕獲数が増えることによって生息数が減ってくれればいいが、これ以上増えるようなら思い切った作戦が必要になる。

私が伊豆大島の住民なら、捕獲対策の有力な選択肢として、陶山鈍翁の殲滅作戦を進言する。なにしろ面積は対馬の七分の一にも満たない小さな島だ。ラグビーボール状の島の直径は十キロほどだが、山岳地帯が多いので、島民への影響は最小限で済む。三原山の噴火は怖いが、キョンの生息域の上限に柵を設けて、山頂付近に侵入しないようにすればよい。

道路の通行は、そこだけゲートを設置してもよく、道の両側をフェンスで遮断してもいい。福島の原発事故で、いまだに帰還困難地域の国道六号線を長大なフェンスで覆い、二十四時間体制で監視員を置いているのだから、出来ない話ではない。

捕殺は自衛隊を頼んでもいいし、特別に動員したハンターたちでもいいだろう。

経費はもちろん、事態を招いた責任者である東京都が負担すべきだ。

動物愛護団体の抗議があったとしても、特定外来生物の駆除で押し通すしかない。国の進めている猪や鹿の半減計画が、全面ではなく半減なのは、鹿や猪の国土への生息を認めているからで、そもそも日本にいなかったキョンとは話が違うのだ。

それにどうやら、キョンの肉は旨いらしい。中国や台湾では高級食材として珍重されているらしく、牛肉の赤身に似た味で、鹿よりも旨いという。ならばキョンの肉をジビエとして島おこしに用いてはどうか。

キョンの体高は四十センチほどで、重さも十キロ程度だから、捕殺してしまえば山出しや運搬などの後処理が楽だ。ときには百キロにもおよぶ猪とはわけが違うのだ。

決断は早いほうがいい。べつに鈍翁の手法を真似なくともいいが、大胆な作戦をとらないかぎり、キョンは容易に数を減らしてくれないだろう。

すでに伊豆大島のキョンは、島民の二倍に達しているのである。


一方、房総半島のキョンは、二〇〇二年には、まだ千頭ほどの確認に過ぎなかった。

千葉県は平成二十一年度に、外来生物法に基づく「千葉県キョン防除実施計画」を策定している。それによれば、平成二十三年度までに千葉県からキョンを完全排除するとしているが、ほとんど効果を上げられず、逆に増えつづけているのは、有効な手が打てないからだ。

キョンは小型で足が速いため、銃猟の効果が上がらず、罠で獲ろうとしても足が細すぎてかかりにくく、こちらも難しい。つまりはお手上げなのだ。

完全排除というのは、言い方を換えれば絶滅宣言にほかならない。それはキョンが日本にはいなかった外来生物だからで、絶滅宣言をするのなら千頭とはいわず、数千頭に増えた時点で、今日の繁殖を予測して対策を練るべきであった。

高齢によるハンターの減少も予想できたはずだ。ハンターは減るわキョンは増えるわで、千葉県は頭を抱えているに違いない。

すでに倒産している行川アイランドに尻は持ちこめず、台風十五号（二〇一九年）で甚大な被害を受けた千葉県としては泣き面に蜂だ。

対策本部を勝手に離脱して批判を浴びている森田健作知事は、失地回復の好機と捉え、キョン対策に全力を注ぐべきだろう。もしも多大な成果を上げれば、一躍千葉県の英雄になれる。

といって有効な手段があるわけではない。野生動物の専門家たちが知恵をふり絞っても、いまだにいい結果が出ていないのだ。

対馬や伊豆大島のような島嶼と違い、柵で区切って捕殺するのは難しい。なにせ房総半島の東西は百キロにもおよぶ。

ならばこのまま手をこまねいて、自然淘汰を待つしかないのか。

しかし、なんの知恵もない素人の私でも、思いつく手段がひとつだけある。国家プロジェクトにしてしまえばいいのだ。

房総半島がいくら大きくても、半島であることに変わりはない。たとえば房総半島がもっとも狭まる地域の東西に延びる外房《そとぼう》線に沿って、キョンの移動を防ぐフェンスを構築する方法がある。とりあえずキョンの北上を食い止め、その後の対策は並行して進めればいい。キョンの主力を房総半島で食い止めるのが、喫緊の課題である。

とはいえ、東京近郊の柏市でキョンが目撃されており、すでに房総半島を抜け出て拡散しはじめているのであるが。

とにかくこのままでは、国も千葉県も無策の誹りを免れず、最後は国が積極的に乗り出すほかはない。

部外者の私の現実離れした提言など、おそらく無視されるか鼻であしらわれるだろうが、私は大まじめである。

そもそも野生動物の駆除を難しくしたのは、国がそれぞれの動物の、生息数の推移を見誤ったからだ。

二十年ほど前のニホンジカの取材時には、牝は母体保護の観点から捕獲禁止で、牡は一日一頭の制限があった。その結果、鹿も猪も手が付けられないほど増えてしまった。それがいまでは牡牝や頭数の制限がなく、牝の捕獲ほど奨励される。仔を産む牝の捕獲が繁殖率を下げるからで、つまりは方針を換えざるを得なかったのである。

税金から捕獲に投じられる補助金も巨額になっている。

もちろん国も、さまざまな施策を講じてはいて、評価すべき点も多い。農水省のホームページ（註４）には、市町村の取り組みを支援する各種の施策があって、被害農家には大きな支えだろうが、それでも鹿や猪の増加を食い止めるまでには至っていない。

残念ながら、やはり動物が増える前の対策が必要で、キョンがその好例なのだ。

しかし、当たり前のことだが動物たちに罪はない。鹿や猪は、生きるための必然として餌を求めるのであり、増えすぎたことが問題なのである。

そのように考えると、キョンはむしろ同情されるべき動物なのかもしれない。台湾から強制的に日本に運ばれて檻から逃れ、本能のまま生きてきたにすぎないからだ。

山道には、猪の足跡が縦横に延びていた。いつ、どこから猪が飛び出すかわからない

だが正直に言えば、私はどうもキョンが好きになれない。おそらく見慣れないからだが、あの鹿によく似た動物は小悪魔のようで小賢しく思え、ギャーという鳴き声も不気味だ。これならピーピーと鳴く鹿のほうが、よほど可愛げがある。

多かれ少なかれ、特定外来生物は愛好者が輸入した後、持て余して放擲《ほうてき》した個体が増えたものだが、愛好者ではない人間からすれば、見慣れるというわけにはいきそうにない。特定外来生物の不幸がそこにある。

ともあれ、房総半島のキョンの今後から目を離すわけにはいかないだろう。

話を里山に戻そう。

平地の暮らしに飽きて今年（二〇一九年）の四月、茨城県の山里に転居した私の楽しみは、周囲に広がる里山であった。

私が住んでいるのは桜川市で、転居して初めて知ったのだが、この地は西の吉野と比肩するほどの桜の名所なのである。したがって、市の名前も桜に由来する。

旧岩瀬《いわせ》町と旧真壁《まかべ》町に加え、旧大和《やまと》村が合併して二〇〇五（平成十七）年に誕生したのが桜川市だ。人口四万に満たない小さな町である。

市の中心を桜川が流れ、背後には加波山や筑波山が横たわって、春先には全山に山桜が咲き誇る。

前足をくくり罠に捉えられ、逃れようとする若い猪

猟は禁止だが、増え続ける猪だけは獲っていい区域を示す

そんな里山のような低山を、暇を見つけては歩きたいと思っていた。しかし、その目論見は大きく崩れることになる。猪の存在である。

茨城県に熊や鹿は生息せず、猪だけが棲んでいるのはすでに述べたが、猪と里山の関係については、うかつにも考えていなかった。

猪の被害に遭う山里の畑や田んぼのほとんどに電気柵が設置され、見慣れた風景になっているが、問題は山際のへりに張りめぐらされた侵入防止柵だ。

これが果たして猪の侵入防止なのか、山から猪が出てこないための脱出防止柵なのか判然としないのだが、市からも補助金が交付され、設置を奨励されている侵入防止柵が、里山と人間の暮らしを分断してしまったのだ。

市の中心部には、どことも繋がっていない羽田山《はねだやま》という独立峰がある。標高二百メートル足らずの小さな山だが、山の周囲には延々と侵入防止策が延びている。ある日、ほんとうにこの柵が、山を完全に包囲しているのかと歩いてみたことがあるが、やはりというべきか、完全には結ばれておらず、猪からすれば出入り自由の状態であった。

市から交付される補助金の予算の都合もあろうから、それはいいのである。問題は柵を設置した瞬間から、人々が山に目を向けなくなったことだ。

これは桜川市だけではなく、おそらく猪被害に悩まされている近隣の市町村のすべての山で発生している現象であろう。

里山の際に張りめぐらされた猪の侵入防止柵。この柵が、人々を里山から遠ざけてしまった

森のなかの荒れた山道を行く。かさりと物音がして銃を構える

いちど柵を乗り越えて山頂に立ったことがあるが、山頂には古い標識と祠があった。昔は信仰の対象だったに違いない。しかし山頂に至る道はすでに荒廃していて、痕跡をたどるのも困難だった。

戦後の燃料革命によって木炭の需要が激減し、里山の存在価値が失われて久しい。それでもなお、決して多くはないにせよ、山里の人々によって手入れされた仕事道が、細々とではあれ使われてきたはずである。

その里山を、猪の侵入を防ぐためとはいえ、かたちの見える柵の設置によって遮断してしまったのだ。

人口の減少と高齢化の進行もあるのだろうが、それでも私は里山の消失を惜しむ。

願わくば猪の駆除によって山里の農家の被害が軽減し、人間と猪の共存が可能になった暁に柵が撤去され、ふたたび人々が里山に親しむ日がこないものかと夢想している。

註1・赤羽正春『採集―ブナ林の恵み』法政大学出版局、2001年
註2・宮本常一、山本周五郎ほか監修　平凡社ライブラリー『日本残酷物語』全7巻（第1〜5部のみ復刊。現代篇の1、2は未復刊）。平凡社、1995年
註3・千葉県勝浦市にあった動植物園を中心としたレジャー施設。1964（昭和39）年に開園。2001（平成13）年に閉園。
註4・平成30年度農作物鳥獣被害防止対策研修資料―鳥獣被害の現状と対策。農林省。

狩猟への道3

くくり罠猟、事始め

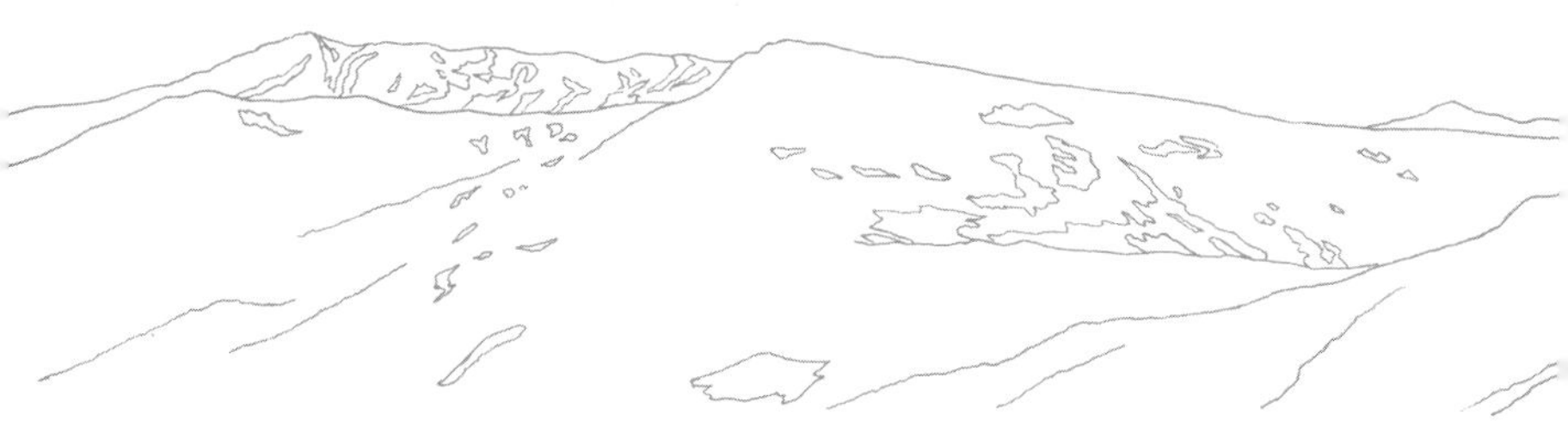

私の住む桜川市は、茨城県の中西部に位置する小さな町だ。転居して、この四月で一年になる。町は徐々にだが人口が減っている。こんな辺鄙《へんぴ》な田舎に引っ越して来るからには、誰か知り合いでもいたのかとよく聞かれるが、そんな伝手《つて》などどこにもない。ただ山里に住みたいばかりに、足で探してここに決めたのだ。

背後には常陸《ひたち》三山と呼ばれる筑波山、足尾山、加波山が横たわり、さらに雨引山《あまびきやま》と峰つづく。雨引山の中腹には雨引観音で有名な古刹の楽法寺があり、春四月には「マダラ鬼神祭」という奇祭が行われるが、今年は新型コロナの影響で中止になった。

友人たちが訪ねてくると、腹ごなしに雨引観音まで参拝に行く。徒歩でも一時間足らずの散歩道だ。

町の中央を桜川が流れ、家の近くを「りんりんロード」というサイクリングロードが走っている。これは昭和の終わりに廃線になった筑波鉄道の軌道跡を利用したもので、旧雨引駅までは家から徒歩でも五分とかからない。

筑波鉄道が現存していれば、わが家は駅近の好物件ということになるが、もしそうなら、いまの値段で買えたかどうかはわからない。

車の往来の激しい県道から百メートルほど路地を入ったところにわが家がある。たったそれだけで県道の騒音を逃れ、車もめったに通らない閑静な環境になる。

周囲はすべて大きな農家で、わが家は二百坪の土地に建つ平屋の中古住宅だが、近所に比べ

桜川の山肌を覆う満開の山桜。西の吉野と比較され、東の桜川として知られる。
中央に見える民家の左から入る林道の奥で、２頭目の猪を獲った

れば坪庭みたいなものだ。

近くに飯屋はない。食事や買い物をしようとすれば、家から四キロ離れたＪＲ水戸《みと》線の岩瀬駅を越えた国道まで出なくてはならない。

駅の周辺にはスーパーマーケットやホームセンターがあって、たいていの買い物は間に合うが、ユニクロもなければブックオフもない。国道沿いにあった唯一の大型書店は、私が引っ越してくるのを待っていたかのように撤退してしまった。

県道に出た両側に、セイコーマートというコンビニと雨引郵便局がある。緊急でもないかぎり優先的にこの二つを使うのは、潰れてもらっては困るからだ。

ここでの暮らしが便利だとは思わぬが、かといってさほどの不便も感じていない。

関東平野に向かって西方が開かれ、残る三方を山に囲まれた小さな町に、四万に満たない人間と、おそらく数千頭の猪が棲んでいる。

おそらくというのは、猪が鹿や熊などよりも生息頭数の把握が難しい動物だからだ。

茨城県全体の生息頭数は、およそ四万数千頭とされていて、そのうちの何頭が桜川の山に棲んでいるかはわからない。しかし市の発表によれば、昨年は一二三〇頭の猪が獲れたという。猟期中の捕獲が八百頭で、残る五百頭近くが夏の有害駆除によるものだ。

すべて茨城県猟友会桜川支部のメンバーの実績で、猟友会に所属していない猟師や市外からやってくる猟師の獲った猪はこれに含まれない。

年間で千頭以上獲れるということは、それに数倍する猪が棲んでいなければならない。猟期が終わった春先から仔が生まれ、農作物の生育に合わせるように成長して数を増し、里に押し寄せてくる。

つまり千頭を獲っても千頭以上が生まれるという、鼬《いたち》ごっこを繰り返しているようなものだ。茨城県の発表によれば、鹿や熊は、その地域の半数を捕獲すれば数を減らせるが、猪の場合は毎年七割を捕獲しつづけて、初めて減少に転ずるという。

地元で、まことしやかに囁かれている話がある。いまでは廃業してしまったが、山の上にあった養豚場で飼っていたイノブタが、野生の猪と交配して増えたのだという説だ。

べつに猪に豚の血が混じっていてもいいのだが、問題は人間が人工的に作出した豚の多産が、野生の猪に受け継がれてしまったのではないかということだ。

しかし、公開されている研究発表では、野生化した豚も猪も、一年間で仔を産むのは四頭前後で、猪の多産というイメージは人間の錯誤であるらしい。

猪には天敵がいない。いるとすれば人間だが、仔は産まれても一年後には半数が餓死するという。猪の仔も、山で生き延びるためには必死で餌を摂らなくてはならないのだ。

桜川に来てから罠猟の免許を取った。それまで罠の免許を取らなかったのは、近くに猪や鹿の棲む山がなく、遠くの山では見まわりが不可能だったからだ。しかし、住まいの背後の山に猪が潜んでいるとなれば話はべつだ。

試験は簡単だった。銃猟免許があるから法令は免除で、あとは狩猟獣の識別と罠の設置の実技、身体能力などだった。

そのときは二十名ほどの受験者がいたが、おそらく全員が合格したはずだ。

交付された狩猟免状のコピーを添えて市に申請すれば二万円の補助金が出る。これで受験料はチャラになった。

猪を捕獲すれば、銃でも罠でも一頭一万円の捕獲報奨費が出る。ウリ坊ならその半額だ。ただし、免許の取得補助金も捕獲報奨費も、受け取るためには猟友会の桜川支部に所属することが前提で、捕獲報奨費は、会員が桜川市内で捕獲した猪にかぎって対象になる。

当然のように猟友会の門を叩いたが、私は罠猟の経験のない初心者で、しかも桜川の山を知らない。

なにを読んでも調べても、罠猟をするには教えてくれる師匠が必要だと書いてある。それが上達の早道だからだ。

思いあぐねた結果、猟友会支部長の飯泉《いいずみ》謙司さんに電話して、師匠を紹介してくれるように頼んだ。しかし支部長は当初、誰かが罠をかけた近くでなければ、どこにかけてもかまわないのだから、独りでやってみてはどうかと云った。

もしかしたら、私がよそ者ゆえの冷遇ではないかと邪推したほどだ。

しばらくして、支部長は私に得難い師匠を紹介してくれることになるのだから、その一点において深く感謝している。

茨城県の猟期は十一月十五日から三月末日で、しかも三月十五日から三十一日の期間は、銃を使えるのは猪の止め刺しだけである。

私は猟期に入っても、なんの準備もしていなかった。ひとつには、どんな罠にするか決めていなかったからであり、その罠を自作するか、メーカーの罠を買うのか迷っていたからでもある。さらには罠をかける前に、ほかの罠猟師が、どんなところに罠をかけるのかが知りたかった。やみくもに罠をかけても獲れるはずがない。だからしばらくは頭のなかで、どんな罠がいいかを考えながら、ほかの猟師が罠をかける場所を、ひたすら見て歩いた。

目印は罠猟の設置の際に、罠を結んだ木に付ける規則になっている標識である。雨引観音から市内を見下ろすように水平に延びているのが東山林道で、延長はおよそ四キロメートル。

その林道に沿って、膨大な数の標識が付けられて、そのほとんどが市外からやってくる猟師のものだった。林道周辺は国有林で、誰に遠慮することなく自由に罠がかけられる。

一方で、地元の猟師の罠が少ないのは、この林道に頼らずとも、罠をかける場所に困らないためだ。

私は猟期に入る前から下見を繰り返した。猪の足跡ならいたるところにある。

最初は、林道から登った山道に目星をつけた。初心者ゆえの遠慮であり、林道から離れるほど獲れる確率が高まると考えたからだ。しかし実際に猟期がはじまってみると、罠の多くが車に近い場所にあった。それは、かかった猪を引き出す際に有利だからだ。大物になればなるほど、搬出の苦労は尋常ではない。

猟期に入った十二月のある日、林道を走っていたら、罠にかかっている小さな猪を見つけた。もちろん私がかけたものではない。

標識に記されている携帯番号に電話してそれを知らせ、ついでに見学させてもらった。

やってきたのは近隣の取手《とりで》市の猟師の川崎さんで、小さい猪には興味がないらしく、銃ではなく手槍で止め刺しをしたあと、食べるなら持っていけというので遠慮なく戴いた。

初めて罠猟をした昨年は不猟だったが、今シーズンはすでに八頭を獲ったという。コツは獣道の見切りに尽きるのだと、彼は得意そうに語った。その足跡が猪の生活の道か、あるいは遊びの道かの判定が重要で、その判定の上達が、八頭の成果に繋がったものらしい。

くくり罠猟がどんなものか、少しずつ見えてきた私は、ようやく罠を自作することに決めた。貧乏人ならではの決断である。メーカー品は安くても、ひとつ五千円はするが、自作なら二千円程度で作ることができる。

それと同時に、自分の作った罠で猪を獲る醍醐味を、いちどでいいから味わってみたかった。

大好きな渓流釣りでも毛鉤《けばり》を巻かない私が、罠なら自作するのかと自問してみるが、罠は毛鉤の代替え行為に他ならない。

問題はどのような罠にするかであった。くくり罠には大別して二種類あるが、どちらもワイヤーとバネの組み合わせであり、構造自体はシンプルなものだ。

罠には猟師の個性が反映される。およそ二十種類以上はあろうかと思われる罠に、それぞれの猟師の小さな失敗から学んださまざまな改良が加えられ、百花繚乱の様相を呈する。しかも多くの獲物を獲る猟師ほど、自分の罠の工夫を教えようとはしない。獣道の選定と同じく秘密にしているのである。

大別できる二種類の罠を、仮に直接作動式と間接作動式と呼ぶことにする。直接作動式は、入れ子になった塩ビにかけたワイヤーをバネで締め付けるだけの単純な仕組みで、入れ子の底を猪が踏むと、ワイヤーが外れてバネが作動する。

写真1は、多くの猟師が使っている直接作動式の罠の一例で、直径が十二センチを超えているのは、茨城県には熊が生息せず、熊の錯誤捕獲を防ぐために定められた、直径十二センチ以下という制約に束縛されないからである。

直接作動式の罠の最大の特徴は、罠の作動がバネの締め付けの強さによって左右されることで、入れ子の底を踏む猪の体重が軽ければ、作動しないケースが起こり得る。

たとえば五十キロ以上の猪なら問題なく作動するのに、それより軽い猪では罠が体重を支えてしまうケースだ。

これは大物の猪を狙って選別したい場合には有効だが、どんな小さな猪でも捕獲したい猟師にとっては弊害となる。

これに対して、間接式の罠が写真2だ。ワイヤーと罠の作動が独立した仕組みになっていて、塩ビなどの付属品を必要としない。バネを仮止めするピン（チンチロともいう）を除けば、これほど簡単な罠もあるまい。穴を掘ってセットするだけでいいのだから、まるで私のような、ものぐさ猟師にふさわしい。

罠の中央に張られた水糸を猪が踏むと、仮止めしたピンが外れてバネが作動し、瞬時にワイヤーが締まる。

したがって、きちんと水糸が踏まれてさえいれば、どんな小さな猪でも罠は確実に作動する。まるでゴルゴ13の、羽毛タッチの銃のトリガー（知らない人はゴルゴ13の漫画を読んでください）のようなものだ。

この罠を作りはじめたとき、唐突に千松さんを思い出した。以前紹介した京都の罠猟師の千松信也さんである。彼が使っていたのがこの罠だったのだ。

あのときの取材は、千松さんの猟師としての暮らしに焦点を当てたのであり、罠の詳細には触れていない。まして、あの時点で私が罠猟師になるなど考えもしなかったから、罠の構造にはさほどの執着を覚えなかった。

写真2。間接作動式の罠。小枝を踏むと道糸（蹴糸）が押されてピンが外れる

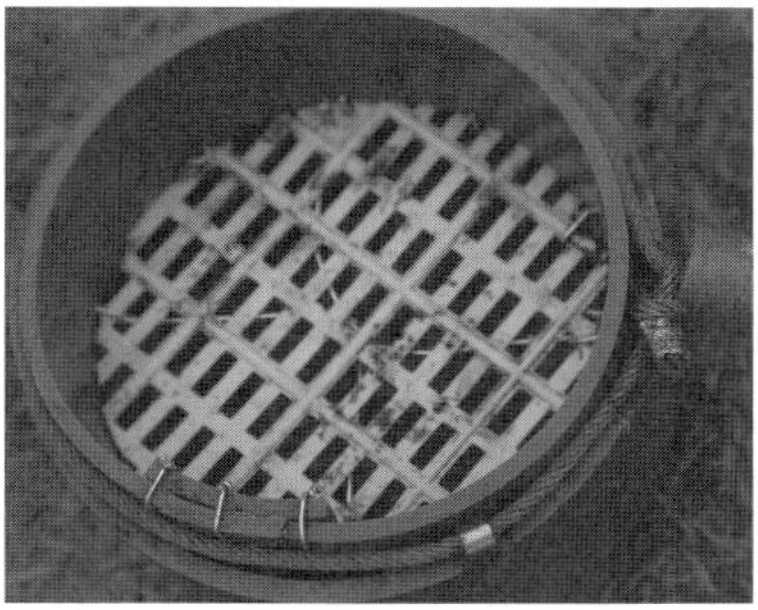

写真1。一般的な直接作動式の罠

右の写真の罠を猪が踏んで、空弾きされた

かけた罠と設置が義務付けられている標識

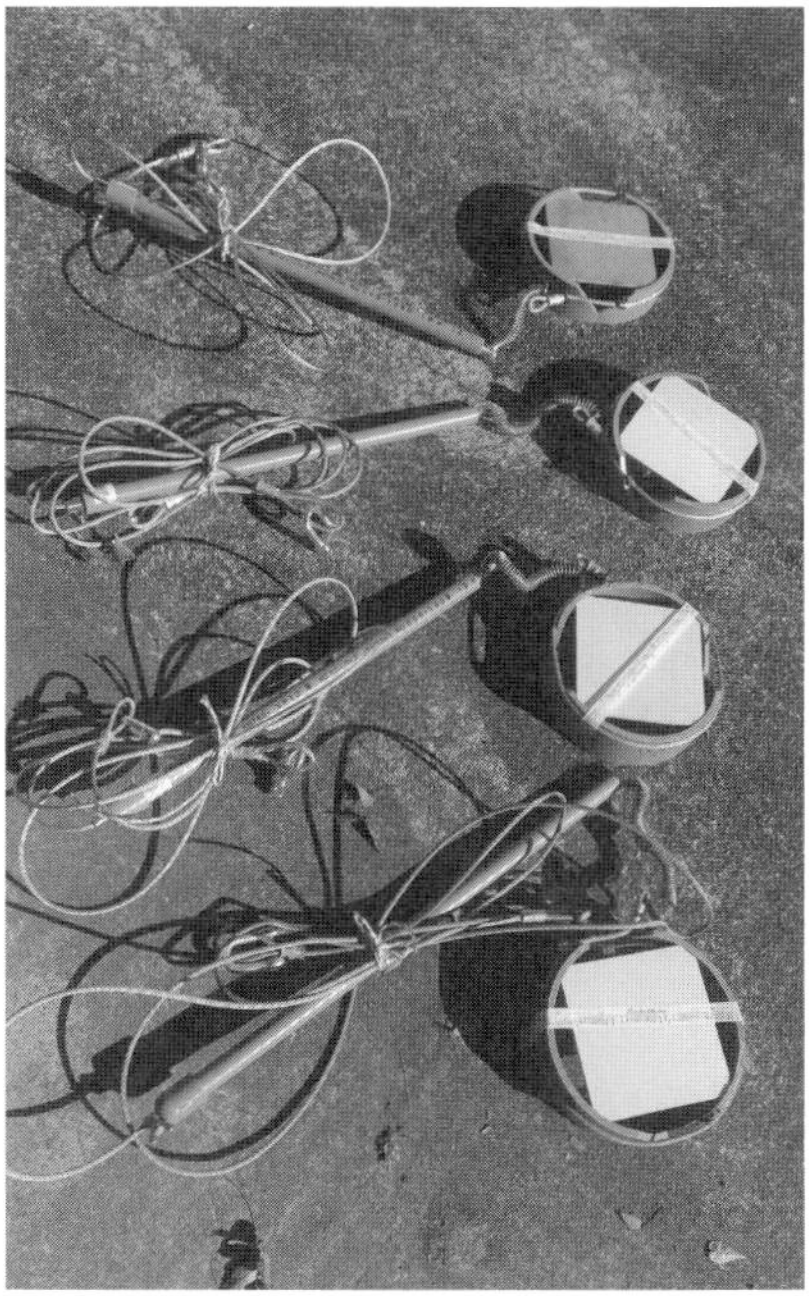

最初に作成した罠。これは構造に不具合があって、空弾きを連発した

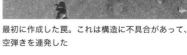

取材時の画像があったはずだと探し出し、つぶさに読んで手本にする。

一般的な直接作動式の罠は、塩ビの調達と切断、入れ子と外側の径の調整の加工、底板の作成など、意外にめんどうで煩わしい。この点、間接作動式なら、チンチロ部分さえ作れば、あとは設置するだけで済む。

私はものぐさな性格ゆえに、この罠にたどり着いたが、もしかしたら記憶のどこかに千松さんの罠の存在があったのかもしれない。取材時には思いもしなかった展開である。

間接作動式の罠を中心に、これまで作ったさまざまな罠を十数ヵ所の猟場にかけた。構造の違うそれぞれの罠の長所と欠点が知りたかったのだ。

獣道の判断に自信があったわけではない。誰かがなにかに書いた言葉に——なんの目印もない広大な山野の一点を、猪に確実に踏ませるには——というのがあったが、それは少し誇張にすぎる。

広大無辺の山野でも、無差別に罠をかけることはあり得ない。たとえ外れるにしても狙いはあるからだ。いつもの獣道を歩けば熟練の猟師の罠が待ち構え、道を外れれば新米猟師の脈絡のない罠がある。いくら嗅覚の優れた猪でも、これではいつ踏むかもしれない地雷原を歩かされるようなものだろう。

罠の見まわりは楽しい作業だった。天気によって山の風景が変わり、風の匂いが季節のかすかな移り変わりを教えてくれた。

自分には銃よりも罠のほうが向いているかもしれないと思うのは、そんなときだ。見まわりをしていて猪を幾度も目撃したが、そのなかに忘れがたい光景がある。

黄昏時《たそがれどき》で、林道の周囲はすでに闇に包まれ、背後の森が西日に照らされて浮かび上がっていた。そのとき、淡い闇に沈んだ林道を、森の明かりでシルエットになった一頭の猪が鬣《たてがみ》の輪郭をそのままに、山から里に向かうように、トロットで横切ったのである。幻想のような光景であった。暮れ方の余光を切り裂いて通り過ぎる猪のシルエットは、まるで森の精霊を思わせて美しかった。私は林道に呆然とたたずみながら、暗い森の彼方を見つめていた。

年の瀬を迎えたある日、来訪者があった。支部長に様子を見に行けと催促されたのだ、とその人は言った。

思いがけない来訪に、私は驚きつつも感謝した。その人が以後、師匠と仰ぐことになる堀米《ほりごめ》新《しん》さんだった。

堀米さんは昭和十一年生まれで、御年八十四歳(二〇十九年当時)になる。以前は「筑北火工」という会社で花火師をしていたが、いまは家業を若手に譲って悠々自適の日々を過ごしている。

昔は銃を携えたが、だいぶ前に手放して、いまはくくり罠だけで猟をする。その実績を聞いて驚いた。なんと、年間百頭前後の猪を獲るという。やがて判明するが、彼は近隣では誰もが知る罠猟の名人だったのだ。

彼は私の罠をひと目見るなり、「これでもいいが、換えたほうがいいな」と云った。罠の先端には、かけた罠が緩まないためのくくり金具が付けてあるが、それよりこっちのほうが確実だ、というなり、目の前で作り直してみせた。

「これは地獄結びといってな、いったん締まれば、まず緩むことはないが、誰に教えても、なかなか覚えてくれない」

クライミングでロープワークは身についているつもりなので、どうということもあるまいと思ったが、これがなかなか難しかった。

いまでは苦も無く結べるが、しばらくは罠を作るたびに、師匠の結びをみて練習を繰り返した（写真3の下が地獄結びで、上がくくり金具）。

彼が見せてくれた自作の罠は、私と同じチンチロ方式だった。これが最強だな、と言ったあと、「誰も信じてくれないが、これでヤマドリやコジュケイまでかかる」。

最強と言い切るゆえんであろう。

しかし、よく見ると師匠の罠は、直接作動と間接作動を融合させた複合式とも呼ぶべきものだった。それが写真4である。

塩ビのワイヤーが外れるところまでは直接作動と同じだが、ワイヤーに頼らず、作動はあくまでチンチロだ。当然私も、この罠をお手本にしていくつか作った。

写真４。師匠の罠と同型の複合式の罠

写真３。どちらも上に付いている小さな部品は、獲物の脚をそれ以上締め付けないための防止ストッパー

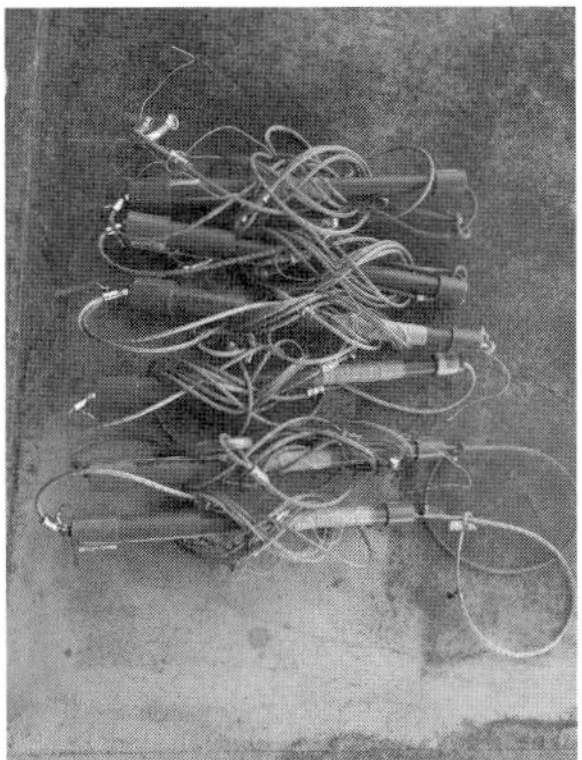

私が作った最終的な罠

師匠の堀米新さんと彼の工房

師匠の話で瞠目したのは放射能のことだった。猪が獲れたら、多少のセシウムなら苦にせず食おうと思っていたが、ここはセシウムの数値が極端に低いのだという。

加波山が防波堤になっているのだ。ただ、町の北にあるＪＲの線路の手前までなら問題ないが、それを越えると数値が上がるらしい。

東日本大震災の年も状況は同じで、噂を聞きつけた近隣の猟師が、安全な桜川の山に殺到して罠をかけたのだそうだ。

うれしい話だった。暗夜の光明を見る思いだった。たとえ町の三分の二に過ぎないとはいえ、ここは奇跡の空間だったのである。

それから時折、堀米さんの家を訪ねては猟の話を聞き、彼もまた、見まわりの途中で立ち寄ってくれた。

師匠は、猟の細かい技まで伝授してくれたのである。この歳になって、もったいぶっても仕方がなかろうといわんばかりに。

曰く、獣道を地元では「通《とお》っぱ」という。猪は三、四日で通っぱを変える。ひとつかけたら、その周囲に集中してかけろ。急坂ではなく平場を狙え。いつも罠のスペアを持て。これには、泥棒を捕まえてから縄を綯《な》うのでは遅かろうという解説までついた。スペアがあれば、弾かれた罠に現地で即座に対応できる。

師匠の教えには、聞きかじった知識もあれば、それを否定するものもあった。しかし、それ

師匠が獲った猪。1日で4頭獲れたうちの1頭。笹薮の通っぱにかけた

師匠が罠をかけている現場。師匠には勝算があるのだろうが、私にはどれが獣道なのか、この時点ではよく分かっていない

自宅の倉庫で80キロのメスを解体する。腹を抜くと推定40キロになる

現場から80キロの猪を運び出す。大もの用に加工したスキーの橇に乗せる

に反論する根拠を私は持たない。年の百頭の猪を獲る猟師の言葉に間違いはなく、まして師匠の云うことは絶対なのである。

猪を獲ると事務局に連絡する。事務局は、支部長の飯泉さんで、彼が駆けつけて銃で止めるのがいつものパターンだ。

堀米さんは、飯泉さんの前の支部長で、二人は名コンビなのだ。

一月の末、でかいのがかかったから、欲しければとりに来い、と電話があった。

まだ一頭しか捌いていない私は、喜んで現場に向かった。八十キロの未産の牝だった。こりゃあ脂がのって旨そうだ、という猪を軽トラで持ち帰り、遠くに住む山仲間を呼んで捌いた。

わが家には大きな倉庫があって、軒先に猪を吊るして捌いていたら、通りすがりの人がめずらしそうに覗き、ある人は、関わりたくないといわんばかりに行き過ぎた。そのときに気づいたのだ。

猪の被害に悩む桜川でも、多くの人々は猪とは無縁でいたいし、興味はないのだと。

その理由は産業構造の激変である。猪に翻弄された人々の大半が百姓だった江戸時代と比べ、現代は農業従事者が極端に少ない。

自分の畑や田んぼをネットで囲って侵入されなければ、それでいい。猪がどんなに増えても、山から出てこなければ問題はないのだ。それが現代の市民感覚である。

私は前章で、伊豆大島や房総半島のキョンの対策を述べた。その持論は変わらないにしても、桜川でこうなら、いかに彼の地のキョンが増えようと、おそらく思い切った対策の打ちようがないだろう。私がどんなに遠吠えしようが、事態の打開は無理だと思わざるを得ないのだ。

罠がなんどか空弾《からはじ》きされた。その罠を踏んだのが猪とはかぎらない。猪を狙っても、山に棲むのは猪だけではないからだ。

知り合いの罠に狐がかかっているのを見たことがある。最近では自分の罠で、弾かれた罠が木をぐるぐる巻きにし、残った先端に茶色の毛が残っていた。周囲の笹がすべて食いちぎられて、さすがに猪ではない。

私は兎かと思ったが、師匠はハクビシンかアナグマだろうという。

空弾きは悔しいが、それでも手ごたえがあるのなら、獣道の見極めに間違いはない。昼には見えなかった夜の森の姿が、罠によって暴かれていく。

罠が弾かれるたびに原因を究明し、小さな改良を繰り返すのは、いかに師匠が教えてくれようとも、肝心なところは自分で学ぶほかはないからだ。

三月の半ばになって、私はほとんど諦めていた。最初の年から結果を求めるべきではなかったのだろうとも思う。

それに初動が遅すぎた。統計によれば、解禁から年内いっぱいが、もっとも猪が獲れるのだという。それ以後は、徐々に猪が学習するからだ。貴重な日々を無為に過ごしたことになるが、それでいいのである。勉強になったし、なにより楽しんだではないか。

そう自分を慰めていたある日、見まわっていた罠のひとつに異変があった。

ぴんと張ったワイヤーの先に、掘り返した穴に蹲《うずくま》る、小さな猪の姿が見えた。初めて猪が私の罠にかかったのだ。ようやくだった。それは、とてもうれしい光景であった。

だが、可哀そうなことに後ろ脚が千切れかけていた。罠を前脚にかけるのが理想とされるのは、助走ができないからだ。それが後ろ脚なら、猪は逃げようとするあまり助走を繰り返す。やむなく持っていた木刀で気絶させ、鉈で頸動脈を切ってとどめを刺した。雨引山中でのことだった。

不思議なのは、そこは初めて罠をかけた場所で、しかも、その翌日の反応だったのだ。

さらに四日後、こんどは雨引から三キロ離れた山で猪がかかった。牡で三十キロ。こちらはきれいに前脚にかかっていて、一頭目よりも大きかったので銃で止めた。

この罠は、二ヵ月にわたって同じ場所に設置していながら、それまでまったく反応のなかった猟場である。二頭の反応の違いはなんだったのだろうか。

稀に見る暖冬だった。いつもは四月に咲く山桜が、見上げる山の斜面を淡いピンクに彩り、辛夷《こぶし》の花が青空を清楚に染めていた。近くの沢で蛙が鳴き、藪のなかで鶯がさえずっている。

春が来たのだ。初めての罠猟が終わろうとしている。私の成果は二頭のままだった。

２頭目に獲った猪で、牡の30キロ。この写真と尻尾を切って提出しないと報奨費は出ない

罠にかかった猪以外の動物を解放したければ、ブリキのバケツを被せて動きを封じ、罠を外してやる方法がある。これは狸だ

罠にかかった狐。銃のそれとは違い、くくり罠猟では対象を選ぶことができない

たった二頭では話にもなるまいが、それでも獣道の片鱗だけは掴んだように思うのだ。

来季を語れば鬼が笑うが、それでも今季よりは獲れるだろう。食べる分を獲るのが理想だが、リリース可能な岩魚にはできても猪には難しい。

報奨費に未練がないといえば嘘になる。それに猟をつづけなければ上達は見込めない。

悩ましい問題をかかえて夢は来季に向かうが、ともあれ獲物を与えてくれた桜川の山と、くくり罠の船出を飾ってくれた猪たちに、感謝と鎮魂を捧げたのだった。

ヒグマ試論

熊を知っているかと問われれば、幼児を除くほぼ全員が知っていると答えるだろう。しかしそれが野生の熊を見たことがあるかという問いになると、おそらく千分の一以下の確率に下がるのではあるまいか。もちろん捕獲された熊ではなく、自然界で活動している熊という意味だ。民家の近くをうろつき、農作物などに被害を与える熊を見たことがあるという人にしても、国民の総数から推定すれば千人に一人もいないだろうと思う。

それほど野生の熊を目撃する機会は少ない。多くの人々が知っているのは、テレビや文献から得られる情報という名の知識に過ぎない。だが、知識だけで熊を知ったつもりになるのは誤った考えだ。

熊の息遣い、目の輝きとまなざしの行方、行動力学、身にまとう雰囲気から伝わってくるであろうさまざまな実像は、この目で見なければ理解したことにはならないのである。

北海道在住の写真家である伊藤健次はヒグマの存在意義を問われて、「会えばわかる」と答えたというが、裏返せば、遭ってみなければなにも解らないということだ。

「百聞は一見に如かず」という格言がある。百ぺん聞いても正体の定かではない何ものかが、たったいちど目にしただけで対象を理解し、おのれの血肉に同化するのである。

ただ熊を見るだけなら熊牧場にでも行けばいいが、望むと望まないにかかわらず、飼育された熊からはすでに野生が奪われている。野生は原生の森でこそ育まれるからだ。その意味でいえば、案内人付きで野生の熊を観ることのできる知床半島は貴重な存在だろう。

私たちがニュースなどで目撃するのは、害獣としての熊の姿だ。人間に危害を加え、農作物に被害を与える熊がそこにいて、マスコミはそのことをセンセーショナルに報道する。熊の生態を紹介する番組ならなんどか観たことがあるが、熊の生態を正しく伝え、人間と熊がどう共生していくべきかを模索し、啓蒙する映像番組を観ることは稀だ。

その結果、人間は必要以上に熊を怖れ、被害を強調して捕獲圧を強めろという発言になる。しかし、熊と格闘した経験のある私に言われても説得力を欠くだろうが、熊は本来、臆病で慎重な動物だ。人間を怖れ、接近を嫌うのである。

熊の生態をもっともよく知っているのは猟師だ。捕獲した熊を神に捧げ、ふたたび地上に降りて獲物になってくれるように祈る様式美まで高めたのは、本州なら東北から信越まで偏在したマタギであり、北海道ならイオマンテを司るアイヌであった。

そんな猟師たちの語る熊の生態と経験知が、もっと広く世間に伝えられていいように思うのに、なぜかそのようにはなっていない。ただ声高に熊の恐怖が語られるばかりだ。

それはおそらく、各地の熊の出没がニュースに載せられて世間を騒がせているにせよ、熊の危害が直接自分たちにおよぶ可能性が少ないからだ。あくまで興味の範囲を越えず、自分の問題として捉えないのである。

熊も悪いが人間も悪い。いや、もしかしたら、種々の要因で熊を引き寄せてしまった人間のほうが、むしろ罪は重いのかもしれない。熊にとっては受難の時代である。

この夏（二〇二〇年）、上高地で起きた人身被害は人災だったと関係者の多くが語っている。その数日前から、キャンプ場のゴミ箱を漁る熊の姿が目撃されているからだ。人間の捨てるゴミの味を覚えさせたのは人間の不注意である。それを一方的に熊の責任にするのは、明らかに公平を欠くだろう。

私の熊との格闘事件にしても、襲ってきた熊の責任だとは思っていない。私も熊も山を活動の中心に据えている以上、もっと熊の生態を調べ、それなりに準備しておくべきだったのである。

場所は秋田県の山中で、山を下りて夕暮れの林道を歩いているときだった。林道のカーブの向こうに、出てきたばかりの熊の親仔がいた。距離はおよそ三十メートル。仔熊は二頭。先行していた私は後続の二人をふり返って「熊だ！」と声をかけた。

その瞬間、母熊が猛ダッシュで走ってきた。動転した私はザックを背負ったまま走って逃げた。走りながら頭のなかで、逃げ切れるものではないと悟っていた。だから傾斜の緩い沢側の斜面を見つけたとたん、そこに飛びこんだ。

オーバーランして私の前方に転げ落ちた母熊が、体勢を立て直しつつ私に向かおうとしたその刹那、目前にあった彼女の身体を思い切り蹴とばした。

話はそれだけである。反撃に遭った母熊は林道の下で、仔熊たちは林道の上にいて、しばらく呼び合って動かない。私たちもまた、その間を通過するまでの勇気はなかった。

雨のそぼ降る夜の林道で、藪蚊の襲撃に耐えながら、熊の気配が消えるのを待つ私の脳裏を過《よ》ぎったのは、あの熊が、ほんの十センチ離れていて私の足が届かなかったなら、事態は一変して悲惨なことになっていただろうという思いであった。

アイヌ民族最後の狩人で知られた姉崎等《あねざきひとし》の言葉によれば、熊が走って襲ってこようとも決して逃げてはいけないという。まして走って逃げるのは最悪であるとも。ちなみに熊の走る速度は時速五十キロメートル以上といわれるから、人間が逃げ切れるものではない。私は最悪の行動を選択してしまったのだ。もちろん絶対とまではいえないにせよ、走ってくる熊の多くは直前で引き返すという。つまりは威嚇なのである。

あの母熊は体重五十キロほどだったから、おそらく初産である。自分だけなら私を認めた瞬間、迷わず姿を消したであろうが、仔を守ろうとする本能が反撃を強いたのだ。すべての原因は私の大声と反射的な逃走であった。

けれど言いわけをさせてもらえるなら、大声を出したのは、あの距離なら、まさか向かってこようとは思わなかったのであり、走ってしまったのも、向こうが先に突進してきたからだ。彼女のけなげな母性を思うと、私は危うかった恐怖におののくよりも、あの夏の夜を不思議に懐かしく思い起こす。あの母仔熊は、いまも元気に野山を歩いているだろうか。

ここでようやく、話は北海道に飛ぶ。

私はヒグマを視たことがない。見なければ対象を理解したことにならないという原則に従えば、ヒグマを語る資格がないのだが、それでは話が進まないので、さまざまな文献から得た知識を傍証として、ささやかなヒグマ論を展開してみたい。

北海道の山に登ったのは、ある山岳雑誌の依頼で、大雪山系《たいせつさんけい》の旭岳《あさひだけ》から十勝岳《とかちだけ》まで単独で縦走する企画を受けたからだった。

複数ならともかく、さすがに独りではヒグマが怖いので、本州では携行しない熊よけスプレーを持参した。

厄介だったのは、当時からすでにガスボンベや熊スプレーなどの危険物は航空機内への持ちこみが禁止されていて、ザックに入れられなかった。しかしよくしたもので、空港から登山口まで自社のタクシーを利用する条件で、必要な品を調達してくれるサービスがあった。よく考えられたシステムである。

しかし、ヒグマの宝庫といわれる大雪山系で過ごした四泊五日のあいだ、ヒグマにはまったく出会えなかった。怖いものみたさで言えば、湿原を歩くヒグマがいれば稜線から俯瞰《ふかん》してみたかったが、狭い藪の道を通るときなどは、鈴を持っていても恐怖心が募った。

熊類が、本能として人間との接近を嫌うのは、原始時代から人間に狩られた経験が遺伝子として残っているからだという説があるが、それでも不意の接近遭遇は避けられないであろうという思いが強い。

だからきっと、ヒグマは私の近くにいたのだ。息をひそめて私の行きすぎるのを待っていたのに違いない。

熊の生態を知っていてもヒグマが怖いと思うのは、本能的に自分よりも大きなものを怖れる人間の弱さだ。その弱さが熊スプレーの携行を決断させた大きな要因である。

しかし、熊スプレーを過信したわけではない。ザックに入れておいたのではなにもならず、仮に腰に提げたとしても、遭遇した熊に対して瞬間的にホルスターから熊スプレーを抜き、風上にまわりこんで安全弁を外し、有効な至近距離で的確に熊に向けて噴射することなど不可能に近い。それを思えば熊スプレーには、あまり頼らないほうが良さそうだ。

ヒグマの体重は、牡で二五〇キロから五〇〇キロ、雌でも一〇〇キロから三〇〇キロ（註1）で、どちらもツキノワグマの倍に近い。

人間を含めて北方で暮らす動物の身体が大きいのは「ベルクマンの法則」（註2）に従っているからだ。頭の悪い私には理解しにくい理論だが、ようするに体重が大きくなるほど、生まれる熱量が出ていく熱量を上まわるということらしい。つまり身体の大きいほうが熱を蓄えやすく、寒さに対抗できるということだ。

そういわれてみると、白熊もヘラジカもロシア人も身体が大きい。ロシア人といえばウオッカだが、彼らに「命の水」と言わしめたウオッカと身体の大きさには、どんな黄金比率があるのだろうか。

大きな動物であるキリンや象が怖くないのは草食だからだ。対してヒグマが怖れられるのは、雑食で肉も食べるからである。つまりは人的危害への恐怖だ。ヒグマが人間を襲うのは、たとえば偶発的に人間の味を覚えてしまったときであり、あるいは奪われた食糧を取り返そうとしたときなどだ。奪われた時点で、その食糧はすでにヒグマの所有物なのだ。また人を排除するために攻撃行動に出ることもあるという。

ヒグマの肉食の大半は海や川の魚で、駆除の際の残滓や越冬し損ねて死亡したエゾシカなどだ。それはそうだろう。不意を突くのでもないかぎり、本気で走ればヒグマもエゾシカにはかなわない。

だが、ヒグマが獲物を得ようとして、もっともたやすい対象は人間だろう。その気になれば人間などひとひねりに違いない。それでもなお私たちは、ヒグマが人間を怖れ、接触を避ける動物だということを忘れてはならない。うろたえて大声をあげてはならず、走って逃げてもいけないのである。

しかし、そう思っていても万全ではない。何事にも例外はあるからだ。ヒグマには個体差がある。人間でいえば個人差だ。弱気の人間もいれば強気の人間もいる。ヒグマもそれは変わらない。おとなしいのも性格が荒いのも、人間に興味を覚えてちょっかいを出す若熊もいれば、本能の命じるままに人間を怖れる熊もいる。そのちょっとしたボタンのかけ違いが悲劇を招く。従って、ある個体の行動がヒグマのすべてではないということを知っておかねばならない。それぞれの個体に応じて対応が違っていいのである。

先に述べた姉崎等によれば、人肉の味を知った熊に襲われたときは諦めるほかはないが、そうでなければ、ささやかでも抵抗すべきだという。ナイフがあれば口に突き入れ、それがなければ素手でもいいから口に突っ込んで舌を掴めという。腕を深く喉に突っこまれたヒグマは、さすがに噛むことができないらしい。

「北海道野生研究所」所長の門崎允昭《かどさきまさあき》農学博士が、自身のホームページ（註３）で述べている説を引用すれば、ヒグマに遭う確率の高い山に入るときは、ホイッスルと鉈を必携にし、襲われたときは大声を出して死に物狂いで戦え！　と述べている。ラジオや鈴では不完全で笛が良く、鉈はナイフでもいいが、刺すなり叩くなりして、ともかくヒグマに痛みを与え、人間は強いということを教えろ、と説くのである。しかし姉崎等は、最近のヒグマは笛に慣れ過ぎていて、むしろペットボトルの空き容器を潰しながら歩けと教えている。あのペコペコした音が、ヒグマに不快感を与えて近づかないというのだ。

私は本章を書くためにさまざまな文献を調べたが、その過程で出会ったのが「北海道野生研究所」のホームページであった。

一読して驚かされたのが、所長の門崎博士の文章で、歯に衣を着せない物言いなのである。彼は五〇年を越えるヒグマの研究者で、その言葉には重い説得力がある。間違っていると思えば、同じ研究者といえども容赦なく糾弾して動じない。御年八十二歳になりながら、なお矍鑠として自在である。

ヒグマの文献は数多くあるが、その主張と対策の根拠が、それぞれ微妙に異なっている。

極め付きはヒグマの生息頭数で、北海道の発表（註4）では、平成二（一九九〇）年に全道で五八〇〇頭プラスマイナス二三〇〇頭だったものが、平成二十四（二〇一二）年には一万六〇〇プラスマイナス六七〇〇頭だとしているのに対して、その翌年に大学で講義した門崎氏は、一九〇〇頭から二三〇〇頭と推定している。

どちらの数字が正しいのか私にはわからないが、首をひねってしまうのは、道の発表の誤差である。プラスマイナス六七〇〇というなら、三九〇〇頭から一万七三〇〇頭になるが、さすがに誤差が大きすぎはしまいか。

道の根拠は、これまでの調査で蓄積された科学的データを用いたコンピューターシミュレーションに基づいた推定だとし、二十三年間で一・八倍に増えているとしているが、他方の門崎氏は、かなり古い調査だとしながらも、全道の二一二市町村にアンケートを実施し、本人自ら踏査に赴き、出された結論だとしている。

それでも門崎博士は、二〇一四年の取材で、当時の数字がいまでも当てはまるかわからないが、増えていることはないだろうと語っている。

両者の最大値だけを見ても一万七三〇〇頭と二三〇〇頭で、その差は一万四七〇〇頭だ。ここまで数値が開くと、どちらを信じていいものか判断に苦しむが、もしかしたらヒグマが急速に増えているという道の発表は、ヒグマの保護管理政策が成功しているアピールではないかと

知床半島のヒグマ。悠然とこちらを見ているが、本来ヒグマは臆病で、人間を怖れる動物である

数多くのヒグマが生息する大雪山系で5日間過ごしたが、ヒグマに遭遇したことはなかった

北海道、苫前町で起きた三毛別ヒグマ事件の現場付近に建てられた、犠牲者の慰霊碑

いう疑念さえ思わせる。

この道の発表を疑った人はいなかったのだろうかと調べてみたら、いたのである。日本福祉大学の山上俊彦《やまがみとしひこ》が、「北海道庁によるヒグマ生息数の推定値の批判的検討」と題した論文（註5）で、タイトルどおり痛烈な批判を展開している。

論文のなかで山上は、一万頭を超える数値は従来の生息数に対する通念を大きく上回る巨大のものであり、俄かには首肯しがたいとし、検討会での検討内容が公表されていなければ客観的データと理論的根拠を伴った生息数調査とは言い難い、と述べる。この数値を基にヒグマの保護管理政策を推進した場合、ヒグマは絶滅の道を辿ることが予想されると主張し、さらには、この数値の水増しは、捕獲推進を正当化する手段ではないか、とまで言及しているのである。

北海道が、それまでの駆除から共生へとヒグマ対策の舵を切ったのは、一九九〇年だ。正確に言うなら絶滅政策から共存への転換であり、九〇年から春熊駆除制度を廃止したのである。その前年に、北海道知事だった横道孝弘《よこみちたかひろ》が、「ヒグマは本道の豊かな自然を象徴する野生動物」だと道議会で述べたのが発端であった。

その時点までのヒグマ対策は、驚くなかれ全頭駆除だったのである。つまりは皆殺しによる排除だ。横道知事の発言がなければ、北海道はエゾオオカミの絶滅という悔やむべき過ちを、ふたたび犯すところだった。

ただ横道知事の、誰もがわかっているはずの北海道の自然の豊かさに、あえてヒグマを重ねて強調しなければならなかったところに、ヒグマ問題の根深さがある。ヒグマは北海道の人々から愛されていると同時に怖れられてもいるからだ。

江戸時代に松前《まつまえ》藩が蝦夷《えぞ》地の開拓に乗り出すまで、北海道はヒグマやエゾオオカミをはじめとするさまざまな鳥獣と、先住民族のアイヌの王国であった。ヒグマは捕獲者であるアイヌを怖れ、アイヌたちもまたヒグマを敬った。

松前藩の開拓以降、アイヌの人たちは不当に搾取されて反抗を抑えられ、エゾオオカミもまた、明治期の北海道開拓によって餌のエゾシカが激減し、代わりの餌として、放牧された馬を襲ったことから徹底的な駆除が行なわれ、二千から三千頭にもおよぶエゾオオカミが殺されて絶滅した。

だが、ヒグマの場合はいささか事情が異なる。西洋に倣《なら》えという文明開化の風潮から、ある有力者が、西洋に学んで追いつけという時代に、ヒグマという猛獣が生息している状況を放置すべきではなく、絶滅させてしまえと発言したからだといわれている。

それが時代のもたらした過ちだとはいえ、なんとも愚かな考えではないか。その背景にヒグマによる人的被害があったのだとしても。

北海道には四大ヒグマ事件（註6）というものがある。詳細はネットで調べてほしいが、被害の大きかった二つは開拓移民の悲話である。知られているように、北海道の開拓移民は赤貧の生活を強いられた。誰でもいいから送りこんでしまえという乱暴な政策で、嘘八百の美味しい話で移民を募った。移民の多くは職を失った武士たちで、明治政府は体のいい責任逃れをしたということだ。

私は史上最大の被害者を出した苫前町《とままえちょう》三毛別《さんけべつ》ヒグマ事件の現場を訪ねたことがあるが、当時を忠実に再現したという住まいを見て唖然とした。茅葺の掘っ建て小屋である。壁などないも同然の粗末な家屋で、これならヒグマの侵入もたやすいはずだ。

この事件を論評した門崎博士は、政府も移民たちに鉄砲を持たせるべきだったと述べる。それほど政府は開拓移民の生活に関心を払わなかったのだ。

その後も数を減らしながら、ヒグマの事故はつづいてきた。そうした人的被害の長い蓄積が道民にヒグマを怖れさせ、駆除を容認させている大きな要因に違いあるまい。

従って、それまでのヒグマ政策を一八〇度転換した横道知事の英断は称賛されるべきものだろう。明治は遠く、すでに時代は令和である。高度に洗練された文明こそが、おおいなる野生を容認し、共存しうるのである。

しかし、春熊駆除制度を廃止した九〇年以降も事態はさほど変わっておらず、むしろ悪化しているようにも見える。

北海道のヒグマ管理計画は、問題個体の排除を優先するとしているが、その一方で狩猟期間を延長して捕獲圧を強化している。まるで春熊駆除の廃止を免罪符にしているかのようだ。これでは春熊猟を廃止した意味など無いに等しいではないか。

この北海道の方針と、それを批判する門崎博士や山上俊彦らとの溝は、容易に埋められそうにないほど深い。そもそも自然に繁殖させたとしても、ヒグマの飽和頭数は五千頭を越えないだろうと門崎博士は述べ、山上俊彦は、道の主張する生息頭数を下方に修正しないかぎりヒグマは絶滅の方向に進むであろうと警告する。

方針を転換して共生を謳うのなら、大所高所から事態を眺め、明快な道筋を示すのが行政のあるべき姿勢ではないのか。だから私は行政が信じられないのである。

北海道の人々は、この悩ましいヒグマ問題をどのような方向に向かえばいいと考えているのだろうか。絶滅か、駆除に頼らない共生か。いまふたたび、道民は明確な選択を求められているように思う。


ここまで一方的にヒグマを概括してきたが、肝心の猟師の発言がないのは、私自身がヒグマ猟の現場を知らないからだが、幸い手元に一冊の本がある。先に紹介した姉崎等の『クマにあったらどうするか』(語り手・姉崎等、聞き書き・片山龍峯《りゅうほう》、ちくま文庫、二〇一四年)である。語り手の姉崎等はすでに物故しているが、九〇年の春熊の狩猟禁止まで六十頭のヒグマを獲り、そのほとんどが単独での猟である。すなわち、もっともヒグマを知る猟師といっていい。単行本は二十年近く前の出版だから、北海道民には釈迦に説法だろうが、あえて姉崎の発言から、ヒグマへの対処法をいくつか紹介させていただきたい。もちろんこれは、本州のツキノワグマにもそのまま該当する。

――クマに遭っても決して逃げない。逃げるのは人間の弱さを認めることで、立ったまま目をそらさない。

――死んだふりよりも、腰が抜けてもいいから動かず、目をそらさないで睨《にら》む。

――クマは蛇を嫌うから、紐を持っていてふりまわす。ズボンのベルトでもいい。

――立ち木を棒で縦に叩いてこちらの存在を知らせる。

――大きいクマは悪さをしない。用心して生き延びた結果が大きさに繋がるから。

――バーンと地面を叩くのは警告の合図。

そして、こんな発言もある。

「昔から地球上に、お前たち生きろと云われて分布して生きているものは、生きていてほしいと思うね。だからクマにはクマなりの存在価値があって、この世界になくてはならないものだと思うんですよ。たとえば木も針葉樹ばかりだと、土壌もやせてくる。そうすると人間の生活のどこかで不作につながってくる。だからやっぱりもともといるものはみんないて暮らさないと駄目だよね。

営林署が木をかじって枯らすからといって野ネズミを退治するためにヘリコプターで毒の薬を撒いたけど、それから奇形の兎なんかが増えたね。手や足のない兎がずいぶん出た。そういうことをしていたら、いつか人間にもはね返ってくるから」

なんという説得力に満ちた瑞々しい言葉だろう。姉崎等の発言のほとんどは、ヒグマが進んで人間を襲わないという証明になるはずだ。地上にあるすべての生物の連関は、断ち切ってしまえば二度と甦らない。ひとつの種を絶滅に追いやるという行為は、並々ならぬ覚悟を必要とするのである。

それにしても不思議なのは、なぜ行政は子どもたちにヒグマの功罪を教えようとしないのだろう。べつに主要教科にせずとも、散発でいいから定期的に授業に取り入れて啓蒙すれば、遠からず子どもたちの意識は変わる。そのためには三段階の授業が必要だ。ヒグマの生態を教え、次にヒグマに遭わない方策を教え、最後にヒグマに遭ったときの対策を教える三点である。

ヒグマ研究者たちにもそのような声はある。彼らと連携して教育現場にヒグマの授業を導入するのが、行政としての急務だと思う。

有史以前から北の大地に君臨してきたヒグマに畏敬と尊厳の思いをいだくなら、私たちは決して彼らを滅ぼしてはならない。

註1・ウィキペディア・ヒグマ
註2・ドイツの生物学者、クリスティアン・ベルクマンが1847年に発表した理論。
註3・北海道野生動物研究所ＨＰ http://www.yasei.com/index.html

註4・北海道環境局自然環境課ＨＰ http://www.pref.hokkaido.lg.jp/ks/skn/higuma/higuma.htm
註5・北海道庁によるヒグマ生息数の推定値の批判的検討―ヒグマは絶滅への途を辿る―山上俊彦。日本福祉大学福祉社会開発研究所『日本福祉大学研究紀要―現代と文化』第１３５号　２０１７年3月
註6・①札幌丘珠事件（明治11年）３名死亡、②三毛別ヒグマ事件、７名死亡、３名重傷（大正４年）、③石狩沼田幌新事件、４名死亡（大正12年）④福岡大学ワンダーフォーゲル同好会事件、３名死亡（昭和45年）。

参考文献

『ヒグマ学入門』北海道大学出版会、２００６年
久保俊治『羆撃ち』小学館文庫、２０１２年
岩井基樹『熊のことは、熊に訊け。』つり人社、２０１０年

あとがき

本書は、雑誌『渓流』に連載した『現代マタギ考』の全十七章を改題し、『狩猟に生きる男たち・女たち』としてまとめたものである。十七章に費やした歳月は八年半におよぶ。それは『渓流』が、年二冊の発行という制約による。『渓流』の発行が年二冊なのは、禁漁期間中の渓流釣り愛好者を対象としているためで、渓流のシーズンが終わるとほどなく狩猟の季節がやってくる。許されているのは冬の定められた期間だけだ。したがって本書の背景には、硬く澄んだ冬の高空がある。その空の下の山中では、追うものと追われるもの、仕掛けるものと仕掛けられるものとの攻防が鎬《しのぎ》を削っている。生死を賭けて必死に逃れようとする獣たちの緊迫が、凛と冴えわたる冬の大気を切り裂き、その鼓動の行方を探りながら追いつめていく猟師がいる。もちろん手段は違えど、銃猟でも罠猟でもそれは変わらない。

求めるテーマに沿って各地の狩猟を取材してきた。その結果知らされたのは、当然のことながら、この国の狩猟は風土と不可分であったことだ。風土がその地に住む人々を規定するように、狩猟もまた、その地の山野で暮らす獣たちへの厳粛なアプローチであった。その取材の過程で、図らずも銃の所持許可と罠猟の資格を得、合わせて狩猟免許を取得した。無謀と知りつつも、一般人と峻別《しゅんべつ》された狩猟者の立場に私も立ってみたくなったのだ。他者を取材すると同時に、自身をも取材する立場への転換である。

各地の狩猟の取材は、文句なしに楽しく有意義であった。なにより、彼らの誰もが自身の狩猟に誇りと自信を持っていた。なかでも小国マタギの春熊猟は壮絶であった。深い経験に裏打ちされた春山での集団猟は、かつての旅マタギを彷彿させるものだった。その春熊猟が近年、議論を招いている。多くは動物愛護団体からの反発だが、原因ははっきりしている。春熊猟が、予察駆除という有害駆除の範疇《はんちゅう》に組みこまれているからだ。

この問題を解決するためには、エスキモーの人々に与えられた「先住民生存捕鯨」の枠組みのように、伝統猟としての春熊猟に特別枠が設定されてしかるべきだと思う。だが、その前提として欠かせないのが、精度の高い生息頭数の調査だ。信頼すべき数値を根拠に、行政による適正な個体数の調整によって、初めて成立する制度であろう。熊や鹿や猪を含め、本来この国に生息する動物に害獣は存在しない。すべては数が増えすぎたことによる獣害なのである。

最後に、足手まといに違いないはずの私を快く受け入れ、猟に同行させてくれた各地の猟師のみなさんと、この本の編集を担ってくれた、つり人編集部の小野弘さんに感謝します。

令和三年　如月　　梅の花が青空を彩る筑波山麓のわが家で。

高桑信一

参考文献

村井米子『マタギ食伝』春秋社、一九八四年
山村民族の会編『狩猟―狩りの民俗と山の動物誌』エンタープライズ、一九八九年
エコ・ネットワーク編『北海道野生動物の痕跡を読む』エコ・ネットワーク編、北海道新聞社、一九九四年
田口洋美『マタギ―森と狩人の記録』慶友社、一九九四年
米田一彦『山でクマに会う方法』山と溪谷社、一九九六年
田口洋美『マタギを追う旅―ブナ林の狩りと生活』慶友社、一九九九年
ピーター・ブルックスミス、訳　森真人『狙撃手』原書房、二〇〇〇年
東郷　隆『狙うて候―銃豪村田経芳の生涯』実業之日本社、二〇〇三年
佐藤宏之編『小国マタギ―共生の民俗知』二〇〇四年
かのよしのり『スナイパー入門』光人社、二〇〇五年
『ヒグマ学入門』北海道大学出版会、二〇〇六年
田中康弘『マタギ―矛盾なき労働と食文化』枻出版、二〇〇九年
岩井基樹『熊のことは、熊に訊け。』つり人社、二〇一〇年
葉治英哉『春マタギ』新人物文庫、二〇一〇年
藤田栄一『マタギの行方―マタギは何をする人ぞ』加藤印刷、二〇一一年
久保俊治『羆撃ち』小学館文庫、二〇一二年
かのよしのり『銃の科学』SBクリエイティブ株式会社、二〇一二年
井口和泉『料理家ハンターガール奮戦記』朝日新聞出版、二〇一五年
つり人社書籍編集部編『熊!に出会った襲われた』つり人社、二〇一六年
米田一彦『熊が人を襲うとき』つり人社、二〇一七年
語り・高柳盛芳　文・かくまつとむ『モリさんの狩猟生活』山と溪谷社、二〇一八年

著者プロフィール

高桑信一（たかくわ・しんいち）

1949年、秋田県男鹿市生まれ。文筆家。登山家。電電公社からNTT勤務の後、2002年退社。「ろうまん山房」を設立してフリーランスになる。取材カメラマンやライターとして、渓谷遡行を中心に各地の山岳を取材する。奥利根、下田・川内、南会津などの知られざる山域に精通。消えゆく古道や山里の暮らしを丹念に追って発表。近年、銃所持許可と狩猟免許、罠猟免許を取得。半世紀暮らした埼玉県から茨城県の筑波山麓に移住し、近郊の低山歩きと狩猟を楽しむ。
著書に『山の仕事、山の暮らし』（つり人社、ヤマケイ文庫）、『道なき渓への招待』、『山小屋の主人を訪ねて』（東京新聞出版局）『古道巡礼』（東京新聞出版局、ヤマケイ文庫）、『渓をわたる風』（平凡社）、『山小屋からの贈り物』（つり人社）、『タープの張り方、火の熾し方』（山と渓谷社、ヤマケイ文庫）などがある。茨城県桜川市在住。

狩猟《しゅりょう》に生《い》きる男《おとこ》たち・女《おんな》たち

2021年4月1日発行

著　者　高桑信一
発行者　山根和明
発行所　株式会社つり人社

〒101-8408　東京都千代田区神田神保町1-30-13
TEL 03-3294-0781（営業部）
TEL 03-3294-0766（編集部）
印刷・製本　図書印刷株式会社

乱丁、落丁などありましたらお取り替えいたします。

ISBN978-4-86447-369-9 C2075
つり人社ホームページ　https://tsuribito.co.jp/
つり人オンライン https://web.tsuribito.co.jp/
釣り人道具店　http://tsuribito-dougu.com/
つり人チャンネル（You Tube）https://www.youtube.com/channel/UCOsyeHNb_Y2VOHqEiV-6dGQ